Fritz M. Rebhann · Die Generäle des Prinzen

Fritz M. Rebhann

DIE GENERÄLE DES PRINZEN EUGEN

ÖBV

Österreichischer Bundesverlag

Satz: Times 10/11 Punkt
Gedruckt auf holzfrei Werkdruck, 100 g 2 f. Vol.
Druck: Wiener Verlag, Himberg bei Wien
ISBN 3-215-**06008**-6

Inhalt

Zur Einführung

Nahezu jedesmal, wenn im österreichischen Volk Sehnsüchte nach der Vergangenheit emporsteigen, also wenn es sich in die Welt seiner Urgroßväter usw. hineinwünscht, wird ihm sofort ein verschnörkelter Pokal mit franzisko-josephinischen Erinnerungssäften kredenzt. Die auf solche Art bewirtete, meist genügsam schweigende Mehrheit unserer Mitbürger trinkt aus jenem Gefäß, bis sie der bittere Bodensatz den Durst vergessen und daran denken läßt, daß mehr als ein Problem der Doppelmonarchie auch jetzt noch den Geschmack stört und manche Anregung, die der Konsument in der angebotenen Labe für die Gegenwart zu finden vermeinte, im Kopf nur müde Hoffnungslosigkeit erzeugt. Es genügt eben nicht, lediglich aus den Zeitläuften des „alten Mannes von Schönbrunn" verschiedenes herauszudestillieren, was dann durch die ausgedörrten Kehlen der augenblicklich in einem etwas schäbigen Hinterzimmer Wohnenden rinnt, man muß auch frühere Jahrgänge entkorken und darreichen: Dann werden die davon Erquickten jene Kraft verspüren, die der an sich sehr einfachen Kenntnis entspringt, daß uns Österreichern damals wie auch später nichts geschenkt worden ist! Vielmehr waren wir stets gezwungen, aus eigenen Fehlern mühevoll zu lernen und während dieses Prozesses die schweren Lasten unseres Geschicks, so gut es ging, auf uns zu nehmen. Das hat übrigens genauso für das Schicksal jedes einzelnen in diesem Land gegolten, wobei man hie und da auch auf Wunder hoffen durfte. Unter diesem Gesichtspunkt mag die Einladung, vorliegendes Buch als eine Art Weinkarte für gut abgelagerte Produkte aus den unteren Kellern Österreichs zu studieren, für begründet gelten: Alle Leser sind hiermit gebeten, nicht nur die eben versunkene Epoche um die letzte Jahrhundertwende zu sich zu nehmen, sondern davon zu kosten, wie Österreich einst aus den Tiefen des Dreißigjährigen Krieges und der anschließenden Bedrohung durch Franzosen und durch Türken innerhalb weniger Jahrzehnte fast zur Weltmacht aufstieg. Weder ein Gefäß im eklektischen Stil noch eine Kaltschale der Wiener Werkstätte bieten Gleichwertiges!

Dem Prinzen Eugen von Savoyen gebührt bei diesem Eintauchen ins damalige österreichische Heldenzeitalter sicher ganz besondere Wertschätzung. Ausschließlich ihm ist das Mirakel der Wiener Selbstbehauptung sowie nachfolgender Entfaltung über ungeheure Ländermassen jedoch nicht zugute zu halten, ein Mensch allein hätte dies gar nicht vermocht. Auch war Eugen in den extremen Wechselfällen seiner persönlichen Laufbahn nie völlig frei von Fehlentscheidungen sowie von Brutalitäten und eigenen Schwächezuständen. Freund und Feind haben ihn freilich bei der Häufung solcher Negativa übertroffen und sind ihrerseits bedeutend schneller zugrunde gegangen als der Prinz samt seinen 13 überwiegend schweren Wunden, die er sich an der Spitze des Heeres furchtlos zugezogen hat. Für die Periode seiner Wirksamkeit dürfen wir ungeachtet des Schlagwortes vom höfischen Absolutismus der betreffenden Epoche von einer „kollektiven Führung" Österreichs sprechen, wie sie in manchen Staaten des 20. Jahrhunderts zum Wunschbild geworden ist. Dieser Regierungsstil erbrachte damals enorme Leistungen, sofern gemeinsames Wollen als Grundlage aller Aktivitäten diente, während das verantwortliche Gremium nach außen gerade noch durchhielt, wenn interne Cliquenkämpfe, gegenseitiger Argwohn und verletzter Ehrgeiz hinter den Barockkulissen jener Jahre die Oberhand gewannen. Außerdem gab es selbstverständlich einige Schicksalsschläge, gegen die kein Kraut gewachsen war, ob man nun Kooperationsbereitschaft übte oder nicht. Daß Österreich für überraschend lange Zeit, wenn auch nicht endgültig, darüber hinwegkam, spricht sowohl für die Qualitäten des Prinzen selbst wie auch für die Fähigkeiten der Männer und Frauen rings um ihn. Diese Feststellung gilt unter Einschluß der letzten echten Habsburgerkaiser der Wiener Linie, von denen der Prinz bekanntlich überliefert, daß „der Eine sein Vater, der Andere sein Bruder und der Dritte sein Herr" gewesen sei. Zumindest die Bezeichnung mit Vater und Bruder deutet an, daß die gesamte Staatsmannschaft an einem Strang zu ziehen bemüht war und selbst die erlauchten römischen Souveräne in der Praxis zur

Regierungsriege aller österreichischen Staatsruderer gezählt haben. Dessenungeachtet entsprossen zumindest laut Alexander Lernet-Holenia die letzten drei Habsburgerherrscher nur noch einer Mischrasse. Er schreibt nämlich: „Immer wieder hatte zwar das Blut der Grafen von Kyburg und Hohenberg, der Sponheimer und der Görzer Grafen an den wahren Ursprung des Hauses Habsburg gemahnt und sich selbst noch in den spätesten Enkeln wie in den von Velazquez gemalten Infanten und Infantinnen durch helle Augen und blondes Haar verraten. Doch war das sangre azul der Häuser von Kastilien und Leon, das blaue Blut der Jagellonen und der Könige von Frankreich schließlich stärker geworden als das rote, habsburgische Blut. Verfolgt von der Furcht vor einem Wesen über sich, das es nicht gab, und verwiesen auf eine Kraft in sich selber, die sie nicht mehr besaßen – das waren die letzten Habsburger gewesen."

Nun, ganz so streng, wie dies der Dichter tut, muß man vielleicht mit Leopold und seinen Söhnen Joseph und Karl nicht ins Gericht gehen; aber selbst Oswald Redlich meint, daß Karl nach 1720 zu oft auf seine sogenannte spanische Partei hörte, was im Zusammenhang mit einer Intrige des Hauses Savoyen dazu führte, daß Eugen für einige Jahre an Einfluß verlor. Redlich formuliert jedoch abschließend: „Prinz Eugen ist das unvergessene Symbol jenes alten Österreich, das sich in schwerem Kampfe emporringt zur europäischen Großmacht, das sich anschickt, seine innere staatliche Ausgestaltung zu beginnen, und das erblüht im Glanze seiner Barockkultur." Angesichts solcher Sprüche aus dem Kreise hoher Wissenschaft muß um so mehr danach Ausschau gehalten werden, wer außer dem Prinzen noch in der einschlägigen Gruppe tätig war und Gefahr läuft, im Schatten zu bleiben bzw. vergessen zu werden. Dies soll keineswegs dazu führen, sich an Eugen vorbeizudrücken, und der Hintergrund, in den er bei unserer Darstellung gerät, darf seiner Führungsrolle keinen Abbruch tun. Aber er allein wäre, wie gesagt, zuwenig gewesen, wollte man nicht über jenen Formungsprozeß österreichischen Wesens hinwegsehen, der sich damals vollzog und nicht durch die Kaffeehäferlseligkeit Maria Theresias oder die Kleinhäuslerei des Biedermeiers verdeckt werden darf. Nur die unglücklichen zehn Jahre Josefs II. bilden, an ihrer inneren Größe gemessen, vielleicht einen Bezugspunkt hierfür; die bereits erwähnte Endzeit Kaiser

Franz Josephs I. kommt dagegen für Vergleiche mit jenem Österreich um die Wende des 17. zum 18. Jahrhundert überhaupt nicht in Frage.

Kehren wir also zurück in die Tage des „edlen Ritters" und im besonderen zu jenen Anfangsterminen, da sich niemand vorherzusagen getraut hätte, daß der letztgeborene Sohn des Grafen von Soissons, nämlich des Eugen Moritz Savoyen-Carignan, und einer Mazarinette, also einer der Nichten des italofranzösischen Kardinals Mazarin, ein solcher edler Rittersmann werden sollte!

Unser Franz Eugen von Savoyen mag noch als Nachkriegskind gelten, das heißt, er wurde am 18. Oktober 1663, also 15 Jahre nach dem Westfälischen Frieden, in Frankreich geboren. Aber bevor er empfangen wurde, überfielen bereits jene neuen kriegerischen Beben das zerrüttete Europa, die unsere Aufmerksamkeit mehr in Anspruch nehmen als die abenteuerlichen Umstände, unter denen der Prinz das Licht der Welt erblickte und heranwuchs. Nur soviel sei bezüglich seiner Person noch festgehalten, daß er mütterlicherseits mit dem allmächtigen Regierungschef Frankreichs nahe verwandt war, daß er zu den Mitgliedern eines souveränen Hauses, nämlich dem der Herzöge von Savoyen, zählte und daß er von Kindheit auf an der Feindschaft, die zwischen König Ludwig XIV. und seiner Mutter entstanden war, mitzutragen hatte. Bevor der kleine Hocharistokrat das erste Jahr seines Lebens im Hôtel de Soissons zu Paris hinter sich bringt, haben sich in Österreich schon zahlreiche, durch die Friedensschlüsse von Münster und von Osnabrück seinerzeit arbeitslos gewordene Offiziere hervorgedrängt, um ihre große Kriegserfahrung erneut unter Beweis zu stellen. Die Länder Habsburgs waren vom Dreißigjährigen Krieg sehr unterschiedlich mitgenommen worden. Während Böhmen entsetzlich zugerichtet darniederlag, bösartiges Getier in seinen verlassenen Dörfern hauste und Vorderösterreich allerorts Spuren der Kriegsfurie aufwies, schien von den wohlverteidigten Gebirgspässen Tirols an gegen Osten nicht sehr viel passiert zu sein. Selbst der Schwedenzug bis Korneuburg ließ sich verschmerzen, die gefürchteten Fürsten von Siebenbürgen waren nicht anmarschiert, und Innerösterreich bewahrte überhaupt den Frieden, sofern man von den Einfällen irregulärer türkischer und ungarischer Streifkorps in die steirische Grenzregion absieht. Es wäre jedoch übertrieben, von einer wenn auch bescheidenen Blüte in diesen Ländern zu sprechen. Der große Staatsbankrott der zwanziger Jahre wirkte lange nach, die Versorgung der Armeen und des Hofes leerte die Ställe, Hungersnöte für Proletarier und Seuchen für alle lösten einander ab. Nur der Mais gedieh prächtig und wurde, da zehentfrei, zum erschwinglichen Volksnahrungsmittel.

Trotzdem: Durch Bergbau, Salzgewinnung, Eisenerzeugung, Getreideproduktion und Transportgewerbe läßt sich in besonders unruhigen Zeiten mit ihren wohl sehr schwankenden, aber auch ins Gigantische anschwellenden Bedürfnissen viel verdienen, wenn man Glück hat und es richtig anfängt! Die westungarischen Agrarier etwa, aber auch die slowakischen Grubenstädte wurden außerordentlich reich, während die Finanzlage diverser Regierungsstellen im Herrschaftsbereich der Habsburger sehr unbefriedigend blieb. Daran waren die altmodischen und ergebnislosen Auspressungsversuche an den Untertanen ebenso schuld wie die Sabotage seitens der Ständevertreter, die dem vordringenden Absolutismus im Staatsapparat erbitterte Rückzugsgefechte lieferten. Noch lange standen etliche Häuser und Adelssitze der emigrierten Protestanten in Innerösterreich leer! Immerhin gab es Ansätze zu geregelten Staatsvoranschlägen, die Schuldenverwaltung kam nach und nach in die Hände eigener Geldinstitute, wie z. B. der Banco del Giro oder der Wiener Stadtbanco, die Verbesserung des Münzwesens machte allmählich die Münzwaagen entbehrlich, die ersten Werkhäuser und Manufakturen zeigten auch in Österreich den Beginn des Merkantilismus an. Mit der Akademie für Naturforschung wurde unter Leopold I. ein erstes Signal für das Ende der Alchimistenepoche gesetzt.

Andererseits erreichten die bürgerlichen Einkünfte in den Erblanden nirgends mehr die Höhen der Zeit vor 1618, und ansehnliche Bettlerscharen deuteten auf eine strukturelle Arbeitslosigkeit hin, die im Gebiet Habsburgisch-Ungarns zum Auffüllen politischer Banden führte.

Das Steuerwesen, ein vor dem Dreißigjährigen Krieg noch weitgehend unbekannter Begriff, wuchs schnell zu einer unübersichtlichen Fülle indirekter Belastungen heran, die vom Hausgulden und von diversen Luxustaxen ergänzt und schließlich von den Türkenabgaben noch weit übertroffen wurden.

Letztgenannte Anzapfmöglichkeit traf auch den besitzenden Adel und die Geistlichkeit, die sich den anderen Steuern bisher weitgehend entziehen konnten. Aber am Wiener Hof regierte nicht der Mammon, sondern althergebrachte Traditionen und hohe Prinzipien, obwohl Raimund Montecuccoli mit Blick auf den Thron deutlichst erklärt haben soll, daß zum Kriegführen Geld, Geld und wieder Geld unerläßlich sei.

In einer stürmischen Staatskonferenz anno 1706 zeigten sich hochgestellte Diskussionspartner dem Prinzen Eugen gegenüber, als dieser entscheidenden Einfluß auf die Kriegsfinanzierung gewinnen wollte, zunächst durchaus widerspenstig. Sie erklärten ihm, daß es seit dem Verrat Wallensteins zu den Grundsätzen des Hauses Österreich gehöre, nie mehr Schwert und Börse in die Hand eines einzigen Mannes zu geben. Etwas später stellte der Prinz unter Bezugnahme auf dieses Statement dem Obersthofmeister Fürst Salm gegenüber schriftlich fest, er, Prinz Eugen, werde durch sein Leben und vielleicht auch durch seinen Tod noch beweisen, daß er es nicht verdient habe, „in die Klasse der Mansfeld von heute und der Friedländer von einst gerechnet zu werden“. Von Mansfeld hören wir später, mit dem zweiten Namen wird Wallensteins Schatten beschworen.

Unbeschadet solcher Einschätzungen ist es hier angebracht, das europäische Theater zur Zeit der Geburt des Prinzen stärker auszuleuchten, weil sich darin manche Voraussetzung für seine eigenen Absichten und für jene seiner Genossen und Kameraden findet: Im Unterschied zu den Zeitläuften nach dem Zweiten Weltkrieg, als das erschöpfte Abendland zumindest mit dem Erlöschen der nordgriechischen Kämpfe in einen Abschnitt relativer Ruhe eintrat, war davon nach dem Ende des Dreißigjährigen Krieges nicht lange die Rede. In Osteuropa begann sich eine gewaltige Umwälzung anzubahnen, denn die Moskowiter führten den Stoß gegen die baltische Küste ebenso hartnäckig wie den wechselvollen Kampf gegen den Tatarenstaat und seine türkischen Protektoren am Nordufer des Schwarzen Meeres. Die angrenzende Ukraine mit ihren Kosakenschwärmen war seit den fünfziger Jahren völlig in Bewegung geraten und hatte damit sogar die Aufmerksamkeit des Wiener Kaiserhofes hervorgerufen. Das morsch gewordene polnische Großreich konnte sich der angreifenden schwedischen Armee kaum erwehren, obwohl der kriegerische Glanz des Feindes aus dem Norden zunehmend verblich. Daran hatte Wien politisch-militärischen Anteil, das heißt, österreichische Truppen eilten 1657 den Polen zu Hilfe. Die Brandenburger aber marschierten einmal bei diesem, dann bei jenem Heer mit und konnten so wenigstens Ostpreußen erhalten, wenn auch Vorpommern noch bis 1675 der Stockholmer Regierung gehorchen mußte. Auch dabei gab ein österreichisches Kontingent auf seiten Brandenburgs militärische Deckung. Schon drei Jahre zuvor waren die Türken wegen eines Kosakenhetmans in einen Krieg mit Polen eingetreten, und Lemberg konnte sich nur unter hohen Kosten vor dem Niederbrennen retten. Zwölf Monate später vernichtete der polnische Großkronfeldherr Sobieski ein türkisches Heer und ließ sich nach einigen Monaten zum König Johann III. ausrufen. Aber die Türken gaben nicht auf. Ihre Menschenreserve schien unerschöpflich zu sein, hatten sie doch soeben einen langen Krieg im mediterranen Raum durchgefochten und gewissermaßen zwischendurch noch mit dem Kaiser in Wien einen hitzigen, wenngleich nicht ganz erfolgreichen Kampf wegen Siebenbürgen ausgetragen. Die heutige Geschichtsschreibung hält dafür, daß die Türkei seinerzeit nach dem Tode Suleimans vor Szigeth bzw. nach der Seeschlacht von Lepanto in eine Periode innerer Verwirrung abgeglitten sei. Für eine Anzahl von Jahren, insbesondere bei den Rückschlägen gegen Persien, mag dies zutreffen, die zweite Hälfte des 17. Jahrhunderts war jedoch eher von osmanischer Sehnsucht nach alter Größe gekennzeichnet. Die Pforte tat ihr möglichstes, wenigstens nach außen hin eine afro-asiatische Art des modernen höfischen Absolutismus zu entwickeln, wobei ihre allmächtigen Minister und Feldherren Großwesire genannt wurden und einer über das ganze Osmanische Reich verstreuten albanischen Familie entstammten. Diese albanischen Wesire greifen nach Zügel und Steuerruder, je nach dem, ob zu Lande oder zu Wasser gefochten werden muß. Dabei macht es ihnen die heimische Staatsform mit ihren Erstarrungstendenzen nicht leicht: Über die Thronfolge bestimmen obskure Offiziers- und Priestervereinigungen, die Haremswirtschaft verschlingt selbst die höchsten Steuereinnahmen, die immens reichen Moscheengüter können nur unter dem Risiko des eigenen Kopfes angezapft werden. Noch immer bilden alle Moslems in der Türkei das angesiedelte Heer mit über hunderttausend Lehen allein in Europa und Asien. Schwieriger zu lenken ist hingegen die Genossenschaft der ständig besoldeten Janitscharen, die sich ebenso über das ganze Reich ausgebreitet hat und mehr als 150000 Köpfe zählt, welche jedoch keineswegs ihren früheren kriegerischen Vorbildern gerecht werden. Trotz gegenteiliger Gesetze gehören Massenmorde innerhalb der umfangreichen Verwandtschaften jedes neuen Sultans noch immer zum Alltag, Beis und Paschas in Afrika und in anderen entfernten Gegenden müssen immer wieder zur Räson gebracht werden. Ein Glück, daß sich die meisten dieser Provinzgrößen nur wenige Jahre halten und überdies oft mit besonders bigotten Truppenteilen in Gegensatz kommen.

Einig war man sich nur über die alte Koranweisheit, wonach die unumschränkte Herrschaft der Gläubigen über die Ungläubigen jene Art Staatsgrundgesetz darstellt, das bis heute in der islamischen Welt nichts von seiner Zugkraft verloren hat …

Freilich, die nicht abreißenden Völkerduelle in Europa stellten eine Dauereinladung an Stambul dar, sich ungeachtet aller inneren Probleme – oder vielleicht gerade deshalb – auf dieses anscheinend total verrückt gewordene christliche Abendland zu stürzen. Dort hatte Anfang der siebziger Jahre der französische Ludwig die Holländer überfallen und in einem Aufwaschen die Spanischen Niederlande zu liquidieren versucht. Dieser zweite Raubkrieg, in den Kaiser Leopold I. und die Brandenburger, wie man sich denken kann, unverzüglich eingriffen, wurde zwar von den Holländern leidlich durchgestanden, führte aber zum großen Aderlaß der spanischen Besitzungen im Nordosten Frankreichs. Auch das römisch-deutsche Reich kam nicht ungeschoren davon, der Verlust des Elsaß mit Straßburg lag seither im Bereich des Möglichen, dem Zusammenspiel der Pariser Regierung mit dem türkischen Imperium wurde ein deutlich erkennbares Operationsfeld eröffnet.

Damit sind wir wieder in das davon unmittelbar betroffene Wien zurückgekehrt, wo man sich mit dem Niederwerfen einer bedrohlichen Magnatenverschwörung in Habsburgisch-Ungarn und in der Steiermark sowie mit der Rekatholisierung der Magyaren herumplagt und überdies glaubt, daß der letzte Friede mit den Türken zu Eisenburg eine erträgliche und dauerhafte Sache darstelle. Der Pariser Prinz Eugen kommt währenddessen ins Pubertätsalter, verliert 1673 seinen Vater, hat zwielichtige Freundschaften und ist oft unbeaufsichtigt, denn seine Mutter spielt in alten französischen Schlössern Karten und streitet sich mit ihrem Liebhaber aus der Teenagerzeit, dem allerchristlichsten König Ludwig, sowie mit dessen Kriegsminister Louvois herum. Eugens Schwestern mausern sich zu Nobelprostituierten. Aber das Schicksal der Welt nimmt auf einzelne keine Rücksicht, sondern gibt ihnen nur die Möglichkeit, sich, mit etwas eigenem Glück ausgestattet, dem Strom der Zeit anzuvertrauen. So begann sich Österreich, was keiner zu prophezeien wagte, während ebendieser Jahrzehnte in eine der größten Ländermassen auszudehnen, die je auf europäischem Boden bestanden.

Vom Bodensee bis tief ins jetzige Rumänien hinein, von der Adria bis an die Oder werden bald die letzten Habsburger herrschen, desgleichen in Schwaben und in Belgien, in Mailand, Neapel und auf Sardinien. Freilich wird dies kein Staat im neuzeitlichen Sinn, eher noch eine mittelalterlich-ständische Nachbarschaft mit unzähligen Sonderrechten der Einzelgebiete sein. Doch im Redegebrauch wird zumindest für die deutschsprachigen Erblande und für das habsburgische Ungarn der zusammenfassende Name Österreich gelten, man versteht am Ende des 17. Jahrhunderts schon in aller Welt, was mit den Begriffen „österreichische Politik“ und „österreichisches Heer“ gemeint ist. Dazu kommt eine Art Gemeinschaftsgefühl innerhalb der Bevölkerung, das aus den Abwehrkämpfen entsteht, sei es gegen die Türken vor Wien oder etwas später gegen die Franzosen und Bayern in Tirol. Aber noch sind wir nicht soweit, noch durchlebt die türkische Macht nahe der Lebensader Österreichs ihre letzte große Wiedergeburt. Generäle werden in Wien bald sehr dringend benötigt!

Österreichs Diplomatie ist vor dem 16jährigen Ringen, das 1683 begann und als Zweiter Leopoldinischer Türkenkrieg bezeichnet wird, nicht nur im Südosten Europas, also in Stambul, tätig geworden. So sehr man zunächst das Friedenhalten mit der Pforte erhoffte, wurde doch „für alle Fälle“ ein stärkerer Rückhalt innerhalb Europas für erstrebenswert angesehen. Schon im Frühjahr 1682 hatte sich Wien deshalb einer neuentstandenen Assoziation angeschlossen, die von Schweden über Holland bis Spanien reichte. Von den Bemühungen des Papstes abgesehen, dürfte diese Verbindung wesentlich dazu beigetragen haben, daß sich Frankreich im Folgejahr mit einer neuerlichen militärischen Demonstration gegenüber den Spanischen Niederlanden begnügte. Die Achse Paris – Stambul funktionierte niemals reibungslos, und ein prominenter Türke soll scherzend gemeint haben, daß es leicht sei, die französischen Freunde zu finden, weil sie immer ganz nahe bei den Feinden der Osmanen Aufstellung nähmen. Andererseits kränkte die türkische Regierung Ludwig XIV. mehrmals bei Etikettefragen. Zur selben Zeit arbeitete Graf Georg Friedrich von Waldeck an einer Union kleinerer süd- und westdeutscher Reichsstädte, wobei diesem versierten Diplomaten und Diener vieler Herren selbstverständlich auch bedeutendere Mächte innerhalb des römisch-deutschen Imperiums willkommen gewesen wären.

In der sogenannten Laxenburger Allianz trat Leopold 1682 dieser Union bei, wenig später verbündete sich der junge ehrgeizige Max Emanuel von Bayern, der damals unbedingt eine Habsburgerin zur Frau haben wollte, mit Österreich, und zwar „sowohl gegen die Türken, als andere anstoßende Gefahren". Erst am 31. März 1683 kam das Schutz- und Trutzbündnis zwischen Johann III. Sobieski und Leopold I. formell zustande, das weiteren christlichen Fürsten, unter ihnen dem Zaren, den Beitritt ausdrücklich offenhielt. Die Abmachung sah Gegenseitigkeit vor, das heißt, der Kaiser hätte Polen zu Hilfe kommen müssen, wenn die Türken wieder gegen dieses Land vorgegangen wären. Die Aufeinanderfolge solcher diplomatischer Glücksfälle für den Kaiser sollte, was seine westeuropäische Politik betrifft, 1684 durch den Regensburger Stillstand unterbrochen werden. Darunter ist der Abschluß einer längeren Waffenruhe mit Ludwig XIV. zu verstehen, wobei man sämtliche Erfolge der Franzosen von früher anerkannte, nur um in Ungarn von ihnen nicht gestört zu sein. Die Übereinkunft, bei deren Zustandekommen die Brandenburger Paris und seine Interessen sehr unterstützten, hielt trotz der Konzessionen nur kurze Zeit.

Wenn wir uns etwa um ein Jahrfünft früher der Stadt Regensburg zuwenden, so finden wir dort wesentliche Instanzen der Reichsadministration lokalisiert. Hier wurde anno 1681 ein Kompromiß hinsichtlich der Wehrverpflichtungen des Reiches ausgehandelt, der, wenn er auch gegenüber den mächtigeren deutschen Fürsten wirkungslos sein mochte, doch zur deutschen Teilmobilisierung angesichts des Türkensturms einiges beitrug. So konnten der württembergische sowie der fränkische Kreis zur Mitwirkung gewonnen werden, und Kurfürst Johann Georg III. stellte ein starkes sächsisches Kontingent, obwohl er seine Grenzen zu Brandenburg dadurch entblößte. Auch der Fürsterzbischof von Salzburg schickte 1000 Soldaten.

Die Schweiz gestattete Kaiser Leopold nicht nur Werbungen auf ihrem Hoheitsgebiet, sondern sagte auch die Entsendung eidgenössischer Mannschaften zu. Ihre Bereitschaft zeigt, wie sehr die Vorgänge am Alpenostrand diesen erst kürzlich unabhängig gewordenen Staat berührten. In Deutschland selbst war eine gemeinsame Aktion sämtlicher Reichsstände unmöglich. Der Fehlschlag der Mission des kaiserlichen Gesandten in Berlin, Graf Lamberg, bewirkte, daß sich kein norddeutscher Staat an der Türkenabwehr beteiligte.

Aber der Habsburger und seine Minister waren ohne Illusionen, sie schlossen mit anderen Höfen und Kreisen Germaniens separate Verträge, die Österreich mit der Versorgung der einzelnen Korps belasteten, während das Weisungsrecht deswegen keineswegs an eine Zentralgewalt abgegeben wurde. Die später erzielte Übereinkunft bezüglich des Oberbefehls beim Entsatzheer Wiens unter gleichzeitiger Autonomie der Mitstreiter stellte ein verhandlungstechnisches Meisterstück dar, durch das eine sehr gefährliche Krise innerhalb des alliierten Lagers im Angesicht des Feindes vermieden wurde.

Dieses Stahlnetz, in das Prinz Eugen durch seine Teilnahme und spätere Leitung des Zweiten Leopoldinischen Türkenkrieges hineingeriet, hatte auch außerhalb Mitteleuropas seine Aufhänger und Schwachstellen. Solches galt zunächst in pekuniärer Hinsicht: Papst Innozenz, das geistliche Oberhaupt der katholischen Christenheit und Souverän des Kirchenstaates, der schon im Dreißigjährigen Krieg mitgekämpft hatte, fungierte 1683 als Geldgeber des Kaisers, sofern man von den einzelnen Kardinälen absieht. Auch Savoyen, Toskana, Genua sowie Spanien, das von Ludwig XIV. mit Gewalt daran gehindert wurde, mehr zu tun, machten den Österreichern finanzielle Zuwendungen. Das gleiche tat Portugal, während sich Venedig bemühte, die Folgen seiner Niederlage im östlichen Mittelmeer zu verdauen und einen neuen Waffengang gemeinsam mit Österreich vorzubereiten. Die beiden Seemächte England und

Holland steuerten nichts bei. Die Dynastie Stuart in Britannien war frankophil, im Niedergang befindlich, Adel und Volk strebten ihrer „glorreichen" Revolution entgegen. Noch galt in London die Feindschaft mit Holland, wo man im Sommer 1683 voll Sorge einen neuen französischen Aufmarsch gegen das spanisch-habsburgische Belgien beobachtete, der erst durch die Siege Leopolds im Südosten gebremst wurde. Freilich war es nicht das kleine Holland von heute, das dort Gewehr bei Fuß zusah, sondern ein meteorhaft emporgestiegenes Imperium, dem sowohl ein beträchtlicher Teil Südamerikas wie auch Indiens und Südostasiens gehorchte. Selbst im Mittelmeer kannte man die Flagge der Niederlande und deren Admiräle zur Genüge. Die Türken hatten den Holländern und den Engländern günstigere Handelskonditionen als sonst üblich eingeräumt, ein merkantiler Vorteil, den sich der eifersüchtige Ludwig XIV. mit seiner Freundschaft zu Konstantinopel genauso sichern wollte.

Der Gegensatz der beiden Seemächte zum Osmanischen Reich trat auf einer anderen Weltseite zutage: Die Türkei führte nicht nur in Ungarn oder in Polen Krieg, sie breitete sich auch entlang der ostafrikanischen Küste gewaltsam aus. Hier traf sie zunächst auf die Portugiesen, die ihr die meisten den Negern abgenommenen Plätze am Ufer streitig machten. Die Flottenverbände der Niederländer und der Briten aber kreuzten im Indischen Ozean und hielten dort die türkische Marine, wenn sie den Handelsrouten zu nahe kam, auf scharfe Distanz. Damit erwuchs Stambul langsam eine viel größere wirtschaftliche Gefahr, als das mediterrane Venedig je hervorzurufen vermochte. In einer auch für heutige Begriffe sehr kurzen Spanne änderte die Welt ihr Gesicht: Um die Wende des Säkulums waren die beiden Seemächte, also das Vereinigte Königreich und die Niederlande, bereits handelseins, Schweden erwuchs zu erneuter Bedrohung aller Nachbarn, Polen schien ziemlich am Ende und das spanische Weltreich vor der Aufteilung zu stehen. Frankreich durchlief das letzte Stadium seiner Scheitelstrecke, die große Auseinandersetzung bezüglich der amerikanischen Besitzungen kündigte sich an, und die Wiener Regierung bewachte die Türkei, ohne daß ihr Europa hierfür Dank gewußt hätte. Bayern wird sich zum grimmigsten Feind Österreichs entwikkeln, die Habsburger aller Voraussicht nach dem Schicksal der

Stuarts nahekommen. Jedoch zu Herbstbeginn 1701 wird Kaiser Leopold I. mit den Seemächten eine „Große Allianz“ abschließen und – nach Jahresfrist – der Reichstag zu Regensburg dem König Ludwig XIV. einen ebenso großen Krieg erklären.

Ohne kurzen Blick nach Übersee wäre unsere Einführung eine unvollkommene Angelegenheit, bahnt sich doch bei letztgenanntem Termin eine neuartige Verbindung zum innereuropäischen Geschehen an. Schon 1664 waren Holländer und Schweden durch die Engländer vom nordamerikanischen Kontinent verdrängt worden, eine kleinere Aktion, wenn man bedenkt, daß die Neue Welt damals bis auf den östlichen Rand Frankreich gehorchte. Die heutigen Amerikaner bezeichnen die Zeit von 1689 bis etwa 1815 als die Epoche des zweiten Hundertjährigen Krieges, da die Europäer nahezu ununterbrochen miteinander kämpften. 60 Jahre davon rangen Briten und Franzosen um die Meeresherrschaft! In Amerika standen einander außerdem zwei verschiedene Anschauungen gegenüber: Die Engländer waren „Rassisten“, das heißt, sie mischten sich nicht mit den Indianern; die Franzosen hatten die Rothäute mit Ausnahme der Irokesen auf ihrer Seite, christianisierten sie und heirateten in sie hinein. Die Vernichtung der Urbevölkerung Nordamerikas ist zum guten Teil darauf zurückzuführen, daß sich die Kriegsbündnisse der britischen Kolonien am Ende stärker erwiesen als die franko-indianischen Gegenkräfte.

Mexiko, wo die braune Jungfrau von Guadelupe die Indios bekehrt und damit gerettet hatte, zählte um 1700 zu den größten Ländern der Erde. Die Vizekönige mußten mühevoll aufschreiben lassen, wer Kreole, Mestize oder Indianer war. Denn vor der Madonna galten alle als gleich. Wohl war die Zeit, in der man vielen Tausenden zur Besänftigung der Götter die Herzen aus den Leibern riß, versunken; aber auf der Alameda vor der Hauptstadt hatte die Inquisition auch schon ein paar hundert Ketzer verbrannt.

1. KAPITEL

Der Weg nach Österreich

Seit dem 15. Jahrhundert richtete sich der Generalangriff jener Türkenstämme, die das Ende der Mongolenwoge in Kleinasien heil überstanden hatten, gegen Südost- und Osteuropa. Währenddessen konnte Ungarn, wie eine 1982 auf der Schallaburg bei Melk veranstaltete Ausstellung großartig unter Beweis stellte, seine höchste kulturelle und wirtschaftliche Blüte hervorbringen. Doch nur wenige Jahrzehnte später mußte sich dieses Land sowohl mit der enormen internationalen Entfaltung des Hauses Österreich als auch mit einer unüberwindlich scheinenden türkischen Militärmaschine sowie einer lähmenden Glaubensspaltung im Inneren auseinandersetzen. Dieser Zerreißprobe waren die eigenständigen Kräfte natürlich nicht gewachsen, und bei der daraus folgenden Dreiteilung Ungarns fiel den Fürsten Siebenbürgens eine entsprechende Zone, den Türken das Kerngebiet und den Habsburgern der übrige Teil zu. Wir kennen die Trennung gewachsener Einheiten durch Einflußsphären aus unserem Jahrhundert zur Genüge und wissen um die Hintergedanken, die stets von den Partnern gehegt werden, auch wenn solche Kompromißlösungen von längerer Dauer sind. Dazu gesellen sich die Verzweiflungsaktionen der betroffenen Bevölkerung und die Chance für entferntere Mächte auf Intervention.

Wenn wir etwa um 1670 diesen einigermaßen erstarrten Zustand im pannonischen Raum betrachten und dann weit hinunter nach Süden und Südosten blicken, so entdecken wir, daß dort die Menschenmassen am Festland, auf den Inseln und an Bord der Schiffe des Mittelmeers zunehmend von Unruhe ergriffen werden: Zu dieser Zeit, da nämlich der Imperator Leopold I. vorsichtig, aber äußerst konsequent aus dem Schattendasein des römisch-deutschen Kaisertums heraustrat und sich so von der Resignation seines Vaters distanzierte, verloren die Venezianer alles, was sie noch im östlichen Mittelmeer besaßen, an den Großherrn und seinen albanischen Wesir, Ahmed Köprülü. Der Anblick des eroberten Kreta mag Letztgenannten jenen Tag im Sommer 1664 vergessen gemacht haben, als er den Österreichern vor Mogersdorf über 6000 tote Streiter Allahs mit dem gesamten türkischen Geschützpark, der Kriegskasse und den stattlichen Nachschubgütern zurücklassen mußte.

Am linken Flügel der Kaiserlichen und der von einem Badener Markgrafen befehligten Kontingente des Regensburger Reichstages war damals noch ein kleines französisches Heer in Stellung gegangen, gewissermaßen als Rest jener merkwürdigen Ideale, die einst um die Friedensschlüsse von Münster und Osnabrück gehegt wurden. Vielleicht ist es symptomatisch, daß 1664 an der Raab die Franzosen ebenso wie die Reichstruppen der türkischen Übermacht defensiven Widerstand boten und sogar den Rückzug ins Auge faßten, während die Österreicher in einem unverzüglichen Großangriff die Sache entschieden. Sicher, sie hatten auch keine andere Wahl, denn unmittelbar hinter ihnen lag schon die Steiermark. Die Franzosen bei Mogersdorf waren Rheinbundtruppen gewesen bzw. von diesem Verein entsendet worden.

Nach 1648 hatte sich der erste Rheinbund konstituiert, dem Frankreich als einfaches Mitglied beitrat. Sein ursprüngliches Ziel bedeutete eigentlich die Friedenssicherung diesseits und jenseits des Stromes. Die Ratgeber des Kaisers hatten die bittere Pille seiner weitgehenden Eigenständigkeit geschluckt und ihr sogar etwas Geschmack abgewonnen. Anläßlich des ersten Türkenkrieges, den Leopold führte, ließ sich der Bund zur Mitwirkung bestimmen, und der französische König ging mit gutem Beispiel voran. Rasch war es damit zu Ende. Frankreichs Hoffnungen bezüglich der Willfährigkeit der Bundesgenossen erfüllten sich nicht, bald trat erneute Feindschaft an die Stelle kurzfristiger Zusammenarbeit. Der Bund wurde formell aufgelöst und lebte erst in napoleonischen Tagen wieder auf. Am 1. August 1664 plätscherte die Raab so idyllisch wie heute zwischen Mogersdorf und dem Zisterzienserkloster St. Gotthard dahin. Der Sieger des Tages hieß Raimund Graf von Montecuccoli, ein späterer deutscher Reichsfürst und Herzog von Melfi.

Die Rheinbundtruppen als Ganzes befehligte ein Graf Hohenlohe, die französischen Teilkräfte ein Graf von Coligny-Saligny. Sie alle haben vom Prinzen Eugen von Savoyen zu ihren Lebzeiten nur wenig erfahren; Montecuccoli starb schon 1681 in Linz. Gerade er muß jedoch als mittelbar anschließendes Glied zu Eugen in der Kette vorangegangener großer Heerführer Österreichs gelten, zumal er noch zu den märchenhaften Offizieren Wallensteins gehört hatte. Sein Onkel, einer der Generalfeldzeugmeister Ferdinands II., hatte den jungen Raimund, der aus dem Stammschloß der Familie bei Modena zur kaiserlichen Armada stieß, seinerzeit das Kriegshandwerk gelehrt. Der Graf war ein eifriger Schüler, machte die Feldzüge in Deutschland mit, kämpfte bei Breitenfeld, Lützen und Nördlingen, wurde im Verlauf seiner Bewährung zum Oberst und zum Generalwachtmeister befördert. Bei Brandeis nahmen ihn die Schweden gefangen, er kam im Austausch zwei Jahre später ins österreichische Lager zurück, schlug sich in Schlesien für den Kaiser, wechselte als General zum Hause Este-Modena hinüber und diente nach einer Aktion in Norditalien abermals im Heer Ferdinands III. Im Jahr 1645 unterstützt er mit seinem Korps den Erzherzog Leopold beim Angriff auf den Fürsten Rákóczi von Siebenbürgen, der in die Reihe der Gegner Habsburgs getreten war. Noch einmal rauft er nachher mit schwedischen Regimentern, bis ihm der Westfälische Friede einige ziemlich undurchsichtige Reisen gestattet. Er besucht nämlich Skandinavien, fährt nachher gleich wieder nach Italien und wird dort ein Freund der Ex-Königin Christine, was den Montecuccoli bald in eine Wolke von Gerüchten einhüllt. Er ist aber auch Ehemann, bekommt einen Sohn namens Leopold und fungiert in den fünfziger Jahren als stellvertretender Präsident des Obersten Kriegsrates beim Regensburger Reichstag. Bald beginnt jene militärische Intervention des römisch-deutschen Kaisers in Polen, von der schon in der Einführung die Rede war. Wieder stürzt sich Montecuccoli auf einen der Rákóczis, weil dieser mit den Schweden gemeinsame Sache macht, und zwingt so die ganze siebenbürgische Sippschaft, Polen fürderhin in Ruhe zu lassen. 1658 ernennt der Kaiser den Raimund zum Feldmarschall, macht ihn zum Unterhändler des Reiches und sendet ihn schließlich gemeinsam mit General Hatzfeld samt einer kleineren österreichischen Schar dem Dänenkönig zu Hilfe, weil dieser seinerseits von den Schweden bedrängt wird, die noch immer an ihre einstige Unüberwindlichkeit glauben und auf Frankreich hoffen. Bei Küstrin vereinigt sich daraufhin Montecuccoli mit den Brandenburgern. Er vertreibt nachher, genugsam verstärkt, den alten nordischen Feind Österreichs, wo immer er ihn nur aufstöbern kann. Zuerst wird das von Stockholm bereits beherrschte Jütland samt Fünen gesäubert, dann kommt das schwedische Pommern an die Reihe, dessen Städte und Ortschaften dem Feldherrn aus Modena zufallen. 1660, also bald nach dem Friedensschluß, wird er kaiserlicher Geheimrat und Gouverneur der Festung Raab.

Nun sind ihm ein, zwei Jahre Ruhe gegönnt, die der Rat zum Teil in der nahen kaiserlichen Residenzstadt verbringt, wo er bei Hofe gern gesehen ist. Er glänzt wie ein Colleoni oder Gattamelata, obwohl diese Kraftmenschen innerhalb der von den Jesuiten inspirierten Wiener Gesellschaft in keinem besonderen Rufe stehen. Er betätigt sich auch als Militärtechniker und erfindet ein verbessertes Infanteriegewehr, das bald in seiner Leibformation eingeführt wird.

Man kann kaum behaupten, daß der Kampf gegen die Türken vor der Niederlage Kara Mustaphas in Wien und in Österreich eine populäre Angelegenheit gewesen wäre oder daß Kreuzzugideen bzw. der Drang zu einer Art Reconquistá vor 1683 im Lande herumgeisterten. Vielmehr durchlebten die Einwohner der Stadt und ihrer Umgebung, ähnlich wie die Steirer, die Tiroler und die Salzburger, die erste Hochblüte des Barockzeitalters. Die Ortsansässigen des kaiserlichen Hoflagers, das Leopold I. stets nur gezwungenermaßen verließ, beschäftigten sich nicht allein mit Baukünsten und mit Gartenkultur, sondern mehr noch mit schauervollen Andachten, Prozessionen sowie mit den verschwenderisch ausgestatteten Festlichkeiten der zweiten Gattin des Kaisers. Voll feierlicher Fremdheit manifestierte sich jenes antiquierte deutsche Priesterkönigtum, das dem Erzhaus, dem Hochadel und den vielen Adabeis in Wien Bedürfnis war und mit importiertem iberischem Sendungsdünkel sowie mit der im Zeitschoß fast schon versunkenen burgundischen Ritterwelt gut aufgeputzt werden konnte. Der in seiner Häßlichkeit schon wieder interessant wirkende Herrscher beschenkte zeremoniell die Straßenbettler und wies die Bürger, wenn sie um Steuernachsicht flehten, einfach an den Allmächtigen weiter. So duckte sich inmitten halbfertiger neuer Bastionen die Stadt des Abraham a Sancta Clara, des Lieben Augustin und der anderen Bänkelsänger, des Wohltäters und Pestkönigs Ferdinand Schwarzenberg mit seinen Schnabeldoktoren, der grimmigen Rumorknechte eines Khevenhüller, der Wettreiter, der Raufer, die es auf die exzentrischen Spanier in Wien mit ihren schnellen Degen abgesehen hatten, der prachtvoll kostümierten Stadtguardia und anderer Wunderlichkeiten. Aber die führende Geisteshaltung hatte auch durchaus progressive Aspekte: Nach dem Ende des Dreißigjährigen Krieges lag z. B. das Tschechentum, das noch bei Beginn des großen Ringens jedweden Gebrauch der deutschen Sprache in Böhmen aufs heftigste verfolgt hatte, am Boden, und seine totale Germanisierung wäre wahrscheinlich ohne Widerstand hingenommen worden. In Ungarn galt die magyarische Sprache für den Gebrauch unter halbwegs Gebildeten als zu primitiv, auch hier hätte die Veränderung Chancen gehabt, daß heißt, man hätte den Magyaren die deutsche Sprache anstelle des römischen Glaubens aufzwingen können.

Eine Art Latein diente dort in politischen Zirkeln als Umgangssprache, doch war abzusehen, daß diese Verständigung auf die Dauer nicht ausreichen würde. In Wien hatte man währenddessen bereits Wörterbücher für Tschechisch und Ungarisch gedruckt. Habsburg nämlich dachte gar nicht an einen derartigen Entzug der Identität seiner Völkerschaften. Vielmehr fühlte sich der Souverän für die sittlich-religiöse Einstellung seiner Untertanen verantwortlich, weil er sicher war, darüber einst vor seinem Himmelskönig Rechenschaft ablegen zu müssen. Daher war man bei Hofe mit der katholischen Religionsverbreitung ebenso wie mit der Realisierung des Grundsatzes beschäftigt, daß alles Recht im Römischen Reich nach wie vor vom Kaiser ausgehe. Für letzteres hatte man sich jenen Immerwährenden Reichstag in Regensburg zurechtgeschneidert, wo Montecuccoli bereits als Militärexperte tätig geworden war. Dort strebten die Vertreter Leopolds mit unendlicher Zähigkeit dem fast aussichtslosen Unterfangen einer Reorganisation des Wehrwesens in Deutschland nach. Immerhin, 1683 sollte Regensburg eine nicht ganz unbedeutende Rolle bei der Türkenabwehr spielen, das heißt für Hilfe durch kriegerischen Zuzug und Absicherung durch diverse Übereinkommen zwischen

Österreich und anderen Staaten sorgen. Um Wehrverfassungen ging es auch anderswo: Bis zur Jahrhundertmitte hatten sich die Mainoten vom Sultan eine nahezu unabhängige Truppe am Peloponnes ertrotzt, die Montenegriner und die albanischen Ghegen stellten „Schützenkompanien" ähnlicher Art zusammen. Unabhängig davon erschien im Jahr 1663 Großwesir Ahmed mit 120000 Türken kampfbegierig vor dem österreichischen Bollwerk Neuhäusel in Oberungarn. Schon Monate zuvor war die kriegerische Auseinandersetzung zwischen Wien und Stambul wegen des Regimes in Siebenbürgen in Gang gekommen, und Montecuccoli hatte mit österreichischen und magyarischen Kontingenten die in dieses Land eingefallenen Moslems für einige Zeit vertrieben. Daraufhin waren die Ungarn mit ihm uneins geworden und verschwunden, später konnte auch Neuhäusel nicht gehalten werden, und nach der Winterruhe fiel sogar noch Zrinyvár im Süden den Türken in die Hände.

Aber dann fühlte sich Montecuccoli doch stark genug, den unabsehbaren feindlichen Massen bei Mogersdorf entgegenzutreten und ihnen eine schmerzliche Niederlage beizubringen. Die Sieger von Mogersdorf ließen ihre Mähren an der rauchgeschwärzten Mauer der Abtei St. Gotthard rasten und blickten den am Horizont schwindenden Staubwolken des geschlagenen Feindes lange nach. Kaum einer der christlichen Streiter ahnte, daß fast zum gleichen Termin der reiche niederländische Pflanzer Peter Stuyvesant in Manhattan vor britischen Seeoffizieren kapitulierte. Der Duft holländischer Blumenfelder, der manchmal von dort Dutzende Meilen auf das Meer hinauswehte und die Schiffer erfreute, wird bald rußigem Freiheitsodem weichen. In der Kleinen Ungarischen Tiefebene aber roch es weiter nach Pferdeschweiß und Menschenblut.

Vertiefen wir uns nunmehr in die düstere Heldensaga Pannoniens kurz vor Beginn des österreichischen Heldenzeitalters in diesen Gegenden: Da stirbt knapp nach der Schlacht bei Mogersdorf ein Urenkel jenes Zriny, der einst im Torbogen des Schlosses Szigeth von türkischen Kugeln durchlöchert wurde, bevor Freund und Feind gemeinsam in die Luft flogen. Diesmal handelt es sich um den Banus Niklas Zriny, der standesgemäß von einem wütenden Eber zerfleischt wird. Mit ihm verschied ein überaus männlich-schöner Magyare, sofern man alten Bildern glauben darf. So wie sein Ahne, welcher vor Zeiten den abtrünnigen Feldmarschall Katzianer beim Bankett mit eigener Hand ins Jenseits befördert hatte, war Niklas königstreu, wenngleich etwas liberal und leicht oppositionell eingestellt. Er half dem Kaiser Leopold und dem Montecuccoli immerhin noch mit 15000 Ungarn gegen die Türken aus, allerdings erschien er verspätet auf der Walstatt. Aber er schlägt einige Male türkische Teilkräfte und dichtet ein paar Idyllen und Lieder sowie das Epos Zrinyade, bevor ihn das Jagdglück verläßt. Zwei, drei Jahre nach seinem Tod will ein Bruder namens Peter Zriny erblicher Fürst in Kroatien und Slawonien werden und beteiligt sich deshalb an der großen Verschwörung der magyarischen Adeligen gegen Leopold. Auch der Gemahl seiner schönen Tochter Helene, der sich Franz I. Rákóczi nennt und somit dem uns bekannten, besonders freiheitsdurstigen Geschlecht entspringt, ist mit von der Partie. Der Franz wird nach dem Fehlschlag des Komplotts nicht hingerichtet, die hochgestellte Verwandtschaft erreicht vielmehr, daß er bis zu seinem natürlichen Ende 1676 in Munkács leben darf.

1682 reicht Witwe Helene, die dem Franz schon zwei kleine Rákóczis geboren hat, dem Emmerich Tököly die Hand zum zweiten Ehebund, womit Genanntem auch erhebliche Geldmittel zur Verfügung stehen. Der Tököly war schon als 13jähriger aus der Burg seines Vaters entflohen, als dieser alte Revolutionär von den Kaiserlichen bedrängt wurde. Der Sohn übernahm die Führungsrolle bei den bereits tätigen und später dazugestoßenen Insurgenten, die sich nach alten Vorbildern Kuruzzen nannten. Nach dem türkischen Debakel im Marchfeld sowie Kara Mustaphas Niederlagen vor Wien und in Ungarn ab 1683 verteidigt Helene heldenmütig, wenn auch vergeblich, Stadt und Festung Munkács gegen die Österreicher, die sie schließlich gefangennehmen und nach Wien schicken. Ihr Emmerich ist währenddessen von den Türken, die das Vertrauen zu ihm verloren haben, in Ketten gelegt und nach Adrianopel geschleppt worden. Der ob seiner feurigen Rede bekannte Mann zerstreut dort alle Vorwürfe und macht sich später mit osmanischer Hilfe auf, den Fürstenhut Siebenbürgens, den er in eine vom Sultan verliehene Königskrone verwandelt wissen will, zu gewinnen. Aber der Hut sitzt zunächst noch fest auf dem Kopf des Michael Apafi, der sehr schnell seine antiösterreichische Vergangenheit vergißt und sich durch den Vertrag von Wien

1686 unter den Schutz des Kaisers stellt. Tököly, beim zweiten Versuch ziemlich erfolgreich, wird schließlich doch vom Markgrafen Ludwig von Baden samt türkischen und walachischen Helfern aus Siebenbürgen hinausgeworfen. Der Emmerich führt seinen Kampf auf seiten des Halbmondes weiterhin unverdrossen fort, und das Kriegsglück schwankt, zumal ein Sultan endlich wieder gewaltsam ausgewechselt und ein weiterer Köprülü-Schwager des erdrosselten Kara Mustapha Großwesir geworden war. Der Padischah ernennt den Tököly zum Fürsten von Widin, während Österreich den Emigranten von jedem Gnadenakt ausschließt.

Aber Helene durfte zu ihm fahren. 1705 segnet er auf seinem Landgut unweit des Bosporus das Zeitliche, während sich im gleichen Jahr ein anderer Verwandter, nämlich der zweite Franz Rákóczi, nach seiner Niederlage gegen die Österreicher am Zsibopaß von einem Zigeuner erstmals jene Weise vorspielen läßt, die dem späteren Rákóczimarsch zugrunde liegt.

Zu diesem Zeitpunkt ist der Feldmarschall Montecuccoli schon seit einem Vierteljahrhundert tot und Prinz Eugen bereits ein lorbeerumkränzter Stratege geworden. Der Montecuccoli war nach dem Ersten Leopoldinischen Türkenkrieg und der Schlacht bei Mogersdorf noch zum Präsidenten des Hofkriegsrates aufgerückt und hatte sogar eine der Bräute des häßlichen Kaisers einholen dürfen. Doch damit nicht genug!

Als Ludwig XIV. im Jahr 1672 Holland attackierte, übernahm der nunmehr schon betagte Feldherr den Oberbefehl über ein kaiserliches Hilfskorps, hatte zunächst mit den Verbündeten Schwierigkeiten und gewann nach manchem Hin und Her überhaupt den Eindruck, daß der französische König sämtliche kaiserlichen Minister in Wien bestochen hätte. Aber im folgenden Jahr warf Montecuccoli mit einem neuen österreichischen Heer die eingedrungenen Franzosen aus Westdeutschland hinaus, belagerte mehrerer Städte im Elsaß, ging an den Rhein zurück und – nach der Einnahme Philippsburgs – in Pension. Fortan lebte er am kaiserlichen Hof im Umgang mit den Gelehrten seiner Zeit. Merkwürdig, daß auch Prinz Eugen vor Philippsburg dereinst sein letztes, ziemlich welkes Lorbeerblatt aufklauben wird, bevor er in den Ruhestand tritt. In seinen späteren Dienstjahren hat sich Raimund Montecuccoli mit der fälligen österreichischen Heeresreform befaßt. Auf ihn geht die

Weiterentwicklung des stehenden kaiserlichen Heeres samt einheitlicher Bewaffnung, Unterbringung in Kasernen, mit der Artillerie als eigener Waffengattung und einer halbwegs modernen Nachschuborganisation zurück. Durch sein kriegswissenschaftliches Werk unter dem bezeichnenden Titel „Della guerra col Turco in Ungheria" konnte er das kriegswissenschaftliche Denken der nächsten Jahrzehnte mitbestimmen und wurde so zum Vorbild eines Karl von Lothringen sowie der badensischen Heerführer und nicht zuletzt des Prinzen von Savoyen.

Montecuccoli war selbstverständlich nicht der einzige Haudegen, der die Gloria und die Entsetzlichkeiten des Dreißigjährigen Krieges mitgemacht hatte. Da gab es noch den Jan Spork, dessen Reiter jahrelang durch die Kleine Ungarische Tiefebene, die heute so viele österreichische Ausflügler anzieht, streiften und sich mit türkischen Spähtrupps, magyarischen Insurgenten, Plünderern und protestantischen Adeligen herumschlugen. Das Gebet des Spork auf dem Schlachtfeld gehört zu den großen Historienbildern, die gegenwärtig in den einschlägigen Wiener Ausstellungen zu besichtigen sind; der österreichische Lyriker Rainer Maria Rilke hat einen seiner Vorfahren in die Kavallerie des Generals Spork eintreten lassen und darüber die unsterbliche Weise von Liebe und Tod jenes Kornetts gedichtet. In den letzten Jahren des Großen Krieges in Deutschland hatte Jan Spork unter bayerischen Fahnen gefochten, aber dabei stets mehr Sympathien für den Kaiser als für den Münchener Kurfürsten Maximilian aufgebracht, bis er von Letztgenanntem darob schließlich geächtet und verfolgt worden war. Dem auf solche Art abgedankten Kommandeur gelang jedoch die Flucht ins Wiener Lager, und seither tauchte der Spork überall dort auf, wo er für Habsburg vonnöten war, sei es in Siebenbürgen oder an der Rabnitz. Er und die Seinen gehörten zu den bodenständigen Vorläufern jener leichten Reiterei, die Prinz Eugen später den Türken abgeguckt und im österreichischen Heer eingeführt hat.

Nach der Ratifizierung des Eisenburger Friedens anno 1664 mußte man sich am kaiserlichen Hofe eingestehen, wie sorglos dieser erste Türkenkrieg Leopolds geführt worden war. Insbesondere die Residenzstadt wäre in keiner Weise auf eine allfällige Belagerung vorbereitet gewesen. Man hörte, daß Großwesir Ahmed Köprülü im Serail schwere Vorwürfe einstecken wußte, weil er Neuhäusel attackiert und dabei auf die leichte Beute Wien vergessen hatte. Zweifellos haben sich die türkischen wie die österreichischen Feldherren später dieser Unterlassungssünde erinnert. Andererseits kam nach Eisenburg eine Annäherung beider Mächte zustande, in deren Folge der österreichische Finanzminister in Wien die Orientalische Handelskompanie gründete, während die habsburgischen Unterhändler von ihren türkischen Kollegen halbwegs in jenes Doppelspiel eingeweiht wurden, das Stambul und der Pascha von Ofen mit den magyarischen Malkontenten trieben. In Ungarn versuchten es jetzt die Österreicher mit einer ziemlich absolutistischen Regierungsvariante sowie mit einer Bekehrungsaktion durch die Jesuiten, die großartige Kollegien unterhielten und mit mehr oder weniger sanfter Gewalt zahlreiche Übertritte zur katholischen Kirche herbeiführten. Der aus Komorn gebürtige und später so rühmlich bekannt gewordene Bischof Leopold Graf Kollonitz machte evangelische Gotteshäuser katholisch, ohne hierbei sonderliche Rücksichten auf Rechts- und Eigentumsverhältnisse zu nehmen. Dessenungeachtet erscheint es ratsam, wiederum – wenngleich an anderer Stelle – in die letzte Zeit vor der Zweiten Türkenbelagerung Wiens hinabzusteigen: Von allen westlichen Verbündeten im Stich gelassen, mußte der Kaiser 1678 in den harten Friedensvertrag von Nimwegen einwilligen und seine Truppen aus dem französischen Grenzgebiet nach Ungarn verlegen, wo die Rebellen sogar polnische Hilfe genossen und recht erfolgreich operierten. Tököly ließ eine magyarische Landeswährung in Gold prägen, auf welcher er sich als Fürst und Herr der ungarischen Reichsteile bezeichnete. Die Rückseite der Münze trug den Kopf Ludwigs XIV. mit der Inschrift, daß der französische König Schirmherr der Ungarn sei. Mittlerweile bequemte sich der Sultan angesichts russischer Kriegsdrohungen endlich zur Beendigung des Krieges mit Polen, und tatsächlich ging bald darauf ein bewaffneter Konflikt zwischen den Osmanen und den Moskowitern los, der erst 1681 mit einem Vergleich enden sollte. Jedenfalls: Sobieskis Siege über diverse Paschas bzw. sein erfolgreiches Durchhalten gegen jenen türkischen Wüterich, der den bezeichnenden Beinamen „der Teufel“ trug, zeitigten wenigstens insofern ihre Früchte, als die Pforte formell auf die Oberhoheit über die Ukraine verzichtete. An anderen Stellen blieb die türkisch-polnische Frage weitgehend offen. Während sich fern im westlichen Mittelmeer eine große französische Flotte zur Bestrafung der mohammedanischen Seeräuber bereit machte, kündigten vermehrte Krankheitsfälle in Ungarn das Nahen einer furchtbaren Beulenpest an, die in nächster Zeit ganz Österreich heimsuchen sollte. Allein in Wien sollten fast 60 000, das war ein Drittel der gesamten Einwohnerschaft, daran zugrunde gehen, und zwar auch deshalb, weil man die Gefahr zunächst auf die leichte Schulter genommen und keine ausreichenden Quarantänemaßnahmen verfügt hatte. Selbstredend bekommt auch Innerösterreich den Besuch der Pest, in die Obersteiermark wird sie durch Wallfahrten des Hofes nach Mariazell eingeschleppt.

Wenige Jahre nach diesen Ereignissen schlugen überall im protestantischen Europa die ersten Wellen jenes Flüchtlingsstromes an, den Ludwig XIV. bei sich zu Hause durch die erbarmungslose Hugenottenverfolgung entfesselte. Beim Anstieg zum Ruhmesgipfel konnte er keine räsonierenden andersorientierten Begleiter brauchen.

Sein Vorgehen fand beim Heiligen Stuhl überraschend matten Beifall, weil sich Rom vor der Überheblichkeit der französischen Bischöfe ebenso wie vor jenen Schwierigkeiten fürchtete, die dem Kaiser bereits bei der Minderung der Evangelischen in Ungarn entstanden waren. Leopold hatte dort den harten Kurs nicht durchgehalten, sondern eine Amnestie erlassen und den ungarischen Reichstag in das von der Pest entvölkerte Ödenburg einberufen müssen. Hier leitete eine allerhöchste Entschließung weitere Verzeihungsgesten und Wiedergutmachungen ein, die, wie in alten Schaustücken üblich, von Treueschwüren und Versöhnungstränen beantwortet wurden. Doch die Schicksalsuhr von Sopron ging bereits stark nach, ihre Glocke sollte bald mit den Kreidfeuern auf den Bergen die Stunde des Zorns anzeigen.

Zur gleichen Zeit war in Paris der Mutter Eugens klar geworden, wieviel es für sie geschlagen hatte. Auf die Nachricht, daß Ludwig XIV. in ihr ein Mitglied jenes Giftmischerinnensyndikats vermutete, in welchem sogar ein Königsmord vorbereitet wurde, floh sie sofort nach Brüssel. Ihren zurückbleibenden Kindern waren ab nun selbstverständlich alle Türen für eine standesgemäße Karriere verschlossen und nur der Weg ins Ausland oder ins Kloster geöffnet.

Tököly und die ungarischen Radikalen klammerten sich währenddessen kompromißlos an Ludwig XIV., der seinerseits sogar den Sobieski und, als der nicht mehr mochte, den Großherrn selbst bei der Stange zu halten suchte. Aber Stambul wollte auch aus eigenem Interesse nicht länger zuschauen und alles Weitere dem Pascha Ibrahim in Ofen überlassen. Kara Mustapha Pascha, ein Verwandter des inzwischen verstorbenen Ahmed Köprülü stellte bald darauf dem Tököly gegen einen noch zu vereinbarenden Jahrestribut die offizielle Militärhilfe der Türkei in Aussicht, das heißt, die Pforte ging daran, nachdem sie schon den Schein der Selbständigkeit Siebenbürgens weitgehend reduziert hatte, der Habsburgerherrschaft innerhalb Pannoniens ein Ende zu setzen. Ibrahim in Ofen sah seinen bisherigen jungen Freund Emmerich aufs unangenehmste wachsen, mußte ein förmliches Bündnis mit ihm eingehen und Tököly ins Feldquartier unweit des eben eroberten Kaschau nachreisen, um ihn dort sehr feierlich als Herrn und Regenten Ungarns zu inthronisieren.

Nun hatten es die Hellseher Europas mit ihren Zukunftsvisionen schwer: Sollte Ungarn ein evangelisches Magnatendorado unter der Streichelpeitsche des Padischah werden? Ob das den bisher so freundlichen Polen und dem Pascha Ibrahim, der wohl sogar mit dem Sultan verwandt ist, gefallen wird? Oder wälzt der neue Wesir der Hohen Pforte, der seine Härte schon durch das Niedermetzeln aller Bewohner eines polnischen Städtchens bewiesen hat, noch andere, viel weiterreichende Pläne? Will er vielleicht dem Kaiser nicht nur dessen ungarische Bollwerke zur Gänze entreißen, sondern gar den Tököly bis nach Wien führen, wo er als turko-magyarischer Satellitenkönig, aber auch als spätes Gegenstück zu Corvinus residieren soll? In diesem Falle wäre noch Platz für eine übergeordnete Kontrollinstanz ganz Pannonien betreffend gewesen, die sich die Familie Köprülü vorbehalten könnte! Doch, wie das auch immer projektiert gewesen sein mag, weder Leopold I. in der Hofburg noch Ibrahim mit seiner Hausmacht um die Festung Ofen hatten dabei rosige Aussichten. Beide bemühten sich deshalb, natürlich völlig unabhängig voneinander, um eine Wendung der Dinge.

Leopold und seinen Ministern kam die Affäre allerdings sehr ungelegen, weil sie zuerst die Scharte von Nimwegen auswetzen und den spanischen Verwandten helfen wollten. Dem Kaiser schien ein Waffengang gegen Ludwig im Westen schon deshalb vordringlicher zu sein, weil er glaubte, dabei mit Ausnahme Brandenburgs auf die Unterstützung der meisten Reichsfürsten rechnen zu können. Hatte doch Ludwig bei seinem Einzug in Straßburg dem vor dem Tor des Münsters harrenden römischen Bischof Franz Egon von Fürstenberg unverzüglich das bislang evangelische Gotteshaus überantwortet und damit dem Zusammenwirken mit dem Protestantismus auch hier eine endgültige Absage erteilt. Die frischgebackenen Reunionskammern des Königs warteten überdies mit immer neuen Ansprüchen auf Städte im Reichsgebiet auf und keiner der großen deutschen Herren wußte, was als nächstes verlangt werden würde. Auch in der Gegend von Mantua besetzten die Franzosen aus gleichem Vorwand ein oder zwei Städte. Anders verhielten sich die Dinge bei der Türkengefahr, die mancher deutsche Landesvater dem Kaiser insgeheim an den Hals wünschte.

Leopold meinte bei sich daheim zu spüren, daß jegliche Hilfe von gewissen Adelskreisen und Bürgern mit Konzessionen für deren lutherische Religionsausübung erkauft werden müßte. Dies galt in Teilen des österreichischen Kernlandes, und sogar in Wien selbst, wo überall den Ständen ein Lippenbekenntnis abgezwungen worden war, das sich jetzt durch Knausrigkeit bei finanziellen Zuschüssen und manchmal durch verdeckten Widerstand bei Verteidigungsmaßnahmen als solches erwies. Freilich, der letzte unglückliche Krieg im Westen hatte die meisten Geldquellen weit über Gebühr ausgeschöpft, und die neue Türkensteuer steigerte den Mißmut schon deshalb, weil das öffentliche Vertrauen in die sinngemäße Verwendung der Gelder weitgehend fehlte. Sogar die untersten Volksschichten liehen antiklerikalen Elementen ihr Ohr, die der katholischen Mission in Ungarn mehr oder weniger offen die Schuld am drohenden Eingreifen der Türken gaben. Dazu kamen die Nachrichten von einem Bauernaufstand in Böhmen, der mit äußerster Strenge sowie unter großem Kostenaufwand für das dortige Militär unterdrückt wurde. Niemand im Volk wußte freilich, daß Ludwig XIV. einem Sohn die böhmische Krone zueignen wollte, wenn der Türke die Österreicher in den Staub geworfen hatte: Dann würde es der Sonnenkönig auch dem römischen Pontifex zeigen, wer der eigentliche Herr in Europa sei, und sich nicht mehr mit diplomatischen Ohrfeigen begnügen.

Zweifellos haben die Päpste und andere katholische Kirchenmänner die Treue Österreichs zum Heiligen Stuhl im Laufe der Jahrhunderte mehr als einmal mit Undank belohnt. Das Jahr 1683 kann jedoch hierfür als Gegenbeispiel herangezogen werden, was vor allem mit der Persönlichkeit Papst Innozenz' XI. zusammenhängt. Er stammte aus Como und hatte als junger Mann bereits in Polen gegen die Türken gefochten. Im Gegensatz zu seinen Amtsvorgängern genoß er einen untadeligen Ruf, obwohl ihm die Wichtigkeit des Geldes fürs Kriegführen durchaus geläufig war. So veranlaßte er den Kardinal Buonvisi, bis 10. Oktober 1683 nicht weniger als 1200000 Gulden dem Kaiser zu überbringen. Besagter Kirchenfürst sowie weitere Mitglieder des Kollegiums ließen außerdem fast ihr gesamtes Gold- und Silbergeschirr in Münzen umprägen, damit sie so ein Scherflein zum Kampf Leopolds beitrügen. In einem Breve erlaubte Innozenz mehreren Potentaten, vom erbländischen Klerus eine Türkenabgabe einzuheben, die über 2 Millionen Gulden einbrachte.

Als Graf Starhemberg beim Aufbau der Verteidigung Wiens in den kaiserlichen Kassen nur wenig vorfand, half der uns schon bekannte ehemalige ungarische Kammerpräsident und damalige Bischof von Wiener Neustadt, Leopold Graf Kollonitz, aus dieser Notlage. Kollonitz wußte, wo die Erzbischöfe von Gran und Kalocsa in der Stadt ihre Mittel vergraben hatten. Er eilte unter entsprechender Bedeckung in die Keller des Hauses Seilerstätte 20 und hob den Schatz, holte auch das im Pazmaneum vergrabene Kirchengeld herbei. Zusammen mit einigen kaiserlichen Anweisungen und einer Spende Ferdinand Schwarzenbergs hätte Wien damit mindestens vier Monate lang finanziell durchhalten können. Übrigens gab Bischof Kollonitz, außer seiner berühmten Aktivität zugunsten der Kranken und der Kriegswaisen, damals eine legendäre Ritterfigur ab. Auf Kreta hatte er die Türken mit der Waffe bekämpft, auf Malta war er Kastellan der Johanniter gewesen. Als Verwalter der Ordenskomtureien Eger und Mailberg kam Kollonitz in Kontakt mit dem Kaiser, der ihn vorerst zum Bischof von Neutra machte, obwohl der also Ausgezeichnete die Priesterweihe erst zwei Jahre später erhalten sollte. Den Türken war er von Kreta her in unangenehmster Erinnerung, und Kara Mustapha soll sich dahingehend geäußert haben, daß er nach der Einnahme des Goldenen Apfels Wien dem Pfaffen von Neustadt mit eigener Hand den Kopf abhauen werde. Nun, dazu ergab sich keine Gelegenheit, vielmehr wurde der Betreffende zum Kardinal und 1688 zum Erzbischof und Primas in Pannonien ernannt. Als Prinz Eugen den Oberbefehl über das österreichische Heer im Südosten übernahm, fungierte Kollonitz bereits als oberster Kleriker Ungarns und mühte sich erfolgreich um eine Union der orthodoxen Kirche Siebenbürgens mit dem römischen Katholizismus.

Freilich, auch manche Zornesleistung ist von diesem älteren Kollonitz überliefert. Man denke an seinen Ausspruch, wonach er das Ungarn des Calvinisten Tököly „zuerst zum Gefangenen, dann zum Bettler und schließlich katholisch machen werde". Zum Vormund der zwei Kinder der internierten Helene bestellt, steckte er das Mädchen ins Kloster und den Knaben in die gefürchtete Wiener Neustädter Jesuitenschule, was dieser Österreich noch entsetzlich vergelten sollte. Ein Neffe des Alten wird einst zum Erzbischof von Wien ernannt werden, zu den Intimfeinden Eugens zählen und sogar dessen Staatsbegräbnis grollend fernbleiben.

Zwischen seinen Raubkriegen war Ludwig XIV. anno 1682 unter dem Zorn des Kaisers in Straßburg eingezogen, während er sowohl in Warschau wie in Stambul und in Siebenbürgen alles Erdenkliche unternahm, um einem erfolgreichen Aufstand der Ungarn gegen Leopold Hilfestellung zu geben. Selbst der gewaltige türkische Aufmarsch 1682/83 bei Adrianopel und bei Belgrad schien Ludwig willkommen zu sein, weil damit den Magyaren mehr als gute Worte und verstohlen gereichte Geldkatzen in Aussicht gestellt wurden. Ein Waffengang stand bevor.

Mochten auch die Berater des Sultans dabei nur an Ungarn gedacht haben, dem Sonnenkönig wäre der große Schrecken etwas weiter westlich durchaus recht gewesen. Türkische Siege ober der Enns oder in Mähren hätten ihm ein entsetztes Deutschland in die Arme getrieben, das ihn als Retter anflehen und seinen eigenen unübertrefflichen Heeren Tür und Tor öffnen würde. Die Wiener Kaiser aber wären jedes Kredits bei Fürst und Untertan verlustig gegangen; er, der allerchristlichste König, hätte dann seine türkischen Freunde aus Mitteleuropa hinausgeworfen und sich so die römisch-deutsche Herrschaft verdient. Die Niederlage der Osmanen am Kahlenberg im September 1683 war daher für Ludwig XIV. ein schwerer Schlag. Die spanischen Habsburger faßten daraufhin wieder Mut und ließen ihm abermals den Krieg erklären. Die österreichische Linie fühlte sich fürs Mithelfen am Rhein durch Brandenburg behindert, das die Fronten gewechselt hatte und im entscheidenden Türkenjahr fest zu Ludwig hielt. Wohl bot der Große Kurfürst ein Kontingent für den Entsatz Wiens an, doch Leopold fürchtete einen Handstreich dieser Truppen auf Schlesien: Trotz der prekären Situation wurde zunächst noch auf den Sukkurs der brandenburgischen Soldaten beim Entsatz der Residenzstadt verzichtet. Zurück blieben der unangenehme Nachgeschmack einiger französischer Militärberater in der Belagerungsarmee Kara Mustaphas, die den Minenkrieg mitgestalteten, sowie die Erwartung des nächsten bourbonischen Einfalls im Westen, um damit den Kampf in Ungarn zu komplizieren. Denn die Gewinnung Pannoniens stellte sich immer mehr als Hauptaufgabe der Wiener Habsburger heraus. Seinen Grundsätzen gemäß sah das Erzhaus dort eine neue Erbmonarchie entstehen, also jene Regierungsart in den Bereich des Möglichen rücken, gegen die sich viele Ungarn noch lange wehren sollten. Die Gewinnung dieses Regnums schien für das gesamte Haus Habsburg ein leuchtendes Ziel angesichts des unaufhaltbaren Niedergangs in Iberien zu sein.

Am 13. Juli 1683 war der Bruder Eugens, der österreichische Oberst Ludwig Julius von Savoyen, der aus Frankreich nach Turin übersiedelt war und von dort mit Protektion des der Familie eng verbundenen Markgrafen von Baden zu den Kaiserlichen kam, seinen Verletzungen erlegen. Die tödliche Verwundung des Ludwig Julius stammte aus dem kürzlichen Gefecht bei Regelsbrunn östlich von Wien, das dort zwischen der sich aus Ungarn zurückziehenden Armee Leopolds I. und den nachdrängenden Reitern des großen Invasionsheeres unter Kara Mustapha ausgetragen worden war. 14 Tage später erreichte den Prinzen Eugen zu Paris die Trauerbotschaft. Wenige Stunden später saß er bereits im Sattel, um die Grenze der Spanischen Niederlande zu erreichen, bevor eine vom Hofe Ludwigs XIV. angeordnete Großfahndung gegen ihn wirksam werden konnte. Das Unternehmen gelang, wenngleich nur in seinem ersten Teil. Eugen wollte von Kaiser Leopold I. in Regensburg die Führung jenes Dragonerregiments erbitten, welche Bruder Ludwig Julius innegehabt hatte. Doch die Majestät hatte diese Einheit schon am 26. Juli 1683 dem Oberstleutnant von Heissler anvertraut. Andererseits wurde Eugen beim Eintreffen in Regensburg mehrerer Empfehlungsbriefe der Mutter aus Brüssel sowie der Fürsprache des spanischen Gesandten teilhaftig.

Der Kaiser erlaubte deshalb dem jungen Prinzen, an den Operationen der österreichischen Truppen im Stab des Generalleutnants Karl von Lothringen teilzunehmen, so wie das auch andere Jünglinge aus bestem Haus taten, die von überall her zusammengeströmt waren, um beim Zweiten Leopoldinischen Türkenkrieg dabeizusein. Eugen stieß auf Karl von Lothringen irgendwo im Viertel unter dem Manhartsberg, wo es gerade hoch herging. Es handelte sich um jenen Karl V., Herzog von Lothringen und Bar, der damals genau 40 Jahre alt war und schon als junger Mann unter den habsburgischen Fahnen gedient hatte. Seine Familie rangelte lange mit den Pariser Ludwigen um die Gewalt in den angestammten Herzogtümern, während es Karl auf Habsburgs Seite bis zum Statthalter Ober- und Vorderösterreichs gebracht hatte. Seit drei Jahren war er Generalleutnant und damit Stellvertreter des Kaisers sowie Träger des obersten Kommandos im Heer Österreichs. Zur Zeit der Zweiten Türkenbelagerung Wiens saß übrigens in der militärischen Oberbehörde, dem Hofkriegsrat, ein ebenso fähiger Konkurrent des Herzogs, nämlich der Markgraf Hermann von Baden, als Präsident. Karl war ein Förderer des Predigers Marco d'Aviano, den der Herzog schon im Verlauf seiner Amtszeit in Innsbruck kennengelernt hatte. Marco befand sich zur Zeit ebenso wie Eugen auf dem Weg zum österreichischen Heer. Der Savoyer war dem Geistlichen jedoch um einige Tage voraus, schlug sich zwischen vernachlässigten Weinbergen, defekten Fahrzeugen und rastender Verstärkung nach vorne durch, bis er die Herren des obersten Stabes erreichte und sich vorstellen durfte.

Der Generalleutnant hatte jetzt alle Hände voll zu tun, saß dauernd zu Pferde und konnte sich außer einem flüchtigen Gruß nicht weiter darum kümmern, wer da links oder rechts von ihm nachritt und voll Kampfeseifer mit dem Degen herumfuchtelte. Am südlichen Horizont, hinter den Uferwäldern der

Donau, keuchte Wien unter dem Würgegriff der riesigen Belagerungskräfte des Großwesirs Kara Mustapha, die polnischen und die deutschen Alliierten Österreichs waren erst im Anmarsch. Karl empfand im Augenblick keinen Grund zu besonderer Lebensfreude, war ihm doch während der vergangenen Wochen manches martialische Mißgeschick widerfahren.

Zwar hatte Emmerich Tököly den Vortrab seiner Kuruzzen zuungunsten der nachfolgenden türkischen Straßenwalze südlich der Donau beträchtlich verringert, was der Wesir hinnahm, weil dafür zwei bis dahin königstreue Aristokraten aus den Familien Bátthyany und Draskovich mit ihrer Gefolgschaft unweit der österreichischen Feste Raab zu den Türken übergingen. Die beiden Verräter lassen den kaiserlichen Generalleutnant Karl V. von Lothringen bis zum letzten Augenblick im unklaren und durchkreuzen damit die Absicht der Österreicher, den Türken eine Abnützungsschlacht aufzuzwingen. Karl hatte sich der Mogersdorfer Affäre anno 1664, als er noch Reiteroberst Montecuccolis und Ernst Rüdiger Starhemberg Hauptmann beim Fußvolk waren, erinnert. Etwas weiter nördlich der gleichen Gegend wollten die Österreicher nunmehr eine befestigte Front bilden und die Türken dagegen anrennen lassen. Ursprünglich hatte sogar Draskovich zu diesem Vorgehen geraten, dann aber war sein Abschnitt ebenso wie die Stellung Bátthyanys leer geblieben. Karl von Lothringen, der schon auf seinen Anteil bei der Eroberung von Philippsburg unter Montecuccoli zurückblicken kann, muß sich über Wien ins Marchfeld zurückziehen, um hier eine schwierige Schlacht zu liefern. Außerdem will er den Entsatz Wiens vorbereiten und später die Befreiungstat, wenn nötig unter dem Oberbefehl des Polenkönigs, abschließen. Sicher kein leichter Entschluß, zumal Karl wie Johann vor nicht allzu langer Zeit als konkurrierende Anwärter auf die polnische Krone von sich reden gemacht hatten. Doch all dies gelingt Karl, und noch im Oktober 1683 wird er die Türken, die den in Ungarn einfallenden Polen bei Parkany sehr gefährlich werden, am gleichen Ort aufs Haupt schlagen. Wenige Tage später sollte erstmals eine der wichtigen pannonischen Festungen des Sultans in die Hand des Generalleutnants fallen.

Drei Jahre darauf wird der Lothringer endlich Stadt und Burg Ofen erobern, während sich Pest am anderen Donauufer schon früher den Österreichern ergeben hat. Die Türken unternehmen etliche Entsatzversuche, die von ihm schneidig abgewehrt werden. 1687 beendet er durch seinen großen Erfolg am Berge Harsany, knapp südlich der einstigen Unglücksstätte von Mohács, die osmanische Periode Pannoniens überhaupt. Das besiegte Heer der Pforte meutert, und Stambul muß hernach zusehen, wie die Österreicher die verbliebenen türkischen Plätze dieser Region einzeln brechen. Karl stehen dann allerdings nur noch drei Jahre Lebenszeit zu, er wird die Einnahme Belgrads nicht mehr selbst vornehmen und etwas später auf einer Dienstreise in Wels sterben.

Dieser 1. Juli 1683 hatte also dem kaiserlichen Generalleutnant Feldherrnpech beschert. Durch den Frontwechsel der Grafen Báthyany und Draskovich begünstigt, reißt einer der fähigsten türkischen Unterführer Karls rechten Flügel auf und ermöglicht dort das Ausschwärmen der Tataren nach allen Seiten. Schon vorher waren in einer Schanze bei Breitenbrunn 500 Menschen von einer durchgesickerten Rotte erschlagen worden, jetzt werden Klingenbach, Loipersbach, Forchtenau, Schützen, Purbach, Oslip, St. Margarethen und Mörbisch verheert. Nur Forchtenstein unter dem Palatin Esterházy kann sich halten, Kittsee, Kapuvar, Landsee und Lockenhaus sind erledigt. In Müllendorf und Wimpassing brennen zumindest die katholischen Kirchen ab, desgleichen in Wulkaprodersdorf. Während Karl schleunigst die Stellungen an der Raab verläßt, operiert Tököly mit der magyarischen Hauptmacht und 20000 beigeordneten Türken jenseits des linken Donauufers und nähert sich Preßburg. Er beginnt an der schnellen Überrumpelung Wiens zu zweifeln und möchte auf alle Fälle sämtliche ungarische Komitate unter seine Kontrolle bringen, bevor er sich dem Waffengang um die Kaiserstadt anschließt. Außerdem muß er seine Mitstreiter durch lohnende Beutezüge im niederösterreich-mährischen Raum bei Laune halten. Inzwischen schiebt sich die Hauptmacht des Wesirs nach Westen weiter, allerdings viel vorsichtiger und langsamer, als dies der bisherigen Art entsprach. Karl von Lothringen riß sich damals ganz von dem Gedanken los, die Türken weitab vor Wien zum Stehen zu bringen. Er drängte auf eine möglichst rasche Absetzbewegung der Österreicher und gab die Leithalinie auf, obwohl er Raab und Komorn im Rücken des Feindes halten wollte. Die Reiterei des Lothringers zog unter Trompetengeschmetter durch Wien und setzte über den nächsten Donauarm, während andere Detachements den Strom über die schon zur Zerstörung vorbereitete Preßburger Brücke kreuzten und entlang des nördlichen Ufers heraufmarschierten. Am 16. Juli 1683 gab Karl nach heftigem Gefecht auch die Leopoldstädter Insel preis und vereinigte seine Streitmacht im Lager von Jedlesee. Hinter ihm vollendete Kara Mustapha die Einschließung der Stadt. Die Dispositionen des Generalleutnants, der jetzt sein Heer neu ordnet, zeigen eine realistische Einschätzung der Gegebenheiten: Habsburgisch-Ungarn ist mit Ausnahme der Hauptfestungen in Feindeshand gefallen, desgleichen ein Teil des Landes unter der Enns. Er, Karl, braucht nach diesem entmutigenden Beginn des Türkenkrieges schleunigst einen Gegner, dem die Kaiserlichen gewachsen sind. Daher muß sich Wien zunächst selbst helfen und den großen Köder abgeben, an dem das türkische Monstrum herumbeißen soll, bis man anderswo eindrucksvoller als bisher manövriert und die eigenen Kräfte mit Hilfe der Verbündeten auf zwei Drittel der Mustapha-Armee vermehrt hat. Nach und nach mußten ja die Vereinbarungen innerhalb Deutschlands und die Verträge mit anderen europäischen Staaten ihre Früchte tragen.

Denn die Rüstung Habsburgs war wieder einmal spät und wenig umfangreich betrieben worden, obgleich Karl jetzt über insgesamt 60000 Mann verfügte. Damit sollte jedoch nicht nur der Hauptkriegsschauplatz in Niederösterreich, sondern die gesamte Grenze entlang der Steiermark und durch Kroatien gedeckt werden. Als Voraussetzung für die weitere Handlungsfreiheit galt dem Generalleutnant jedenfalls die Dominanz nördlich der Donau bis in die Slowakei. Dieser Raum bot zwar die Möglichkeit, bald zu Siegen über feindliche Teilverbände zu kommen, barg aber das Übel einer außerordentlich langen Kampflinie am Donaustrand in sich. Karl beorderte daher drei Regimenter nach Krems, wo auch die schwere Artillerie des Herzogs vorläufig Quartier bezog.

Hier entstand ein Notriegel, der durch einen von den Kaiserlichen behaupteten Landstrich südlich des Stromes zwischen Mautern und Göttweig tief ins türkisch verseuchte Niederösterreich reichte und dort mehreren befestigten Plätzen das Durchhalten erleichterte. So mühsam und verwirrend begann demnach das Heldenzeitalter Österreichs im Herzen des uralten

Ostarrichi, wobei der jüngste der Prinzen von Savoyen schon fleißig mittat. Indessen sich aus der Feste Raab noch immer österreichische Kompanien nach Jedlesee durchschlugen, traf ebenda am 26. Juli die Nachricht ein, daß Tököly gemeinsam mit 6000 Türken unter einen Beglerbeg das zitternde Preßburg vereinnahmt hatte, um hier einen neuen Donauübergang zu bauen. Ohne Zögern setzte Karl seine Truppen dagegen in Marsch und riskierte, daß in der Zwischenzeit gegenüber den Osmanen rund um Wien nur zwei österreichische Regimenter am nördlichen Donauufer stehenblieben. Schon nach 48 Stunden war Preßburg wieder kaiserlich und erhielt für künftige Eventualitäten eine entsprechende Besatzung. Unweit der Stadt wird bald darauf Fürst Lubomirski zu den Österreichern stoßen, der mit seinem Korps, gewissermaßen als Vorleistung auf die große polnische Assistenz, durch das Waagtal herunter marschiert kam. Auf der anderen Seite der Front zankte Emmerich Tököly mit seinen türkischen Aufpassern, weil sie ihm den überstürzten Rückzug aus Preßburg nachtrugen, den Magyaren mangelnde Kampfmoral vorwarfen und nicht mehr mit ihnen zusammenarbeiten wollten. Mitten in der Drangsal der kaiserlichen Sache schien sich plötzlich jener historische Augenblick anzukündigen, da die Kuruzzen ihren eigenen Bund suspendieren und die Magnaten das Erbkönigtum Habsburgs anerkennen werden. Allzulang sollte die Zeitspanne, die davon trennte, nicht mehr währen. Immerhin werden Ende August, als das Ringen um das Marchfeld den Höhepunkt erreicht, Bisamberger Bürgersleute und Bauern mutig an morgen denken und im Gefecht eine größere feindliche Gruppe vernichten.

Die vielen schweißtriefenden Kämpfer im Viertel unter dem Manhartsberg, die peitschenknallenden Kutscher der Bagagewagen und Munitionskarren, die aus Böhmen auf schlechten Wegen über Hochflächen und durch Wälder bis ins Marchfeld rumpelten, sahen jedoch statt der lichteren Zukunft lediglich schwarze Gewitterwolken und darunter die Feuersbrunst von Weilern oder Gehöften. Die Ebene durchlitt einen ihrer glühenden Sommer.

Zwischen Stunden voll unerträglicher Schwüle und kurzen Regenschleiern zog Karl die österreichische Feldarmee in den Auen bei Marchegg zusammen. Jetzt erfuhr er, daß die Türken vor Wien die Schwäche der Kaiserlichen am linken Donauufer erkannt hatten und zum Sprung über den Strom ansetzten. Schleunigst eilte der Lothringer mit vier Regimentern in das Gebiet von Jedlesee zurück und säuberte mehrere Donauinseln, wo soeben türkische Abteilungen gelandet waren. Dann ritt er mit allen entbehrlichen Kräften wieder zur March, weil Tököly bei Angern den Fluß überschritt, um sich Beute im Mährischen zu suchen. Karl veranlaßte den Emmerich, dieses Unternehmen vorzeitig abzubrechen. Beide ahnten nicht, daß der Großwesir vor Wien gerade den Entschluß gefaßt hatte, seinem ungarischen Liebling noch einmal die Möglichkeit eines großen militärischen Erfolges zu gönnen. Die Österreicher blieben zunächst ohne Kenntnis dieser Vorbereitungen und zogen mit der Masse ihrer Streitkräfte ein Stück nordwestwärts.

Karl schlug sein Hauptquartier in Wolkersdorf auf und gab sich der Hoffnung hin, die heißumstrittene Ebene könnte ab nun von schwächeren Einheiten abgesichert werden. Das Kommando über diese Kräfte übernahm Graf Schultz, der den streifenden Turko-Magyaren eine Reihe für sie sehr unangenehmer Scharmützel lieferte. Trotzdem dürfte im osmanischen Oberkommando vor Wien der Eindruck entstanden sein, daß die Österreicher nicht mehr in der Lage wären, das Marchfeld unter allen Umständen zu halten. Die Truppenverschiebung des Generalleutnants geschah hingegen unter dem Aspekt, mehreren Aufgaben gleichzeitig gerecht zu werden. Einerseits galt es, mit den Vorausabteilungen der Polen und der Deutschen möglichst bald in Tuchfühlung zu treten und in Zusammenhang damit den ständigen Brückenkopf südlich der Donau gegenüber der Stadt Krems ausreichend zu bewachen. Andererseits wollte der Lothringer nach wie vor die gesamte Donaulinie bis zu den Weißen Karpaten verteidigen, um den Großwesir solange wie möglich im unklaren über beabsichtigte Querungsstellen für das Entsatzheer zu lassen. Da es Karl hierfür noch immer an Stärke gebrach, war ihm eine mäßig entfernte Zentralstellung lieb, aus der die Österreicher im Gefahrenfall nach jeder Richtung hin hervorstürzen konnten.

Freilich mußte immer wieder an die psychologische Rükkenstärkung der Wiener gedacht werden, die solche Operationen mit Angst und Sorge beobachteten. Ein Schreiben Leopolds an die Bürger und die Verteidiger der Stadt, das Starhemberg feierlich veröffentlichte, diente jedenfalls der dringend notwendigen Beruhigung innerhalb der bereits stark beschädigten Mauern und Vorwerke.

Überraschend erschien Karl am 24. August 1683 mit starken Teilen seiner Streitmacht bei Stammersdorf. Der Grund für diese eilige Bereitstellung, die über 14000 Männer umfaßte, waren jene Nachrichten, die der Generalleutnant letzten Endes doch über Mustaphas Plan mit Tököly erhalten hatte. Der Wesir wollte im Marchfeld reinen Tisch machen, nachdem aus der raschen Liquidierung Wiens nichts geworden war. Dem Ungarn wurden deshalb nochmals 12000 Türken und Tataren anvertraut. Jener Beglerbeg, der als Unterführer Emmerichs alle Gläubigen nördlich des Stroms zusammenraffte, trat zu einem erneuten Zug gegen Mähren an, um Karl noch weiter dort hinauf zu locken. Mittlerweile ließ der Pascha von Warasdin umfangreiche Vorbereitungen treffen, damit 4000 Türken vom Wiener Belagerungsheer auf Booten über den Strom setzen könnten. Alle Soldaten des Padischah sollten schließlich unter dem Befehl des magyarischen Satelliten einen Brückenkopf am Nordende der halbvernichteten Wiener Taborbrücke bilden und dort jene wasserbaukundigen Walachen schützen, die den Donauübergang reparieren würden. Spät, aber doch wäre so eine Verbindung entstanden, wie man sie bei Preßburg vergeblich herzustellen versucht hatte. Mit neuer Besorgnis entdeckten die Wiener, daß plötzlich aus Ortschaften am nördlichen Donauufer hohe Flammen emporloderten, während die Glokkenspiele der Janitscharen unheilverkündend oft zu den städtischen Verteidigungsanlagen herüberklangen. Aber die österreichische Reiterei jenseits des Stroms ließ nicht auf sich warten. Vor dem Bisamberg wurde die aus Mähren südwärts abgeschwenkte Masse der Türken und Tataren durch eine Attacke des Lothringers überrascht, fast gleichzeitig kamen die den Fluß überschreitenden Osmanen des Warasdiners mit den Kaiserlichen in unerwarteten Gefechtskontakt. Nach heftigen Kämpfen blieb von den Marschblocks des Islams ebensowenig übrig wie von den Bootsmannschaften. Die Kaiserlichen ritten mehrmals an, ihre Kavalleriepistolen und Stoßdegen machten die ungepanzerten Türken nieder.

Ohne Erfolg flohen zahlreiche, von der Wucht des Angriffs verwirrte Moslems ins Augebiet und ließen viele Fahnen und Feldzeichen in österreichische Hand fallen. Die ängstlichen

Muselmanen ertranken bei ihrem Versuch, die Donau zu durchschwimmen, um so wieder Anschluß an die Hauptmacht Kara Mustaphas zu finden. Auch mehrere Prominente der türkischen Armeeführung gingen dabei zugrunde, ein Sohn des Tatarenkhans wurde seither vermißt, und herrenlos gewordene Pferde weideten tags darauf am Rande der Walstatt. Karl behauptete jetzt endgültig die Herrschaft über das linke Stromufer. Nur Emmerich Tököly selbst blieb diesmal ungeschlagen, denn er war überhaupt nicht im Felde erschienen. Sein Ausbleiben wurde jedoch als Indiz für die sinkende Zuversicht und die wachsenden Meinungsverschiedenheiten ungarischer Kreise gewertet. Ob der Kunde über diese Vorgänge maßlos erbittert, befahl der Großwesir, mit den Arbeiten zur Wiederherstellung der Taborbrücke ohne Rücksicht auf die Niederlage im Marchfeld anzufangen. Wie zu erwarten war, brach das Unternehmen im Feuer der nun auf Schußweite herangekommenen Österreicher zusammen, und Karl schob sein Hauptquartier bis nach Korneuburg vor. Der Generalleutnant, dessen Stabsoffiziere an jenem Einsatzplan feilten, den er in Bälde beim Kriegsrat in Hollabrunn unter den Verbündeten zur Debatte stellen wollte, untersuchte anschließend die Uferbeschaffenheit der Donau vor Tulln. Dieser seit vielen Jahrhunderten für Österreich so bedeutsame Ort auf der anderen Seite des Stroms, der mit Brandruinen herüber grüßte, barg manche Reminiszenz an türkisch-österreichische Begegnungen. Bald nach der ersten Belagerung Wiens hatte sich hier im Tullnerfeld das glänzendste Heer seiner Zeit versammelt, 80000 Deutsche, Spanier, Italiener und Böhmen, die damals für Kaiser Karl V. Spalier bildeten. Alle warteten auf Sultan Suleiman, der sich jedoch wohlweislich mit den Seinen woandershin wandte. Im Juli 1683 erreichte die tatarische Kavallerie das Städtchen, wobei es zu einer merkwürdigen Feindberührung kam, die gewissermaßen am Beginn der großen Donaukämpfe während der nächsten Jahrzehnte stand.

Als die kaiserliche Familie an dem heißen Abend des 7. Juli 1683 aus Wien zu entkommen suchte, waren wesentliche Stücke aus der Schatzkammer nicht mehr eingepackt worden. Am nächsten Tag nahm ein daheimgebliebener Beamter die Bergung der ungeschützt herumliegenden Kostbarkeiten vor und veranlaßte ihre Verbringung auf Donaukähne, welche unverzüglich stromaufwärts abgingen. Vor Tulln geriet der Geleitzug unter Beschuß obengenannter Tataren, die überall nach dem flüchtenden Kaiser suchten und der Uferlandschaft daher viel mehr Aufmerksamkeit entgegenbrachten, als dies ihren Kameraden zwei Monate später gelingen sollte. Die Flußfahrzeuge der Österreicher kamen jedoch ohne wesentliche Beschädigung westwärts voran, während die Transportmittel des Kaisers, gedeckt von Kavallerie und Wiener Stadtguardia, gegen Linz strebten. Es waren immerhin 69 Kaleschen, über 60 schwere Wagen sowie über 150 leichte Gefährte unterwegs, die von über 300 Pferden gezogen wurden.

2. KAPITEL

Von Gott erhaltenes Wirrsal

Etwa zehn Jahre nach der Schlacht bei Mogersdorf fand in eben dieser Gegend der größte steirische Hexenprozeß aller unseligen Zeiten statt. 17 Personen waren festgenommen worden, voran die Gattin des Pflegers Galler auf der Riegersburg samt etlichen Frauen und Mädchen ihres Bekanntenkreises, aber auch ein Dorfrichter und nicht weniger als fünf Pfarrherren der Umgebung. In einer der Ortschaften wurden alle Kinder nachgetauft, weil sie der betreffende Geistliche seinerzeit angeblich in des Teufels Namen mit dem Sakrament beteilt hatte. Überall erfolgten Nachforschungen, ein Senat wollte sogar von den Marburgern Genaueres darüber erfahren, wie eine alte Freundin der Angeklagten direkt vom Himmel in einen Klostergarten gefallen sei. Zwei Pfarrherren starben im Kerker, drei wurden durch das Eingreifen eines kirchlichen Gerichtes vor der Hinrichtung bewahrt, worüber sich die Regierung Innerösterreichs sehr erbittert bei Leopold I. beschwerte. 13 Hauptbeschuldigte endeten nachweislich durch Henkershand, aber noch mehr Unglückliche, die während des Verfahrens in die Sache hineingezogen wurden, dürften etwas später auf dem Scheiterhaufen verbrannt worden sein. Es wäre ungerecht, für diese gräßliche Angelegenheit die Untersteirer mit ihrem Bildungsmangel, ihrem Geisterglauben und ihrer nachbarlichen Tücke beim Anzeigen verantwortlich zu machen. In der zweiten Hälfte des 17. Jahrhunderts wurde allerorts von den verschiedenen Obrigkeiten, und zwar nicht nur von jenen katholischer Konfession, nach Hexen und Hexenmeistern gesucht, während der Klerus selbst bereits etwas mehr Milde in dieser Sache an den Tag legte. Beim vorliegenden Fall im gemischtsprachigen windisch-deutschen Gebiet gab es wahrscheinlich vorher Massenorgien mit Schaukeln und Rauschzuständen in den Wäldern, anderswo bestanden enge Querverbindungen zur Giftmischerei, die damals in ganz Europa einen neuen Höhepunkt erreicht hatte. Schließlich war ja sogar die Familie des Prinzen Eugen in den Dunstkreis dieser Version der Schwarzen Kunst geraten. Gegenüber den Moslems im Südosten Österreichs mußten sich die hiesigen Folterknechte und Freimänner bei der Ahndung vermeintlicher Teufelsbuhlschaften keineswegs genieren.

In den türkischen Gefilden wurden das Erwürgen, das Zu-Tode-Prügeln und das Köpfe-Abschneiden zu ganz besonderen Fingerfertigkeiten erhoben, wobei die darin Ausgebildeten nahezu pausenlos jene Bevölkerungsteile bearbeiteten, die den Machthabern irgendwie verdächtig schienen oder zur Sklaverei im Morgenland ungeeignet waren. Nach der Zweiten Türkenbelagerung Wiens fand man im türkischen Lager massenweise Enthauptete, die den Weg zum Zelt des Scharfrichters säumten. Daß zahlreiche entführte Niederösterreicherinnen, Steirerinnen sowie Frauen aus Mähren und aus jenen ungarischen Grafschaften, die zu Österreich hielten, die Liebesfron in den islamischen Harems der Leibeigenschaft zu Hause vorzogen, steht auf einem anderen Blatt. Die Betreffenden waren nicht in der Lage, sich auszumalen, was ihnen später, wenn sie ihre Reize eingebüßt hätten, drohen würde, vom Schicksal ihrer Kinder ganz zu schweigen.

Im Herbst des Jahres 1683 veranstaltete der Großwesir Kara Mustapha an der Raab, wohin sich seine schwer angeschlagene Armee von Wien her zurückgezogen hatte, ein Blutgericht unter den eigenen Leuten, um sich selbst dem Großherrn gegenüber reinzuwaschen. So gut es noch ging, verstärkte er nachher die Verteidigungsbereitschaft der türkischen Positionen in Ungarn und reiste über Ofen nach Belgrad weiter. An erstgenanntem Ort unterschrieb er weitere Todesurteile, in Belgrad versuchte er die verlorengegangene Artillerie zu ersetzen. Doch die Konsequenzen seines Wiener Abenteuers mündeten in ein Hin und Her an Gefechten, die sich immer weiter ins Innere Pannoniens verlagerten. Die am Ufer der Raab Exekutierten tauchten gespenstisch aus den Herbstnebeln, die Österreicher erreichten ihre alte westungarische Grenze gegen das türkische Reich, stießen jedoch weiter vor und zerstörten die Hoffnung Mustaphas auf eine Atempause während der Schlammperiode. Das Nachlassen der Polen in Pannonien wurde durch weitere kaiserliche Erfolge wettgemacht, und der Wesir sollte in Belgrad sein Schicksal finden, wenn auch die Familie Köprülü nach einiger Zeit auf der politischen Bühne Stambuls erneut auftreten wird.

Ihre Erfolge und Schandtaten fügen sich leider recht gut in die Geschichte Südosteuropas ein, zumindest was die Jahrhunderte vorher betrifft. Man erinnere sich nur des angeblichen Freiheitskämpfers Drakul und seiner Schwäche für das Annageln der Turbane auf Osmanenköpfe oder für das Pfählen gefangener Widersacher während des Frühstücks. Andere Potentaten setzten einander auf glühend gemachte Eisensessel. Einmal wurden 300 überwältigten Österreichern gleichzeitig Arme und Beine abgetrennt.

Knapp vor Mustaphas Gastspiel hausten eine Elisabeth Bathory und ihr „schwarzer Beg“ in Westungarn auf unvorstellbare Weise, und die albanische Sippschaft des Wesirs setzte mit der Methode, durch Tötung Tausender Unbeteiligter den Gegner im Feld zu erschrecken, nur frühere Heimatbräuche fort. Grausame Gemeinschaftsexekutionen für anscheinend Aufsässige waren dort landesüblich, die variierte Vorgangsweise der Türken beruhte lediglich auf zweckdienlichen Erfahrungen in anderen Teilen des ottomanischen Imperiums. Leopold I. hat seinen Truppenführern beim Kampf mit Kuruzzen bestimmte Ausschreitungen nachdrücklich verbieten müssen, so sehr waren solche Exzesse in Mode gekommen.

Im allgemeinen bewegte sich das habsburgische System langsam dem Horizont menschenfreundlicher Aufklärung zu, worunter auch ein schrittweises vorsichtiges Abgehen von der religiösen Intoleranz zu verstehen ist. Den Anlaß hierfür bot das Vorhandensein verschiedenster Konfessionen, die man beim Vormarsch im Südosten antraf und mehr oder weniger respektierte. Sicher waren alle europäischen Heere kaum mit der Heilsarmee von heute zu vergleichen, der Dreißigjährige Krieg lag nicht lange zurück, und die französischen Verwüstungen in der Rheinpfalz standen unmittelbar bevor. Die Polen ließen ihnen botmäßige Tataren ruinöse Streifungen durchführen, wobei selbst im verbündeten Österreich entsetzliche Übergriffe vorkamen. Sogar die Wiener ließen etliche türkische Gefangene und vermeintliche Spione auf barbarische Art über die Klinge springen. Trotzdem waren Kara Mustapha und seine Kumpane, vom Standpunkt allgemeiner Humanität aus betrachtet, Bestien in ungleich größerem Maße ähnlich. Auch die übrigen Köprülüs zeigten sich als Unmenschen, haben sie doch ehe, und nachdem sie das Blut der Feinde des Islams wahllos vergossen, auch das Blut Zehntausender Moslems, die ihnen unangenehm waren, verschwendet.

Türkische Sklavenhaltung und die nur pro forma untersagte Knabenlese können mit wirtschaftlicher Notwendigkeit und Tradition gegenüber rechtlos gemachten Völkern keineswegs entschuldigt werden, auch wenn die Eltern der „beschlagnahmten" Jünglinge manchmal darüber froh waren, weil die Söhne das ausweglose Elend der Familie verlassen und sozial aufsteigen konnten. Das Schlimmste war jedoch, daß alles stets beim alten blieb. Am 25. März 1835, also geraume Zeit später, erfährt die „Wiener Zeitung" aus Konstantinopel, daß die älteste Tochter des Sultans eines Knaben entbunden und vom Papa hierfür ostentativ geehrt wurde. Laut „Wiener Zeitung" bedeutete dies einen enormen Fortschritt, weil bisher männliche Sprosse einer Prinzessin stets aus dem Weg geschafft wurden. Der Name des überlebenden Babys war übrigens Abdul Hamid! Doch kehren wir ins Heldenzeitalter zurück, in dem Großwesir Kara Mustapha am Beginn des ersten Aktes jener kaiserlichen Barockoper vorkommt, die mit der Belagerung Wiens beginnt und 16 Jahre lang als Zweiter Leopoldinischer Türkenkrieg in Südosteuropa spielt. In ihr wird Österreich die Straße des Ruhms beschreiten, die mitunter recht steil zum Schnürboden der Ewigkeit ansteigt. Vor allem der Sohn des Wiener Entsatzkämpfers Johann Georg von Sachsen, August der Starke, der Max Emanuel sowie Ludwig von Baden und einigen Verlegenheitsberufenen im Oberkommando folgt, wird mehrmals auf dieser Bühnenrampe stolpern, bevor der Prinz von Savoyen nachkommt und alles wieder gutmacht. Aber Ungarn und Siebenbürgen, wo Emmerich Tököly zunächst im Auf und Ab des kriegerischen Geschehens sogar noch einmal in Kronstadt gehuldigt wird, sollten unwiderruflich in die Hand Leopolds übergehen.

Bleiben wir noch einmal kurz bei der Zweiten Türkenbelagerung Wiens anno 1683, also beim Ausgangspunkt der geschilderten Entwicklung stehen: Am Morgen des 12. September hatten sich 11300 Bayern, 11000 Sachsen, 9000 Reichssoldaten,

20 000 Polen und 33 000 Österreicher – Letztgenannte also mehr als die Hälfte der gesamten habsburgischen Ostarmee – auf den letzten Höhen des Wienerwaldes versammelt, alle ihre Offiziere vor der ersten Linie. Der junge Prinz Eugen und Marco d'Aviano mit seinem Kapuzinerkreuz, das er den Sterbenden der Affäre zum Kusse reichen wird, befinden sich ebenfalls inmitten der vordersten Korona. Dieses Kreuz liegt heute im erdbebenzerstörten Dom von Cattaro, dem südlichsten Flottenstützpunkt der Habsburgermonarchie am Beginn unseres Jahrhunderts. 1683 wurden die Feldkanonen des Entsatzheeres aufgeprotzt durch Hohlwege zwischen den wartenden Kolonnen geschoben. Mit Kartätschen sollte das Vorgehen der Infanterie unterstützt bzw. bei Gegenangriffen entsprechendes Abwehrfeuer eröffnet werden.

Noch am Vortag hatte Wien ein osmanisches Bombardement über sich ergehen lassen müssen, das alle bisherigen Beschießungen weit übertraf. Der letzte Sturm war nach einer ungeheuren Minensprengung nicht mehr zurückgeschlagen, sondern nur in der Tiefe der eingestürzten Fortifikationen zum Stehen gebracht worden. Angesichts dieser schlechten Situation in der Stadt bedeutete die Nachricht vom Rückzug Mustaphas von der Leopoldstädter Donauinsel sicher einen Hoffnungsstrahl für alle Verteidiger. Der Stadtkommandant Ernst Rüdiger Graf Starhemberg hatte soeben, der Wechselfälle bei der Belagerung von Candia eingedenk, das Wohnviertel rund um die weitgehend zerstörte Hofburg zur Verteidigung hergerichtet, falls die Janitscharen die letzte Außenmauer überklettern sollten. Aufgeben wollte man selbst in diesem Falle nicht. Nun ließ die plötzlich feindfrei gewordene Donauseite den Vergleich mit Klosterneuburg zu, dessen Belagerung die Türken Ende August ebenfalls aus „Personalmangel" aufgehoben hatten. Vorher waren Stift und Oberstadt heftig berannt worden, ohne daß die Angreifer je imstande gewesen wären, die Verbindung über den Strom zu den Kaiserlichen abzuschneiden. Generalleutnant Karl hatte zunächst die Verteidigungsfähigkeit der Klosterneuburger Bastionen prüfen lassen und, weil diese Untersuchung günstig ausfiel, immer wieder soviel an Menschen und Kriegsmaterial geschickt, wie er selbst gerade entbehren konnte. Sogar der Reitergeneral Heissler war mit jener Einheit, die eigentlich Prinz Eugen übernehmen wollte, über die Donau gekommen und am 8. August in der Nähe des Stiftes zahlreicher Türken sowie 248 Kamelen habhaft geworden. Schließlich zog polnische und österreichische Kavallerie aus dem Entsatzheer in Klosterneuburg ein, um diesen Platz unweit der Vormarschstraße des sächsischen Korps gegen alle Eventualitäten abzusichern.

Wo sich Eugen im einzelnen an der Schlacht um Wien beteiligt hat, wissen wir nicht, da die genaueren Nachrichten über den Prinzen erst mit dem 12. Dezember 1683 einsetzen, als ihm Kaiser Leopold das freigewordene Kuefsteinsche Dragonerregiment anvertraut. Die übliche finanzielle Abfindung der Witwe Kuefsteins wurde ihm erlassen, der Kaiser griff zugunsten dieser Hinterbliebenen selbst in die Tasche.

Unter seinen hochrangigen Kameraden im österreichischen Teil des christlichen Heeres ragen während der Affäre am Kahlenberg der spätere Türkenlouis, also Markgraf Ludwig von Baden, sowie die Generäle Caprara, Croy, Leslie, Salm, Taaffe und Mercy hervor. Ebenso waren Sachsen-Sonnenburg und Rabatta, die im kommenden Jahr in Pannonien vieles ausbaden werden, bereits dabei, auch die Regimenter der Pálffy, Caraffa, Montecuccoli, Piccolomini, Lothringen, Veterani, Dünewald, Lodron, Heissler, Daun, Schultz und anderer kamen ins Treffen. Bei den Reichsverbänden, die am Kahlenberg dem hervorragendsten Mitglied jener Familie Waldeck gehorchten, welche seit dem Westfälischen Frieden so oft die politischen Spielkarten fürstlicher Höfe und niederländischer Handelsherren gemischt hatte, fallen die Namen Trauttmansdorff, Reuss, Degenfeld, Gondola und Buttler deshalb auf, weil sie ihrerseits mit der österreichischen Geschichte eng verwoben sind. Unter den Freiwilligen aus der mitteleuropäischen Hocharistokratie, die in ähnlicher Art wie Prinz Eugen am Unternehmen mitwirkten, befanden sich die Herzöge von Neuburg, Holstein, Württemberg, Hannover und Sachsen. Sie alle setzten ihr Leben in althergebrachter ritterlicher Tugend dafür ein, daß am 12. September 1683 Mustapha die totale Niederlage südlich der Donau hinnehmen mußte, nachdem schon der Verlust des Marchfeldes seit längerem auf ihm lastete. Sein Feldzug im Westen war damit verloren und der Anspruch auf die weitere europäische Geltung des ottomanischen Reiches in Frage gestellt. Die türkische Armee wurde in ihrem Gefechtswert reduziert, von einer Abschaffung des römisch-deutschen Kaisertums, wie es seinerzeit Sultan Suleiman resultatlos erwogen hatte, konnte 1683 keine Rede sein. In der Dämmerung verliert Mustapha mit seiner Eskorte den Weg nach Osten, doch die Schwadron des Grafen Dünewald, die vorsichtig hinter ihm nachfühlt, erreicht die Verirrten nicht. Der Wesir kann daher unbehelligt herumsuchen und später die Straße nach Habsburgisch-Ungarn wiederfinden. Zwölf Stunden darauf sollte das herabgekommene Dorf Schwechat, an dem Mustapha jetzt vorbeireitet, von Soldaten des Entsatzheeres überschwemmt sein.

Der Polenkönig wird demonstrativ diesen Posten beziehen und hier die höchsten Herrschaften des Römischen Reiches erwarten. Etwas östlich vor Schwechat beginnt für eine knappe Woche jenes Niemandsland, vor dem sich ab nun kein Völkerführer auf seiten Österreichs mehr zu ängstigen braucht. Während am Morgen nach der Entsatzschlacht österreichische und polnische Reiter am Gelände des heutigen Wiener Flughafens Ausschau nach versprengten osmanischen Truppen halten und abgesessene Kavalleristen in der nahen Ortschaft jenes Stelldichein vorbereiten, bei welchem der Abwehrerfolg zum Griff nach der Vormacht in dieser Ecke Europas verwandelt werden soll, reift hier gleichsam im Angesicht des Feindes die große Entscheidung heran. Man entschließt sich, den Türken durch Wegnahme ihres gesamten pannonischen Besitzes für immer den Weg nach dem kaiserlichen Hoflager zu verleiden: Leopolds Königsanspruch soll daher für ganz Ungarn realisiert sowie Polen jedweder künftigen Bedrohung aus Konstantinopel entzogen werden. Die Strategen übernehmen jetzt das Resultat vorangegangener Kabinettsverhandlungen, Pater Marco d'Aviano bestürmt Sobieski weiterzumachen, ein anderer päpstlicher Legat mahnt wieder einmal zur Eile, und im Lager der Alliierten setzt die große Umstellung von der Entsatzaktion auf die Verfolgung der türkischen Armee ein. Man vermag daher nicht jenen beizupflichten, die am mehrtägigen Aufenthalt nach der Befreiung Wiens herumdeuteln und dahinter politische Quertreibereien wittern. Die Unterbrechung der Operationen war zum Bewältigen der anstehenden Probleme notwendig und erscheint auch durch die künftigen Ereignisse voll gerechtfertigt. Denn die Verbündeten mußten sich klar darüber sein, daß man in einen langen und wahrscheinlich äußerst wechselvollen Konflikt eintrat und der bisherige Hauptkriegsschauplatz im Westen, also der nur zeitweilig stillgelegte Kampf mit Frankreich, auf jeden Fall zur Nebenfront absinken würde. Die Schlacht am Kahlenberg hatte Österreicher, Bayern und Polen erst auf den Geschmack gebracht, den osmanischen Krisenherd entsprechend anzuheizen. Waffenstillstandsgespräche wurden dem Mustapha versagt, der vor kurzem dem Habsburger Leopold I. noch so kostbare Eisenburger Friede fiel diplomatischem Vergessen anheim.

Den Österreichern kam es auf einmal selbstverständlich vor, daß Raab und die anderen Festungen des königlichen Ungarn sicher in Christenhand verblieben waren, denn jetzt standen die türkischen Plätze Pannoniens zu blutiger Debatte.

Der bayerische Kurfürst Max Emanuel, Herr in Ober- und Niederbayern, Herzog der Oberpfalz, Pfalzgraf bei Rhein sowie Erztruchseß und Landgraf zu Leuchtenberg, der am 12. September neben den sächsischen Generälen das Zentrum der christlichen Streiter befehligt hatte und nun bei St. Marx lagerte, war mit dieser Wendung aus mehr als einem Grund besonders zufrieden. Während die Sachsen und die Reichstruppen, teils aus akutem Geldmangel, teils wegen der als endgültig angesehenen Abwehr des türkischen Angriffs auf Wien, umkehrten, marschierten die Bayern weiter, und zwar mit gutem Grund: Es ging ihnen darum, sich ja nicht zu sehr auf der Frankreich zugewandten Seite des römisch-deutschen Reiches exponieren zu müssen. Erst im dritten Raubkrieg sollte Max Emanuel als Statthalter in Brüssel etwas lendenlahm gegen Frankreich den Säbel ziehen, aber diese Position bald aufgeben. In einem mit Ludwig XIV. schon 1670 abgeschlossenen Hauptallianzvertrag hatten nämlich die Wittelsbacher im Hinblick auf einen Kollaps der spanischen Habsburger in eine umfassende Kooperation mit Paris eingewilligt. Aber beide Mächte rechneten sich auch den Zusammenbruch der habsburgischen Zweitgarnitur in Wien aus und vereinbarten die Sicherung der Nachfolge seitens des bayerischen Geschlechts. Der König von Frankreich zahlte den Münchnern für diese Abmachungen viel Geld, zumal er von ihnen die Unterstützung seiner Kandidatur bei den nächsten oder übernächsten Kaiserwahlen halb und halb zugesagt erhielt. Die Franzosen erlaubten sogar, daß sich die bayerischen Kurfürsten zeitweilig dem Wiener Hof wieder annähern durften, wenn dies im Augenblick für sie von Vorteil war. Doch die einmal getroffenen Vereinbarungen der Häuser Bourbon und Wittelsbach sollten auch dann stillschweigend weiter bestehenbleiben und erst nach Maßgabe der Dinge aus der Lade geholt werden. So befreit Max Emanuel nach der Wiener Affäre ungeniert die von den Türken umschlossene Stadt und Festung Gran gemeinsam mit Österreich, erobert unter dem Befehl des Lothringers Ofen und wird vor dem niederbrechenden Belgrad, wo er selbst den Oberbefehl führt, durch einen türkischen Pfeil leicht verwundet.

Während Kara Mustaphas Kampf um Wien in die Endrunde ging, wurde in München an der Theatiner Hof- und Klosterkirche gebaut. Die Mutter Max Emanuels hatte einst ein solches Gelübde abgelegt, falls sie einen Sohn gebären sollte, was ihr 1662 gelang. Als Max vor Wien im Feuer stand, näherte sich das Werk nach dem Vorbild des römischen Gotteshauses Sant' Andrea della Valle langsam der Vollendung. Die Mama des jetzigen jungen Kurfürsten, die den großen italienischen Lebensstil erst so richtig nach München gebracht hatte, war Henriette Adelaide von Savoyen, weshalb sich auch eine weitläufige Verwandtschaft des Max Emanuel mit Prinz Eugen nachweisen läßt. Henriette ließ unter anderem den Mitteltrakt von Nymphenburg errichten, jenem Schloß, das für Max als Aufbewahrungsort vieler Gemälde von Wichtigkeit sein wird. In seiner Brüsseler Zeit, da er von Habsburgs Gnaden zum Statthalter der Niederlande aufsteigt, wird er im Jahr 1698 von dem Antwerpener Kunsthändler van Ceulen 105 der hervorragendsten Meisterwerke holländischer Maler ankaufen und hierfür nicht weniger als 90000 Brabanter Gulden zusagen müssen. Eine enorme Summe, welche die Wittelsbacher trotz aller österreichischen Subsidien erst bis 1774 abstottern können. In dem von ihm persönlich geschaffenen Schloß Schleißheim hatte Max übrigens an die tausend Bilder hängen. Dennoch schreibt Justus Schmidt 1933 mit vollem Recht, daß neben Rom allein Wien in seinen Denkmälern und Bauwerken wie auch in ganzen Straßenzügen und Platzbildern den Glanz der Barockzeit bewahrt hat. Allerdings – die Galerien der Fürsten Liechtenstein und der Grafen Harrach hat der Zweite Weltkrieg entführt, und manches Mauerwerk sank hernieder.

Max Emanuel wurde seiner Kunstanhäufungen nicht froh:

„Ich mache das Kreuz über Bayern und alles, was mir bleibt", wird er einst verzweifelt ausrufen und sich abermals an seine längst abgetane Statthalterwürde in Belgien klammern. Aber bleiben wir noch beim ausgehenden 17. Jahrhundert.

Max Emanuels nachmaliges Auftreten als höchster kaiserlicher Feldherr, der diese Würde seit Belgrads erster Einnahme trägt und als solcher auch vor Carmagnola im piemontesisch-französischen Grenzgebiet einige Drohgebärden vollführt, fällt schon in die Wochen vor dem vollen Aufflammen des vorgenannten dritten Raubkrieges, der seinerseits wieder als Präludium zum großen europäisch-amerikanischen Konflikt um das spanische Erbe verstanden wird. Der Fall Belgrads hatte bekanntlich den Entschluß des französischen Königs für diesen dritten Überfall auf das Römische Reich begründet. Noch immer versucht Max Emanuel den langsam merklich schmäler werdenden Spielraum seiner Aktivitäten voll zu nutzen und die Rolle im verwandtschaftlichen Nahbereich der Wiener Habsburger wenigstens für einige Zeit weiter zu behaupten. Monate später, als sich die französische Armee zur großen Invasion Englands einschifft, während ihr ein Maiwind unbemerkt die riesige britisch-niederländische Flotte entgegenweht, beobachtet Max Emanuel mit langer Allongeperücke wohlgefällig die Ergebenheitsgesten belgischer Ständevertreter. Er verkörpert nunmehr als Statthalter den Willen des letzten spanischen Habsburgers in jenem Brüssel, wo man sich das bevorstehende furchtbare Schicksal der Stadt ebensowenig denken kann wie Wien das seine im Frühjahr 1683. Dieses Repräsentieren wird dem Wittelsbacher bald zu kostspielig werden! Aber zunächst ist der neue große Freund, Wilhelm von Oranien, mit seinen alliierten Streitkräften in der Nähe, und Max muß wieder einmal achtgeben, daß der Sonnenkönig im Süden nicht ernstlich auf ihn böse wird, weil ihm Bayerns Bindung an die habsburgischen Interessen zu eng erscheint. Max nimmt sich vor, so wie er dies seit der Niederlegung des Oberbefehls im Südosten getan hat, bei allen Waffengängen in den Spanischen Niederlanden und in Westdeutschland weiterhin lieber als illustrer Zuseher oder zurückhaltender Förderer der eigentlichen Kampfkommandanten aufzutreten, das Vordergründige zu meiden und lieber darauf zu schauen, was die Herrscher in Wien und in Versailles für Nasenlöcher machen. Die aber schließen 1696, nachdem der

Herzog Victor Amadeus von Savoyen zu Ludwig übergelaufen ist, einen Neutralitätsvertrag, demzufolge das bisher heißumstrittene Italien von allen Österreichern und Franzosen geräumt wird. Die Wiener brauchen ihre Truppen dringend im Südosten, und der große Oranier muß sich daher zu einem Verständigungsfrieden mit Paris bereitfinden. Die abschließenden Verhandlungen zur Beendigung des dritten Raubkrieges stehen vor der Tür.

Man sollte glauben, daß auch für Max Emanuel die Welt damit in Ordnung gekommen wäre. Dem war aber nicht so. Sein eigenes Format schien ihm ebenso wie die Vergangenheit seines Hauses zu groß, um sich den bestehenden Verhältnissen einfach anzupassen. Er merkte, daß Ludwig XIV. nach wie vor die römische Kaiserkrone zu erlangen trachtete, zumal der König nur die zu Reims gesalbten Potentaten als Nachfolger Karls des Großen anerkannte. Für den Allerchristlichsten waren die Wiener Habsburger lediglich Generalkapitäne einer deutschen Fürstenrepublik, und dies noch dazu ohne Sinn und Machtmittel für wahres Monarchentum, wie es von ihm selbst verkörpert wurde. Die Wittelsbacher betrachteten sich ihrerseits als direkte Nachkommen Karls des Großen und erinnerten sich wehmütig ihres Römischen Kaisers Ludwig des Bayern, unter dessen Zepter die Sippschaft außer ihrem Stammland auch Tirol und Kärnten, die rheinische Pfalzgrafschaft sowie Holland, Hennegau, Seeland, Friesland, die Mark Brandenburg und die Niederlausitz ihr eigen nannte. Von dieser Machtfülle war freilich nicht mehr viel da, aber Max Emanuel durfte darauf pochen, daß außer Kurbayern wenigstens Kurköln sowie die Bistümer Lüttich, Hildesheim, Münster und Paderborn geistlichen Würdenträgern aus dem Hause Wittelsbach gehorchten. Außerdem konnte die Seitenlinie der Familie in der Kurpfalz sowie in Jülich und in Berg irgendwie hinzugerechnet werden. Also Grund genug für Max, immer wieder von der Möglichkeit zu träumen, die Kaiserkrone für sich selbst zu gewinnen. Seine eigenen Werke waren ihm bisher jedenfalls so verheißungsvoll vorgekommen, daß alles im Bereich des Möglichen lag und der König von Frankreich nicht unbedingt auf ihn als Steigbügelhalter für den Gaul des römischen Imperators rechnen durfte. Aber ebenso wie seine Vorgänger und seine Nachfahren aus dem Wittelsbachergeschlecht sollte Max Emanuel im entscheidenden Augenblick doch zu schwach sein, um die Österreicher auszuschalten, obwohl – zumindest an der Tatkraft des Kurfürsten gemessen – manchmal nicht viel dazu gefehlt hätte.

Ohne Zweifel hatten im späten Frühjahr 1683 die tatsächlichen Verhältnisse mancher mitteleuropäischer Regenten jenen Hilfsversprechen, die von ihnen an Kaiser Leopold abgegeben worden waren, entgegengewirkt. Max Emanuel von Bayern war nichtsdestoweniger schon damals in der Lage gewesen, Zeitversäumnisse und Lücken in der Heeresaufstellung rasch aufzuholen. Als ihn Graf Kaunitz am 11. Juli 1683 in Schleißheim besuchte und die gefährliche Entwicklung vor Wien erläuterte, marschierten die kurfürstlichen Truppen schon am nächsten Morgen nach dem Sammelpunkt Braunau ab. Anfang August, während die Mitwirkung Bayerns formell in der sogenannten Passauer Kapitulationsurkunde geregelt wurde, vereinigte sich dieses Kontingent bereits bei Krems mit den von Feldzeugmeister Leslie befehligten Österreichern. Die Sachsen trafen erst am 28. August in Krems ein, weil sie vorher gegen Sonderentgelt Mähren und Schlesien abgesichert hatten. König Johann Sobieski wollte 1683 längere Zeit noch wesentliche Teile seiner Hauptarmee dem bereits in der Slowakei operierenden Fürsten Lubomirski zuführen und so an der Südgrenze Polens den Türken die Stirn bieten. Erst unter dem Eindruck der Nachrichten von der eindeutigen Hinwendung Kara Mustaphas auf Wien änderte Sobieski diesen Plan und führte das Heer geschlossen über Tschenstochau nach Krakau. Er schrieb damals an Leopold, daß ihm, dem Polenkönig, die Rettung Wiens ebenso am Herzen läge wie die Bewahrung der eigenen Städte. Vom päpstlichen Nuntius Pallavicini am 13. August zu höchster Eile gemahnt, galoppierte die Vorhut unter dem Woiwoden von Wolhynien sofort in Richtung Österreich davon, das Gros der polnischen Truppen folgte 24 Stunden später nach. Ende August 1683 lagerte man kurz bei Olmütz, vier Tage darauf erschien Sobieski vor Ober-Hollabrunn. Zum gleichen Termin wartete Max Emanuel mit den Seinen, die er Kaiser Leopold in einer Parade stolzgeschwellt vorgeführt hatte, bereits auf das endgültige Zeichen zum Einsatz. Bald sollte der Wittelsbacher vom Kahlengebirge auf das pulverdampfumwogte Wien hinabschauen und von erfahrenen bayerischen Truppenführern das Taktieren lernen. Max schlägt in der Folge selbst bei den Feldzügen in Ungarn erfolgreich zu, übernimmt für den kranken Karl sogar den Oberbefehl und erobert, allerdings unter unmenschlichen Exzessen seiner Soldateska, wie gesagt, die große Donaufestung Belgrad.

Schon drei Jahre zuvor hatte Max Emanuel jene Tochter Leopolds zur Frau erhalten, die sich König Sobieski nach dem Entsatz von Wien für seinen Sohn Jakob vergeblich erhofft hatte. Als die Madrider Habsburger Max Emanuel zum Statthalter der Spanischen Niederlande erhoben, sah er sich im Geiste bereits in die Reihe der ersten europäischen Herrschergeschlechter aufrücken. Nach dem Ableben der Gattin aus Wien heiratete er seinerseits eine Tochter Sobieskis und war weiterhin voll großer Ambitionen, wie es sich für einen höfischen Absolutisten der Epoche gehörte. Der frühe Tod seines erstgeborenen halbhabsburgischen Sohnes raubte ihm allerdings die Hoffnung, mit Genanntem den vakant werdenden Thron Spaniens besetzen zu können. Obwohl ihn Kaiser Leopold zum Generalissimus ernannt und ihm in Oberitalien ein österreichisches Heer anvertraut hatte, ändert Max Emanuel seine Gesinnung, weil ihm Ludwig XIV. die Rheinpfalz und Belgien verspricht. Gemeinsam mit seinem Bruder, dem nichtswürdigen Erzbischof von Köln, steht er ab der Jahrhundertwende im Lager der Feinde Wiens und seines ehemaligen Schwiegervaters.

Prinz Eugen wird nun zum Überwinder des Abtrünnigen, und dies unbeschadet der Tatsache, daß der junge Savoyer im Winter 1683/84 als gerngesehener Gast des Wittelsbachers die Münchner Redouten besuchte bzw. damals von Max begönnert sowie mit dringend benötigtem Kleingeld und Pferden beschenkt wurde. Eugen erklomm daraufhin unter dem Befehl des Wittelsbachers Sprosse um Sprosse der militärischen Rangleiter in Ungarn, bis auch er zum ersten Mal das hinter Rauchschwaden verborgene Belgrad erblickte. Später wird Max Emanuel vor seinem einstigen Schützling inmitten geschlagener französischer Haufen durch den Schwarzwald nach Westen fliehen müssen, ehe er vor dem Kaiser klein beigibt und dann sogar noch ein bayerisches Hilfskorps für den nächsten Balkanfeldzug des Savoyers offeriert. Aber das ist Zukunftsmusik, deren Töne gegen Ende des 17. Jahrhunderts noch keiner wahrzunehmen vermag. Man setzt auf Treue und Glauben und tut sich damit, was die bayerische Frage anbelangt, nichts Gutes.

Emanuels Nachkommen werden Österreich gegenüber ähnlich wechselhaft verfahren, während Habsburg noch sehr lange nicht einsehen will, wie heiß die Eifersucht in München brodelt, wenngleich es hierfür immer wieder eindeutige Zeichen gibt.

Hingegen waren die Sachsen unter Kurfürst Johann Georg III. während der Zweiten Türkenbelagerung und nachher zuverlässige Bundesgenossen Österreichs. Obwohl besagter Johann Georg ein höchst verletzbares Innenleben aufwies und sich dementsprechend oft vom Kaiser gekränkt fühlte, wird er nach einem überhasteten Abmarsch am Ende der Entsatzschlacht bald wieder bei Leopolds Reichsgeschäften mitwirken und militärische Funktionen im Auftrag des Kaisers ausüben. Zwei Jahre nach seinem schleunigen Reißaus während des ersten kaiserlichen Besuches im befreiten Wien stellte er den Österreichern für ihren Südostfeldzug schon wieder 5000 Sachsen zur Verfügung, den Venezianern überläßt er gegen Mietzahlung 3000 Soldaten, die entscheidend mithelfen, daß der Peloponnes den Türken verlorengeht. Doch Johann Georg III. wird in Tübingen elend an der Pest hinscheiden. Seinem Sohn Friedrich August ist es bestimmt, als Befehlshaber der kaiserlichen Heere am Balkan eine wenig überzeugende Probe seines Könnens zu geben, bevor er die etwas zweifelhafte Krone Polens erringt und sich hier wie dort als starker August lächerlich macht. Daran war eigentlich seine chronische Geldknappheit schuld, der enorme Ausgaben für Repräsentation, Kunstsammlungen und Bauten gegenüberstanden. Die sächsische Finanzmisere hatte schon unter Vater Johann Georg begonnen, der ebenfalls eine allzu leichte Hand fürs Ausgeben hatte. Übrigens, genau wie Max Emanuel war August ein mehr oder weniger offener Franzosenfreund, und diese Neigung sowie seine mangelnden militärischen Talente trugen dazu bei, daß er 1696 das Oberkommando am türkischen Kriegsschauplatz niederlegte. Die polnische Kandidatur verschleierte solche Schwächen, ohne dauernde Abhilfe zu schaffen. All dies offenbarte sich im Todesjahr des Johann Sobieski, der sich nach 1683 noch einige Zeit mit den Türken in Podolien sowie am Schwarzen Meer herumschlägt und damit den Österreichern in Ungarn und in Siebenbürgen manchmal etwas Luft verschafft.

Zur Wahl des neuen Königs bzw. zur Bewerbung Augusts des Starken um den Thron schrieb etwas später die berühmte Liselotte von der Pfalz: „Wäre dieser Kurfürst nicht tausendmal glücklicher gewesen, wenn er hübsch ohne sich zu plagen, in Ruhe und Frieden Kurfürst von Sachsen geblieben wäre, als über eine so interessierte und unbeständige Nation König zu sein." Tatsächlich gingen für August die Probleme des Krieges in Ungarn auf einen glücklosen Nordischen Krieg über, den er 21 Jahre lang als polnischer König in wechselnden Koalitionen mit Rußland, Dänemark und Preußen gegen Schweden zu führen hatte. Denn schon bei der Krönung mußte er versprechen, das schwedisch besetzte Litauen wieder an Polen zu bringen.

Man könnte heute etwas oberflächlich feststellen, daß bei allen martialischen Unternehmungen Augusts die Moskowiter ebenso die wirklichen Gewinner waren wie beim Kampf der Österreicher mit den Türken. Nach genauerer Betrachtung ergeben sich, wie dies häufig der Fall ist, jedoch derart zahlreiche vielschichtige Zufälle, daß sie eine höhere Gesetzmäßigkeit vermuten lassen. Vom „lachenden Dritten" zu reden, wäre angesichts dessen bloße Schwarzweißfärberei. Immerhin wird es August verstehen, durch die Einheit Sachsens und Polens für mehrere Jahre nach allen Seiten eine neue Großmacht vorzuspiegeln und ihr einen prachtvollen kulturellen Rahmen zu verschaffen. Aber kehren wir wieder ins 17. Jahrhundert und damit zum Tode Sobieskis zurück, um dessen Krone sich zunächst die eben genannten Herren Max Emanuel der Wittelsbacher, unser August aus der Familie der Wettiner, aber auch ein badensischer Markgraf und ein französischer Prinz, der seinerseits dem Eugen von Savoyen nahestand, sehr intensiv und bei Waffengeklirr bewarben. Die Habsburger favorisierten fürs erste den Sohn des Verstorbenen, setzten jedoch später auf den sächsischen Prätendenten. In Baden bei Wien trat August der Starke zum katholischen Glauben über und warf anschließend bei der Wahlhandlung vor Krakau alle Gegenkandidaten aus der Bahn. 50 Jahre nach dem Ende des Großen Krieges in Deutschland war damit wieder ein Landesfürst des halbzerstörten Reiches zum Herrscher jenseits der Grenzen aufgestiegen, also ein überraschendes Beispiel, dem bald die Kurfürsten von Hannover und von Brandenburg unter dem Wohlwollen der kaiserlichen Regierung folgen sollten. Eigentlich muß man auch die

Herzöge von Pfalz-Zweibrücken zu dieser Entwicklung rechnen, da sie schon einige Jahre früher den verwaisten schwedischen Thron bestiegen hatten und von dort aus Fürchterliches anrichteten.

In jenen heißen Sommerwochen des Jahres 1683, als Herzog Karl V. von Lothringen im Marchfeld manövrierte und ausgerechnet Ägypter die Leopoldstadt bevölkerten, schlichen viele beherzte Kundschafter zwischen der belagerten Festung Wien und dem Quartier des kaiserlichen Generalleutnants hin und her. Karl sandte durch sie wiederholt Nachrichten an den obersten Verteidiger der Stadt, Feldzeugmeister Ernst Rüdiger Graf Starhemberg, der damals gemeinsam mit einem alten tschechischen General die Abwehrkämpfe leitete.

Die Antworten aus Wien waren meist von Starhemberg selbst gezeichnet, der sich in seiner bisherigen Laufbahn schon bei Mogersdorf anno 1664 hervorgetan hatte. Von dort rührte auch sein gutes Einvernehmen mit Karl her, der ebenfalls unter Montecuccoli gedient hatte. Beim Temperament Ernst Rüdigers war dies sicher keine leichte Sache. Starhemberg, der nach dem Eisenburger Frieden in Ungarn blieb und sich von der Fußtruppe zur Artillerie transferieren ließ, wurde auch Gefangener des Franz Rákóczi, kam wieder frei und übernahm 1680 den Befehl über Stadt und Festung Wien. 1683 wurde er zunächst als Kommandant für die Feste Raab ausersehen, machte aber dann den allgemeinen Rückzug der Hauptmacht Österreichs mit, als Wien unmittelbar bedroht schien. Er traf zur gleichen Stunde, da Leopold samt Gattin, den Kindern und der Großmama abreiste, in der verängstigten Stadt ein, um hier 81 Tage, mehrmals leicht verwundet und ruhrkrank, den Defensionschef zu spielen. Am 15. September, nachdem alles vorbei war, ernannte der Kaiser den Ernst Rüdiger zum Feldmarschall und zum Geheimen Rat. Am Vortag hatte Starhemberg am Nußdorfer Ufer Leopold I. willkommen geheißen, und der im Schiff von Dürnstein anreisende Habsburger war sehr gerührt gewesen. Bald wurde Ernst Rüdiger auch noch Staats- und Konferenzminister, erhielt einen Ring von Leopold und einen juwelengeschmückten Doppeladler mit goldenem Stephansturm von der Kaiserin. Der Papst schrieb ihm huldvoll, der spanische König sandte das Goldene Vlies, und Geldgeschenke mehrten sein Vermögen so sehr, daß er für immer als reicher Mann galt.

Aber auch eine vergiftete Pfeilspitze wird dem Geehrten bis knapp vor seinem Ableben im Leib steckenbleiben. Er verließ Wien, erhielt das Kommando über die gesamte österreichische Infanterie und wurde vor Ofen verwundet. Als trotz der verzichtsreichen Abmachungen mit Paris der gefürchtete Zweifrontenkampf gegen Türken und Franzosen Realität wurde, ging Ernst Rüdiger in den Hofkriegsrat. Von dort aus erneuerte er die Organisation der Armee und holte, sobald die Bedrohung Pannoniens durch die türkische Gegenoffensive einen neuen Höhepunkt erreicht hatte, Prinz Eugen von Savoyen ins ungarische Oberkommando. Inzwischen war Ernst Rüdigers nächster Verwandter, Guido von Starhemberg, der als junger Offizier bei der Verteidigung Wiens schwer verletzt worden war, bereits in die erste Ruhmesreihe der österreichischen Feldherren des Heldenzeitalters vorgerückt. Der kränkelnde, äußerst mürrische Vetter Rüdiger ließ sich hingegen zwischen seinen Besitzungen um das Freihaus auf der Wieden vor den Stadttoren und Vösendorf hin und her kutschieren. Seinem kummervollen Gemüt half die Erinnerung kaum, mit welchen drakonischen Leibesstrafen er seinerzeit die Wiener bedroht hatte, sofern sie kommunale Anarchie oder Verständigung mit Mustapha dem heroischen Widerstand ihrer Stadt vorziehen wollten. Freilich, zur Ausführung hatte er damals nur den geringsten Teil der angekündigten Sanktionen bringen lassen, zumal wenn es sich um erbeingesessene Bürger handelte.

Währenddessen konnte Guido Reichsgraf von Starhemberg seine Blessur halbwegs überwinden und bald hinter den fliehenden türkischen Mordbrennern herhetzen. Der andere grübelte inzwischen über den Gefechtswert des Heimatschutzes in Wien anno 1683 nach und schloß sich jenen Experten an, die ein stehendes Heer aus solchen Landeskindern für besser hielten als die Söldnertruppen des Dreißigjährigen Krieges, die nach jedem Feldzug entlassen worden waren.

Inzwischen zieht Guido ebenso wie Prinz Eugen ins erstmals eroberte Belgrad ein, und das Regiment des Starhembergers wird zum Garnisonsdienst in diesen Trümmerhaufen befohlen. In den folgenden Schlachten bei Salankamen und Zenta erleidet Guido erneut Verletzungen, muß sich daheim auskurieren und löst später den Savoyer am italienischen Kriegstheater ab.

Dem neuen Heereschef gelingt es dort, die gefährliche Vereinigung der bayerischen und der französischen Kräfte im Tiroler Raum zu verhindern. 1708, sieben Jahre nach dem Tod des Ernst Rüdiger, wird er seinerseits zum Feldmarschall befördert. Anschließend geht er nach Spanien ab, wird der „gran capitan“ des iberischen Volksmundes, siegt bei Almenare und bei Saragossa, erstürmt Madrid und residiert als Vizekönig im bedrängten Barcelona. Von dort holen ihn die Engländer über Genua nach Österreich zurück. Hier wird es still um den Erfolggewohnten, der schließlich in Laibach und in Wien als Großkomtur des Deutschen Ritterordens seinen Erinnerungen lebt, einmal den abwesenden Eugen als Hofkriegsratspräsidenten vertritt und 1737 stirbt. In seiner letzten Lebensphase war Guido Starhemberg vom Dünkel eines geistlichen Würdenträgers erfüllt und wallte priesterlich durch die Stifte der Deutschen Ritter. Er stellt damit eine der letzten Sagengestalten dieses Schwertordens dar, der seinem Herrgott ebenso bei der „roten Arbeit“ wie im Meßopfer zu dienen vermeinte. Dem Savoyer lange Zeit zugetan, war Guido seit den italienischen Ereignissen des Erbfolgekrieges Eugen gegenüber reserviert, kann aber nicht zu den Widersachern, wie etwa der Obersthofkanzler von Böhmen, Feldmarschall Graf Schlick, oder die Gräfin Fuchs und ähnliche Charaktere, von denen wir noch hören werden, gezählt werden.

Doch damit ist das Reservoir seiner Familie im Heldenzeitalter Österreichs keineswegs erschöpft, denn es gab weiters einen jüngeren Halbbruder des Wien-Verteidigers Ernst Rüdiger namens Gundakar Thomas Graf Starhemberg, der vom Kaiser 1703 zum Präsidenten der Hofkammer ernannt wird und dieses Amt bis 1745 behauptet. Er war kein Freund genialer Feldherrentalente bzw. phantasievoller Staatsmänner, wie sie Prinz Eugen verkörperte, sondern eine vielseitig gebildete, streng rechtlich denkende Beamtennatur. Schon zwei Jahre nach seiner Berufung gründete er die Wiener Stadtbanco, die den Spanischen Erbfolgekrieg zum entscheidenden Teil mitfinanzierte.

Er kümmerte sich um den Bau neuzeitlicher Verkehrsflächen in ganz Österreich und sah darauf, daß die berühmte Semmeringstraße Karls VI. Realität werden konnte. Die österreichische Post wurde verstaatlicht und erweitert, die Orientalische Kompanie wieder begründet, der Levantehandel angekurbelt und sogar eine eigene Niederlassung in Ostindien versucht. Triest und Fiume erhielten Freihäfen und liefen dem altersmüden Venedig in der Adria den Rang ab, 1735 zeigte erstmals eine Kriegsflotte mit 500 Geschützen die Farben Österreichs im Mittelmeer, während hohe Zollschranken das heimische Gewerbe vor auswärtiger Konkurrenz schützten. Zum besonderen Verdienst Gundakars ist aber vor allem die Wiederbesiedlung und der wirtschaftliche Aufstieg der den Türken abgenommenen Gebiete zu zählen. Schon lange vor den osmanischen Rückzügen war die Verwaltungsmaschinerie Stambuls am Balkan zusammengebrochen und hatte die bislang systematisch ausgepreßten Völkerschaften ins noch tiefere Chaos von Beutezügen einzelner mohammedanischer Administratoren gestürzt.

Die Gegenden wurden menschenleer, wilde Tiere gefährdeten die letzten noch verbliebenen Bewohner, deren seelische Erhaltungskraft und Moral den Belastungen nicht mehr standhielt. Gleichsam im letzten Moment kamen die österreichischen Reiter. Das entvölkerte Slawonien, Syrmien, das Banat, Siebenbürgen, Teile Serbiens und die angrenzenden Gebiete nahmen nunmehr nicht nur die von Wien her neu verteilten Volksteile der Gesamtregion auf, sondern ebenso Kolonisten aus Deutschland, Spanien und Italien. Fiebersümpfe wurden trockengelegt, Obstkulturen gepflanzt, Herden aufgezüchtet, umfangreiches Brachland wurde beackert und der bäuerlichen Trunksucht entgegengewirkt. Insbesondere den Rumänen, die infolge der jahrhundertealten Knechtung durch Magyaren und Szekler auf besonders niedriges Niveau abgesunken waren, gewährte man entsprechende Erziehung und ein paar Ausbildungsmöglichkeiten. Die total versoffene Geistlichkeit wurde durch Visitationen und Umbesetzungen wieder einigermaßen an ihre Aufgaben herangebracht.

Trotzdem – Gundakar übersah dabei eine der Voraussetzungen für das weitere Wohlergehen des österreichischen Staates, die dem Prinzen Eugen, aber selbst dem Vetter Guido ohne weiteres geläufig waren: Das stehende Heer der kaiserlichen Regierung, das zur Zeit Kara Mustaphas ungefähr 90000 Mann gezählt hatte und in der Glanzzeit des Savoyers auf 180000 Soldaten angestiegen war, sank gegen Ende der Amtsperiode des Hofkammerpräsidenten aus der Familie Starhemberg wieder auf etwa 100000 Streiter ab, deren Kondition und Ausrüstung als miserabel bezeichnet werden müssen. Ihr Zustand mag als Resultat jenes permanenten widersprüchlichen Standpunktes gelten, dem Gundakar und seine Genossen, vor allem der Reichshofratsvizepräsident Sinzendorf, gegenüber dem Prinzen Eugen voll bürokratischem Eifer oblagen. Leicht hatten sie es mit ihren ewigen Nörgeleien nicht, da der Savoyer maßgeblichen Einfluß auf die österreichische Finanzgebarung ausübte; aber es gelang ihnen doch, die Armee in den letzten Jahren Kaiser Karls VI. weitgehend dienstuntauglich zu machen.

Außer Herrn Gundakar gab es noch einige Starhembergs von Bedeutung, zum Beispiel den Feldmarschall Maximilian Adam, einen Balkanveteranen, Hofkriegsrat und Superintendanten der Wiener Ingenieurakademie sowie Generaldirektor der Artillerie, und mehrere in der Blüte ihrer Jugend am Schlachtfeld gebliebene Familienmitglieder. Ferner den Georg Adam, der aber zur Zeit des Savoyers noch als Jugendlicher herumlief und Diplomat werden sollte. Als Gesandter Österreichs am Hofe von Versailles wird es ihm dereinst gelingen, mit Unterstützung Voltaires Frankreich in den Siebenjährigen Krieg mit Preußen hineinzutreiben. Georg Adam fungierte auf besagtem Posten übrigens als Nachfolger jenes Wenzel Anton Kaunitz, der nach Wien zurückgekehrt war, um hier große Außenpolitik zu machen. Der Wenzel nannte seinerseits jenen Grafen Kaunitz seinen Großvater, der den Max Emanuel 1683 bei der Stange hielt. Der Enkel heiratete eine Marie Ernestine Gräfin Starhemberg und zeugte sieben Kinder. Irgendwie blieb eben alles in der Familie!

Da war Siegbert Graf von Heister aus anderem, wenngleich stammverwandten, steirischem Holz geschnitzt. Während der letzten Jahre des Großen deutschen Krieges geboren, wuchs er in der grünen Mark heran und trat ins kaiserliche Heer ein. Dort diente er sich in vielen Jahrzehnten bis zum österreichischen Feldmarschall und Vizepräsidenten des Hofkriegsrates hinauf. 1683 verteidigte er unter Starhemberg als Oberst die Wälle Wiens und riegelte die gefährlichsten Einbrüche der Türken ab. Nachdem er alle darauffolgenden Kämpfe in Ungarn mitgetragen hatte, befehligt Siegbert bei Zenta am 11. September 1697 den rechten Flügel Österreichs. Seit 1704 zieht er mit abscheulicher Brutalität und Schroffheit, auch gegen Vorgesetzte, wider die Neo-Kuruzzen in Pannonien zu Felde. Er schlägt sie bei Tyrnau und Trentschin mit jenen österreichischen Kräften, die man an den Fronten in Deutschland, Belgien, Frankreich und Italien gerade entbehren konnte, und Jahre später übernimmt er im Eugenschen Türkenkrieg das Kommando des gesamten österreichischen Fußvolkes. Von der ihm nachher zuerkannten sehr einträglichen Position eines Befehlshabers der Stadt und Festung Raab hatte Heister nicht mehr viel, da er 1718 auf seinen Gütern im steirischen Kirchberg das Zeitliche segnet, was wieder mit familiären Tragödien im Kriegsgeschehen zusammenhängt. Alles in allem wirkt er wie ein Überbleibsel jener Grazer Zustände, als wütende Verkehrsteilnehmer aristokratischer Provenienz ungeschickte Fuhrknechte straflos niederstachen. Die Sache lag nur wenige Jahrzehnte zurück.

Noch immer können wir uns vom Schicksalsjahr 1683 nicht losreißen, desgleichen nicht von den „guten alten Zeiten" vorher, als die große weite Welt und der menschliche Fortschritt noch nicht alles Mittelalterlich-Geheimnisvoll-Bizarre aus den alten gotischen österreichischen Gassen hinausgefegt hatten, obwohl man schon damals begann, draußen in Westungarn neue Städte im Stil des Kolonialbarocks anzulegen. Die Militäringenieure entwarfen hierfür breite, sich rechtwinkelig kreuzende Straßen und Häuser, wie sie in Mexiko oder Batavia Mode waren. Aber rund um das Hoflager zu Wien entfalteten die Vorstädte zu Anfang der Türkenzeit mit neuen Alleen, Gartenkünsten, Kirchen und Schlössern ihre letzte Schönheit. Nur das barocke Servitenkloster in der Roßau wird 1683 von der Brandlegung ausgenommen werden, weil es zu abgelegen scheint, und prompt einem walachischen Hospodar als Wohnsitz dienen.

Im pannonischen Kriegstheater führten die Türken das große Wort. Den hierorts Ansässigen blieb die Erwartung einer großen Schlacht in Westungarn bzw. der Rückzug auf die „Babenbergerlinie" und in der Folge hinter die Mauern Wiens. Sicher hat man auf höherer Ebene auch andere Eventualitäten überlegt, diese jedoch verworfen. Von polnischen Absichten, durch die Slowakei dringend Ungarn zu bedrohen, haben wir schon andeutungsweise gehört; bei entsprechender Stärke wäre es denkbar gewesen, aus dem steirischen Raum einen Angriff gegen die Nachschubzentren Mustaphas vorzutragen, anstatt die Grenzstädte und Klöster den Einfällen Tökölys auszusetzen. Tatsächlich hat später die Führung des Entsatzheeres den Plan erwogen, durch die Voralpen nach Süden zu marschieren und Mustapha aus dem Gebiet um Wiener Neustadt her anzugreifen. Ein diesbezüglicher Vorschlag wurde fallengelassen, weil zu wenig Zeit dafür vorhanden war und eine totale Entfaltung der türkischen Kraft im Steinfeld eher möglich schien als vor den Wiener Hausbergen.

Trotzdem, das österreichische Heldenzeitalter wartet vor den Toren der Stadt, wenngleich hier wie anderswo niemand eine solche Wendung der Dinge für möglich hält. Noch hat Generalleutnant Karl den Stabschef des Kurfürsten Johann Georg inmitten des Qualms bei Grinzing nicht befragt, ob man jetzt die Heiden pausenlos weiter zu bedrängen imstande wäre, geschweige denn die zuversichtliche Antwort erhalten, daß Sachsen schon am gleichen Abend ein gutes Quartier in Wien zu beziehen hoffe. Solchen Optimismus hatte es bisher nicht gegeben. Aber noch ist der schwarzbärtige Köprülü mit seinen ursprünglich mehr als zweimal 100000 Mann gegenüber einem Zehntel an Verteidigern Wiens eine furchtbare Gefahr.

Hinter dem Neusiedler See muß währenddessen Paul Esterházy seine ausgedehnten Ländereien den grausigen Kavalleristen Tökölys bzw. des Tatarenkhans Giray überlassen. Am 30. Juni 1683 schreibt er verzweifelt an Leopold, daß nirgends ein ungarisches Banderium für die Majestät auftrete. Paul bekommt als Palatin des rechtmäßigen Königs nunmehr die Wut der ehemaligen Magnatenverschwörer und deren Verwandter zu spüren. In seiner Treue zu Habsburg folgt er jedoch weiter dem väterlichen Beispiel, desgleichen als Heerführer auf seiten Österreichs.

Paul wirkt aber auch als Dichter und als bedeutender Komponist seiner Heimat. Im Kampf war er schon bei Mogersdorf hervorgetreten, wurde dann Gouverneur von Ödenburg, also jener Stadt, welche die Esterházys schon einmal aufrührerischen Edelleuten abgenommen hatten. 1683 müssen sich Ödenburg und Eisenstadt kurzfristig mit türkischen Unterhändlern verständigen. Ringsum werden nahezu alle Ortschaften angezündet, und 10000 Untertanen Pauls verlieren ihr Leben oder ziehen in die Sklaverei. Nur Burg Forchtenstein hält stand. Der märchenhafte Reichtum der Esterházys scheint unter den Händen der Zerstörer ebenso zu schwinden wie das Vermögen eines ihrer größten Gesinnungsgegner vor 13 Jahren, das damals in kaiserliche Kassen floß. Man hatte von jenem Magnaten und Konspirator gegen Habsburg auf Schloß Pottendorf nicht weniger als 4 Millionen Gulden beschlagnahmt. Nun zerstört die Sippe des Todeskandidaten von 1670 dem Palatin von Kittsee bis Lockenhaus alle Baulichkeiten, obwohl auch in diesem Fall familiäre Querverbindungen bestehen. Doch bald wird Paul wieder zu den Siegern zählen, an der Erstürmung Ofens rühmlichen Anteil haben, deutscher Reichsfürst werden und wohlhabender denn je sein. Seine Nachfahren, die ebenfalls der österreichischen Generalität angehören oder als Staatsmänner für das Erzhaus tätig sind, erbauen jenes Märchenschloß Esterháza inmitten der Sumpflandschaft des südlichen Neusiedler Sees, das als schönstes Objekt ganz Pannoniens gilt und heute nur unter größter Mühe vor dem Verfall gerettet wird.

Paul Esterházy hätte beinahe zu den großen Überdauerern der Geschichte gezählt. Der allmählich alt gewordene Fürst denkt noch an den Wiederaufbau der zerstörten Wallfahrtsstätten Loretto und Frauenkirchen und an die Errichtung des Kalvarienberges zu Eisenstadt. Paul hatte sich in zweiter Ehe mit einer Schwester des „Kuruzzenkönigs" Emmerich Tököly vermählt und mußte trotzdem mit ansehen, wie beim Aufstand des zweiten Franz Rákóczi mit der Neuauflage dieser seltsamen Kreuzfahrer alle Besitzungen der Esterházys noch einmal in Mitleidenschaft gezogen werden. 1713 geht der greise Paul in Eisenstadt an der Pest zugrunde.

Am 18. September 1683, also eine knappe Woche nach dem gelungenen Entsatz, brechen Sobieski, Karl von Lothringen und Max Emanuel mit ihren Leuten auf und erreichen bei Deutsch Altenburg die stehengebliebene Nachhut der Janitscharen. Der Gegner zieht sich weiter nach Osten gegen Türkisch-Ungarn zurück, Sobieski drängt nach und erleidet dabei am 12. Oktober südöstlich von Neuhäusel einen empfindlichen Rückschlag. Drei oder vier Tage später fallen die Österreicher an der gleichen Stelle über die Türken her und schlagen sie in die Flucht. Der trotz allem ziemlich entmutigte Polenkönig will Winterquartiere beziehen und seinerseits nichts mehr in Ungarn unternehmen. Karl aber setzt noch eine Aktion gegen das nahe Gran durch, das sich schon am 27. Oktober den Österreichern und den Bayern ergibt. Die Bajuwaren werden bei einer türkischen Gegenoffensive etwas später auf diese Stadt besonders achtgeben müssen. Jedenfalls fiel die erste große Türkenfestung in Ungarn fast unmittelbar nach der Befreiung Wiens! Noch im Dezember nehmen die Österreicher die Tököly-Hochburg Leutschau, sechs Monate später fällt Neuhäusel. Nur Ofen hält sich noch einige Zeit, obwohl sich die Kaiserlichen am anderen Donauufer bald festsetzen und nicht mehr zu vertreiben sind. Unabhängig davon sprießen in Wien die ersten „Kulturpflanzerln" aus einer noch längere Zeit durch Leid und materielle Nöte tiefgefrorenen Blumentopferde hervor. Man staunte das große Holzkreuz an, das der Walachenfürst Cantacucenu beim Gatterhölzl deponiert hatte, da er beim schleunigen Rückzug nur leichtes Gepäck mitnehmen konnte. Die städtischen Poeten begannen mit blumiger Lobpreisung der Heldentaten von 1683, erinnerten an die Ahnherren Karls von Lothringen im ersten Kreuzzug und verglichen ihn selbst mit Gottfried von Bouillon.

Der Prediger Abraham a Sancta Clara, der das Notjahr 1683 in Graz verbracht und von dort mehrere Schriften „wider den türkischen Blutegel" publiziert hatte, ging zwar zunächst nach Rom und kehrte erst 1689 nach Wien zurück, wo er romanhafte Erzählungen veröffentlichte. Aber schon 1684 erschien hier Hoernigks nationalökonomisches Werk „Österreich über alles, wann es nur will". Inzwischen sind die Straßen der Stadt, deren Belag wegen der Splitterwirkung beim Einschlagen von Kanonenkugeln entfernt worden war, neu gepflastert sowie die überall abgetragenen Schindeldächer und Holzaufbauten durch Steinplatten und Ziegel ersetzt worden. 1688 entstand der Schwarzenbergpalast am Neuen Markt, 1689 das Gebäude „Die Mehlgrube". 1690 wurde mit dem Bau des Palais Lobkowitz, des Schwarzspanierklosters und des Winterpalastes des Prinzen Eugen begonnen. Drei Jahre zuvor war der Baubeginn der Dreifaltigkeitssäule am Graben zum Gedenken an das furchtbare Pestjahr und seine gnadenvolle Überwindung.

Nach ihrer Niederlage in der Schlacht am Kahlenberg hatten es die meisten Krieger des türkischen Heeres mit dem Rückzug sehr eilig gehabt, obwohl einzelne Abteilungskommandeure entlang der Wien eine neue Widerstandslinie zu bilden versuchten und der Nachtrab, wie gesagt, bei Deutsch Altenburg einige Tage Wache hielt. Aber das Gros der Berittenen bewältigte die Entfernung von Wien bis an die Raab, für die Mustapha beim Vormarsch im Juli eine Woche benötigt hatte, in 18 Stunden. Bekanntlich klaubte der Wesir dort nach Gutdünken die vermeintlich Schuldigen am Wiener Unglück zusammen. Dem Pascha Ibrahim von Ofen und etlichen höheren Offizieren wurden die Köpfe abgehackt, der Tatarenkhan für abgesetzt erklärt. Der schlaue Mongole war natürlich samt seinem Anhang längst über alle Berge und sorgte dafür, daß Sultan Mohammed IV. die ganze Verantwortung für den Zusammenbruch dem Kara Mustapha anlastete. Die Witwe des Ibrahim trug das Ihre zu dieser Meinungsbildung im Serail bei. Für die daraus erfließende Liquidierung des genannten Köprülü war jedenfalls das Folgegeschehen noch ausschlaggebender als die mißglückte Belagerung Wiens. In Anbetracht der Leiden, denen die Stadt ausgesetzt war und der fast unglaublich anmutenden Niederlage der gewaltigen türkischen Armee erscheint es aber verständlich, wenn die hiesige Volksmeinung den Tod des Wesirs stets nur damit in Zusammenhang bringt.

1683 – während Wien auf der Schlachtbank lag, ernannte Madrid seinen bisherigen Gesandten in Rom zum Vizekönig von Neapel. Der holt den bisherigen Hofarchitekten des päpstlichen Stuhls, P. Schor, sowie dessen jugendlichen Mitarbeiter J. B. Fischer (von Erlach) ins spanische Süditalien, das letzterer in wenigen Jahren als wohlhabender Mann verlassen wird, um in den Dienst der Wiener Habsburger zu treten. Mochte auch die große Baukonjunktur für Rom oder Graz schon halb vorbei sein, für die kaiserliche Residenzstadt begann erst die zweite Barockperiode im Hochbau.

Noch vor Beginn des letzten Dezenniums gelingt es den italienischen Generälen des Kaisers, den ungarischen Kuruzzenstaat gänzlich zu beseitigen. Unabhängig davon wird ein osmanischer Stützpunkt nach dem anderen in Pannonien erobert. Während Belgrad für kurze Zeit den Kaiserlichen zufällt, dringen einzelne Heerführer Leopolds in weitausholenden Zügen durch den Balkan vor. Eine Erhebung der Südslawen, Griechen und Rumänen, der die Wiener Regierung allerdings sehr mißtrauisch gegenüberstand, war unmittelbar zu erwarten, als sich die Wende des Kriegsglücks abzeichnete. Dies kündigten nicht nur neue feindliche Heeresgruppen, sondern ebenso eine neuerliche Pestepidemie sowie absonderliche Heuschreckenschwärme in ganz Ungarn an. Durch rigorose Sanitätssperren gelang es, die Zahl der Opfer des Schwarzen Todes in Wien auf 35 zu beschränken. Nahezu symbolhaft verteidigten sich anno 1691 etwa 300 Österreicher in einer riesigen Höhle des Banater Gebirges 45 Tage erfolgreich gegen die Türken. Doch soviel an eroberten Randgebieten sonst wieder verlorengehen mochte, die blutige Niederlage der Streiter des Padischah im gleichen Jahr bei Salankamen, wo Tököly dem Sieger, dem Markgrafen Ludwig von Baden, nur mit Mühe entkam, schützte Pannonien, bis Prinz Eugen die nächste Szene des österreichischen Südostdramas als Oberbefehlshaber betrat. Draußen im römischdeutschen Reich aber schien weiterhin ein von Gott erhaltenes Wirrsal zu walten, wie es gelehrte Staatswissenschaftler in barockem Latein damals auszudrücken beliebten: confusio divinitus conservata.

3. KAPITEL

Ein wunderbarer Adlerschwung

Die wiederholten Hinweise auf die sogenannten Raubkriege oder Überfälle Ludwigs XIV. mögen unter der geneigten Leserschaft mitunter einige Verwirrung gestiftet haben. Um größere Klarheit zu schaffen und die Zusammenhänge aufzudekken, sollen nachfolgend die Aktionen des Königs so konzentriert wie möglich beschrieben werden:

Den ersten Raubkrieg, der 1667 und 1668 wütete, nennen die französischen Historiker den Devolutionskrieg, weil Ludwig nur drei Jahre nach der Teilnahme seines Expeditionskorps an der Schlacht von Mogersdorf die Spanischen Niederlande der habsburgischen Hauptlinie in Madrid abnehmen wollte. Der König beanspruchte nämlich das Land als Erbgut seiner Gattin, die der genannten Dynastie entstammte. Die Wiener Linie verhielt sich eher neutral, aber die Holländer halfen, so gut sie es vermochten, den ehemaligen Unterdrückern bei der Verteidigung ihres belgischen Besitztums, zumal England und Schweden im Rahmen einer Tripelallianz die Regierung der Generalstaaten dabei unterstützten. Trotzdem ging ein erheblicher Teil Spanisch-Flanderns an Frankreich verloren. Im zweiten Raubkrieg von 1672 bis 1678 verschoben sich die Fronten völlig. Ludwig hatte es auf eine totale Entmachtung der Holländer abgesehen und zu diesem Zweck England, Schweden sowie einige deutsche Bischöfe auf seine Seite gebracht. Die Holländer, denen es zunächst sehr schlecht ging, machten Wilhelm von Oranien zum Diktator und strebten die Bundesgenossenschaft der Österreicher, des Kurfürsten von Brandenburg und der Spanier, deren Besitz auf jeden Fall in Mitleidenschaft gezogen würde, an, während Ludwig den Kampf auch ins römisch-deutsche Reich hinein verbreiten ließ. Bei der Abwehr blitzte die letzte militärische Glanzepoche eines Montecuccoli sowie die erste Ruhmesperiode seines Unterfeldherrn Karl V. von Lothringen auf, da beide mit schwächeren Kräften die überlegenen Angreifer auf das linke Rheinufer zurückwarfen.

Dessenungeachtet verlor Spanien schließlich die Franche-Comté, und das Reich überließ den Franzosen Freiburg. Durch die dem Friedensschluß nachfolgende Reunionspolitik Ludwigs kamen noch mehrere andere Plätze, darunter Straßburg, an die Reihe, woran bereits das geheime Zusammengehen Stambuls mit Paris schuld war. Die Spanier, die ihrerseits Luxemburg hergeben mußten, wurden im Türkenjahr 1683 abermals von einem französischen Heer bedroht. An diesen labilen Zuständen änderte sich bis zum Ausbruch des dritten Raubkrieges, der von 1688 bis ins Jahr 1697 tobte, nicht mehr viel. Der dritte Waffengang wird von mehreren Historikern auch als der Pfälzische Erbfolgekrieg bezeichnet, weil Ludwig namens seiner Schwägerin, der darob sehr bestürzten Liselotte von der Pfalz, Ansprüche auf dieses Land erhob. Die französische Stoßrichtung zielte diesmal direkt auf das Reichsgebiet und diente der Entlastung der schwer ringenden osmanischen Front in Südosteuropa. Obwohl Ludwig daheim radikal antiprotestantisch geworden war, hatte er sich dessenungeachtet der Geneigtheit mehrerer deutscher Fürsten unterschiedlicher Konfession versichert, während Kaiser Leopold dem Überfall durch ein Bündnis mit Wilhelm von Oranien, der seit kurzem gleichzeitig über Großbritannien und die Niederlande herrschte, zu begegnen suchte. Das Herzogtum Savoyen und natürlich auch Spanien stellten sich ebenfalls an die Seite Österreichs.

Für Wien allerdings war damit der gefürchtete europäische Zweifrontenkrieg Wirklichkeit geworden, doch dürfte man sich, von den Erfolgen der Armee im Donauraum sehr optimistisch gestimmt, darüber zunächst keine allzu großen Gedanken gemacht haben. Erst der Verlauf des Geschehens ließ die außerordentliche Belastung durch diesen Doppelstreit erkennen. Anfang der neunziger Jahre mußte der Markgraf von Baden schleunigst aus seinen Siegen am Balkan herausgerissen und zum Oberkommando am Rhein transferiert werden, um dort nach dem Rechten zu sehen. Die Truppenverschiebungen fielen immer öfter zuungunsten des Bedarfs an Menschen und Material im Südosten aus, wo die türkischen Gegenschläge unangenehme Auswirkungen zeitigten. Damals gingen Priština sowie Novipazar wieder verloren, und es kam jene Entwicklung zum Tragen, die mehrere loyale Reichsfürsten gemeinsam mit dem Kaiser knapp nach 1683 durch den für zwei Jahrzehnte vorgesehenen Regensburger Stillstand mit Frankreich zu verhindern gehofft hatten. Die Waffenruhe im Westen, an der auch Papst Innozenz mit seinen Legaten unermüdlich herumzementierte, hielt also nur wenige Jahre, gerade lange genug, um die Festigung jener Heiligen Liga, die 1664 zwischen Österreich, Polen, Venedig und dem Kirchenstaat abgeschlossen worden war, zu gewährleisten und die ersten Früchte dieser Verbindung zu konsumieren. Nun zerplatzte die Illusion einer katholischen Einheitsbewegung gegen den Islam. Der Kaiser ging mit den protestantischen Seemächten zusammen, die Polen blickten wieder sehnsüchtig nach Paris und setzten sich bei Leopold für die evangelischen Malkontenten in Ungarn ein, das katholische Frankreich hielt es offen mit den Mohammedanern. Wie schon früher, gelang es Ludwigs Staatsmännern, mit ihren Widersachern schließlich getrennt zu neuen Vereinbarungen zu kommen und dabei die Differenzen innerhalb der feindlichen Koalition auszunützen. Freilich, leicht wurde es ihnen diesmal nicht mehr gemacht, ihre eigentlichen Kriegsziele mußten abgeschrieben werden. Dem nach Beendigung des zweiten Raubkrieges abgeschlossenen Frieden zu Nimwegen folgte der Friede zu Rijswijk nach dem dritten Konflikt, wobei die zwei Vereinbarungen im Volksmund als die Abschlüsse von Nimm-weg und Reiß-weg tituliert wurden. Ludwig sah sich nunmehr gezwungen, das meiste von seiner Reunions-Besetzerei herauszugeben. Sogar in dieser Situation ließen seine Diplomaten nicht davon ab, den Gang der Ereignisse zu bestimmen: Sie verlangten vom Kaiser, daß er die von Ludwig in jenen Plätzen bereits durchgezogene Rekatholisierung ausdrücklich anerkenne, rannten damit natürlich offene Türen ein und trieben so den Keil zwischen Wien und die protestantischen Reichsfürsten. Straßburg blieb überhaupt bei Frankreich, was Leopold sehr wurmte, Freiburg und Breisach wurden wieder römisch-deutsch. Der österreichisch-türkische Krieg dauerte ohne Beeinträchtigung aus Paris weiter an, bis die Seemächte einen Frieden vermittelten, um das Interesse des Kaisers wieder nach Westen lenken zu können: Denn in Madrid war die lang befürchtete Katastrophe eingetreten.

Dieses südöstliche Ringen der Armee Habsburgs mit seinen wochenlangen staubverhüllten Märschen, den plötzlich auflodernden Reitertreffen, den fremden Krankheiten auf den Strohsäcken elender Bauernhütten und den dumpfen Kanonenschlägen hinter einem endlosen Horizont war zum Bewährungsfeld des Regimentskommandeurs Eugen von Savoyen und seiner gleichrangigen Kameraden geworden, mit denen er in dieser Zeit einigermaßen distanziert Kontakte pflegte. Für alle Teilnehmer des Zweiten Leopoldinischen Türkenkrieges gegen die osmanische Supermacht von gestern erwiesen sich die Wechselfälle politischer und militärischer Natur in jeder Beziehung als so zahlreich, daß zunächst auch hierfür eine kurze Übersicht unerläßlich erscheint: Nachdem Gran relativ bald nach der Schlacht am Kahlenberg den Kaiserlichen zugefallen war, mußte die Stadt mit einer ausreichenden Garnison versehen werden, um für die zu erwartenden Wiedereroberungsversuche der Türken gewappnet zu sein. Währenddessen zog Johann Sobieski nach Polen ab und eröffnete von dort eine der in der Geschichte so oft herbeigewünschten neuen Fronten gegen die Pforte. 1684 fielen Visegrád und Waizen nach schweren Gefechten den Ligatruppen zu, doch Ofen hielt einem Eroberungsversuch stand. Während die Österreicher einige Monate später erfolgreich gegen Neuhäusel vorgingen, ließ Leopold eine allgemeine Amnestie für aufständische Ungarn verkünden, die viel zur Befriedung jener Landstriche beitrug, aus denen sich die Türken zurückziehen mußten. Im Raum Gran und Pest galt es vorerst, osmanische Teiloffensiven zur Wiederherstellung des ehemaligen Besitzstandes auszuhalten, bis Karl 1686 die neuerlichen Angriffsvorbereitungen auf die stärkste türkische Festung Pannoniens, nämlich auf Ofen selbst, abgeschlossen hatte. Munkács und der dortige Rest des Kuruzzenstaates widerstanden der österreichischen Armee noch weiter, aber der Herr von Siebenbürgen verlegte sich bereits aufs Verhandeln. 1686 schloß sein Bevollmächtigter Hallerstein den sogenannten Wiener Vertrag, der die habsburgische Oberhoheit grundsätzlich anerkannte. Das magere Eisenburger Übereinkommen nach dem Ersten Leopoldinischen Türkenkrieg gehörte somit auch bezüglich Siebenbürgens der Vergangenheit an, der Kaiser trat als Protektor des Großfürsten nach langer Zeit wieder an die Stelle des Padischah.

Die Entwicklung rund um den Karpatenbogen war aber durchaus noch nicht abgeschlossen, als Karl mit einer wohlvorbereiteten Armee, darunter mehreren tausend Bayern, Sachsen und – nach einer Wiederannäherung Berlins an Wien – auch einigen tausend Brandenburgern, wieder vor Ofen erschien. Hier trat ihm auf den Zinnen dieses Bollwerks der todesverachtende Stadtkommandant Abdurrhaman entgegen, während aus dem Umland der Chef eines türkischen Entsatzheeres, der neue Großwesir Ibrahim, sehr heftig, wenn auch alles in allem vergeblich, anrannte. Die Kaiserlichen hatten mit ihrem Belagerungswagnis zwei Jahre zuvor sehr schlechte Erfahrungen gemacht und waren jetzt dementsprechend gereizt und unduldsam. Außerdem tendierte der Kampfcharakter vor Ofen zu immer grausameren Hartnäckigkeiten. Noch etliche Monate vorher hatte der Herzog von Neuburg bei Waizen mehrere tausend Janitscharen kassiert und der österreichischen Donauschiffahrt als Ruderer zugewiesen. Nun sanken die Gefangenenzahlen auf beiden Seiten zugunsten des Massakrierens der um Gnade Flehenden rapide ab. Die Kaiserlichen teilten ihre Hauptmacht in zwei Armeen mit der ungefähren Gesamtstärke des seinerzeitigen Entsatzheeres für Wien, während Caraffa unabhängig davon ein Korps in Kroatien und Scherffenberg ein solches in Oberungarn zusammenzogen. Letztgenannte Einheit bewegte sich zunächst gegen Siebenbürgen, weil dort Tököly mit seinen Leuten bei Hunyad aufgetaucht war und der Landesfürst verdächtige Schwächezeichen von sich gab. Am 24. Juni 1686 eroberte die österreichische Armee den unteren Teil der Stadt Ofen und wartete danach auf Scherffenberg, da dieser seine Aufgabe gelöst und Siebenbürgen leidlich unter Kontrolle gebracht hatte.

Eugen von Savoyen, der im vergangenen Winter gemeinsam mit seiner Mutter bei den spanischen Habsburgern in Madrid auf Besuch gewesen war, übernahm jetzt erhebliche Teile der kaiserlichen Kavallerie und wies mit ihnen einen türkischen Ausfall von Ofen her ab. Der Prinz erlitt damals eine Handverletzung, sein Pferd wurde getötet. Schlimmer erging es Ernst Rüdiger Starhemberg, dem ein Pfeil tief in den Oberkörper drang. Erst gegen Lebensende des Feldmarschalls wagten es die Wundärzte, ihm die Spitze des Geschosses aus dem Leib zu ziehen. Das Risiko des Extrahierens war angesichts der gesunkenen Daseinserwartung tragbar geworden, die Schmerzen aber nicht.

Das für Ofen bestimmte islamische Entsatzheer zeigte sich im Sommer zweimal auf den Hügeln unweit der Stadt, doch Karl überließ General Dünewald die Vertreibung der angekommenen Feinde. Als Ibrahim seinen Vorstoß wiederholte, trafen endlich die Regimenter Sachsen-Lauenburg, Tetuin, Piccolomini, St. Croix und Magni als Vortrab Scherffenbergs im kaiserlichen Lager ein. Angesichts dieser Verstärkung zog sich der Seraskier ohne Gefechtskontakt zurück, und Max Emanuel, dem die eigentlichen Belagerungsarbeiten oblagen, setzte den Hauptsturm für den 2. September fest. Ziemlich genau auf den Tag hätte seinerzeit Kara Mustapha den gleichen Generalangriff auf Wien unternehmen müssen, wenn er dazu 1683 noch in der operativen Lage gewesen wäre. Nunmehr schien man auf christlicher Seite zum Äußersten entschlossen, zumal der armenische Herrenschneider Diodato, der sich geschäftlich in Ofen aufhielt, den Markgrafen von Baden über die Situation der Verteidiger mittels Geheimschrift informiert hatte. Prinz Eugen, soeben von einer Blitzvisite beim Wiener Hof zurückgekehrt, schloß sich den anderen Kavalieren an, die mit der Waffe in der Hand den verzweifelten Widerstand der Besatzung Ofens brechen halfen. Der Halbmond, der fast eineinhalb Jahrhunderte an der Turmspitze der Frauenkirche befestigt gewesen war, stürzte unter den Beilhieben der Eroberer in die Tiefe, die Plünderung der mit reichen Vorräten versehenen Stadt dauerte eine ganze Nacht. Viel blieb von der osmanischen Kolonie, die sich hier seit den Tagen Suleimans des Prächtigen niedergelassen hatte, dabei nicht übrig.

Schon 80 Stunden später ließ Karl von Lothringen die Verbände Österreichs nach Süden abrücken und erreichte Tolna, während Markgraf Ludwig Wilhelm von Baden die Stadt Fünfkirchen einnahm und die Brücke nach Esseg zerstörte. Ludwig Wilhelm war schon 1674 ins habsburgische Heer eingetreten, hatte sich neun Jahre danach am Kahlenberg ausgezeichnet und begann jetzt mit seiner Erfolgsserie in Südosteuropa. Er wird den Feind bei Batotschina und bei Nisch schlagen sowie seinen großen Sieg über ein osmanisches Riesenheer bei Salankamen erfechten. 1693 bewährt er sich als Oberkommandant der Reichsarmee an der Westfront, wo er auch während des Spanischen Erbfolgekrieges so lange tätig sein sollte, wie Atem in ihm war.

1702 unterwirft er Landau und siegt wiederum zwei Jahre darauf gemeinsam mit Marlborough am Schellenberg vor Donauwörth. Aber schon 18 Jahre früher wetteiferten alle illustren Offiziere Habsburgs in den Ebenen Ungarns miteinander, so als wüßten sie, daß die Zeit nicht unbedingt für sie arbeiten und die Zukunft nicht nur Lorbeer für Österreichs Fahnen bereithalten sollte. Veterani stieß nach schweren Kämpfen bis über Szegedin vor und trieb dabei 12000 Tataren in die Flucht, ohne seiner kommenden Fortuna am martialischen Spieltisch sowie seines schrecklichen Endes daselbst zu gedenken.

Prinz Eugen hatte sich 1686, wie andere Kameraden im Offizierskorps des Kaisers übrigens auch, trotz der Schlächtereien ringsum viel von der jugendlichen Unbekümmertheit eines europäischen Aristokraten des 17. Jahrhunderts bewahrt: Er freut sich auf den Karneval in Venedig, den er, sobald sein Regiment für die kalte Saison untergebracht ist, besuchen will. Manch weiterer Prinz und Truppenführer mochte es dem Savoyer gleichtun und seine Sehnsüchte in der Lagunenstadt stillen, wo der illustre Francesco Morosini zu einer Abfolge exklusiver Feste einlädt. Zwischen den Maskeraden und Gefälligkeiten käuflicher Damen und Herren in diversen Palazzi erklärt Morosini im Arsenal das Kanonengießen und veranstaltet sogar vor den Gästen eine kleinere Flottenübung auf der Höhe von Alberoni. Kein Wunder, war doch dieser Generalkapitän der Signoria niemand anderer als jener märchenhafte Eroberer, der gleich darauf mit Graf Otto Wilhelm von Königsmark die Türken aus dem Peloponnes und aus Athen vertreiben wird.

Einst hatte er Candia gegen den Osmanensturm verteidigt, dann war ihm von der Republik am Rialto die Wahl des nächsten Kriegsschauplatzes überlassen worden. Alle glaubten, er würde das mohammedanische Hinterland der Stützpunkte Venedigs in Dalmatien und im Epirus angreifen. Doch Morosinis Schiffe erschienen vor Kap Leukas, wo einst Johann von Österreich gestritten hatte, und ankerten gleich darauf an der Südküste Moreas bei Karon. Bald fielen die Küstenstädte den aus ihren Landeköpfen Hervorbrechenden zu, und nach einem Sieg des Otto Wilhelm mit seinen Sachsen und Braunschweigern überlieferte sich ihm Nauplia. Durch die glückliche Schlacht von Patras dehnten die Tollkühnen ihre Okkupation über Korinth aus, nur die unersteigliche Burg Malvasia blieb den Türken am Peloponnes als Dorn im venezianischen Fleisch übrig. Die Miliz der Mainoten gab allerorts darauf acht, daß kein Verehrer Mohammeds Morea sonst verunsicherte.

Doch die Erinnerungen der französischen Offiziere des österreichischen Kaisers bargen auch manches dunkle Moment aus der Geschichte Venedigs. Man gedachte der Lusignans, die einst über Zypern herrschten und Könige von Jerusalem genannt wurden, bis sich ihre Catarina Cornaro den Fallstricken des Dogen ergab. Vorher hatte Frankreichs Zaubergotik das Eiland übersponnen, die Lusignans waren mit Leoparden und Falken zur Jagd geritten, ihre weibliche Begleitung hatte unter jenen schwarzen Umhängen, welche die Trauer über den Verlust Jerusalems an die Moslems aufzeigen sollten, nur ein paar unerhört kostbare Brillanten auf den nackten Leibern getragen. Venedig aber verschlang den märchenhaften Reichtum Zyperns und balgte sich ohne Unterlaß mit türkischen Plünderern herum. Am Ende des österreichischen Heldenzeitalters wird die Serenissima auch ihr letztes Bollwerk auf der Insel an die Osmanen verlieren, die grausame Rache üben. Die Lusignans werden wieder ein Jahrhundert später in Gestalt einer armen Gouvernante zu London ihre letzte irdische Repräsentanz verlieren. – Im Herbst 1686 drangen Morosini und Königsmark zur Akropolis von Athen empor. Ein Schuß entzündete das Pulverdepot der Osmanen im Parthenon und zerstörte dieses bis dato wohlerhaltene Refugium der alten griechischen Götterwelt. Aber in Venedig begrüßte das Volk mit unendlichem Jubel die zwei riesigen Marmorlöwen, welche bisher am Eingang des Piräus aufgepaßt hatten und nun, von Morosini heimgeschickt, beim Arsenal als Siegeszeichen Aufstellung fanden. Die Signoria ehrte den Generalkapitän mit der Verleihung des Beinamens „der Peloponnesische“, gab also ein Beispiel für jenen Günstling einer Zarin, der später das Attribut Tschesmejenski erhielt, weil er – bzw. andere für ihn – die Türken in der Seeschlacht von Tschesme vernichtet hatte. Als der Doge Marcantonio Giustiniani 1688 verstarb, wurde Francesco Morosini zum Oberhaupt der Republik gewählt. Aber das Kriegsglück verließ ihn, und er fand schon 1693 inmitten wechselvoller Kämpfe in Griechenland den Tod.

Bis Ende März 1687 waren sämtliche hohen Offiziere des Kaisers von den winterlichen Amüsements in die Quartiere ihrer Soldaten, welche die kalte Jahreszeit bei den Mägden in Ungarn, Böhmen oder Schlesien verschliefen, zurückgekehrt. Alle warteten auf das Signal zum nächsten Feldzug. Die militärische Bereitstellung erfolgte sowohl bei Ofen wie bei Szolnok, und beide Heeresgruppen begannen mit den gewohnten zeitraubenden Märschen und kleineren Gefechten auf der Spur eines sehr vorsichtig gewordenen Gegners. Erst nach Monaten erreichte man die Masse der Osmanen unweit des schicksalsbelasteten Dorfes Mohács, wo alsbald die zweite für Ungarns Zukunft entscheidende Begegnung am Berge Harsan in Szene ging. Dem Prinzen Eugen wurde vor Beginn des Gefechts zum eigenen Regiment noch eine ganze Brigade zugeteilt, auf daß er der bekannten islamischen Kunst, den Gegner zu überrunden und dann von hinten anzugreifen, einen Riegel vorschiebe. Der Savoyer ließ sich mit der ihm selbstverständlichen Verachtung persönlicher Gefahr in jenes dramatische Geschehen der Schlacht ein, das bald auch die Reiterei des Markgrafen von Baden sowie die Kürassiere des Generals Rabutin erfaßte.

Max Emanuel, der in letzter Zeit immer öfter gegen den Oberbefehl Karls von Lothringen aufmuckte, sah sich bei der von ihm, dem Kurfürsten, eingeleiteten Erstürmung der türkischen Schanzen nichtsdestoweniger auf den Beistand des Generalleutnants und der vom Lothringer herandirigierten Infanterie angewiesen. Während der Seraskier nachher Artillerie und Bagage im Stich lassen und die Trümmer seiner Streitmacht schleunigst nach Esseg überführen mußte, wurde Eugen mit der Siegesbotschaft nach Wien entsendet. Der besondere Adelsrang des Savoyers ließ ihn hierfür ebenso wie seine Leistung im Felde besonders geeignet erscheinen. Der Kaiser übermittelte zum Dank sein diamantenbesetztes Porträt an den Prinzen, also eine Art Vorläufer der Künstlerphotos mit Autogramm unserer Tage. Dem Generalleutnant hingegen wurde jetzt in Ungarn die ganze Eifersucht Max Emanuels zuteil, der freilich hinter dem Standesdünkel auch eine geheime Korrespondenz mit dem französischen Hof verbarg, wo man ihm Zurückhaltung in habsburgischen Angelegenheiten nahelegte. Der Schwiegervater in Wien verstärkte daraufhin seine mahnende Einflußnahme auf den Eigensüchtigen, und Karl von Lothringen ließ in seinen

Dispositionen besondere Rücksicht auf Max walten. Freilich kam dabei nicht immer das heraus, was sich der Wittelsbacher erwartete, zumal der Generalleutnant erkannte, daß mit dem Treffen bei Mohács den Türken die letzte Möglichkeit, sich in Ungarn groß aufzuspielen, genommen worden war. Karl wandte sich in eigener Person der endgültigen Beruhigung Siebenbürgens zu, der alte Graf Dünewald wurde von ihm mit 10000 Soldaten nach Slawonien entsendet. Für Max Emanuel und den Markgrafen Ludwig von Baden, die beide beabsichtigt hatten, in genannten Gebieten unabhängig von Karl aufzutreten, ergab sich keine Entfaltungsmöglichkeit, weshalb die Herren sehr verstimmt auf Urlaub gingen.

Johann Heinrich Dünewald, der jetzt kaiserlicher Feldmarschall wird und den wir schon gegen Abend der Schlacht am Kahlenberg getroffen haben, gehört zu den Kronzeugen der Barockepoche. In Mitteldeutschland geboren, beteiligte er sich schon an den Kämpfen zu Ende des Dreißigjährigen Krieges, zeichnete sich als kaiserlicher Offizier bei Mogersdorf aus, wurde in den Grafenstand erhoben, vernichtete 1684 bei Backan überlegene osmanische Kräfte und eroberte nach seinem Einsatz bei Gran, Ofen und Mohács nunmehr das ganze slawonische Land. Auch bei der bevorstehenden Schlacht um Belgrad wird ihm eine wichtige Rolle zufallen. Kurz darauf ist er vor Heidelberg erfolgreich, kehrt dann wieder nach Pannonien zurück und zeigt in der Schlacht von Salankamen unverhohlen seine Mißgunst gegenüber Ludwig Wilhelm von Baden, obwohl er schließlich dem Feind entscheidende Schläge versetzt. Man will den armen Dünewald nachher wegen Ungehorsams vor ein Kriegsgericht stellen, aber er hält diese Behandlung nicht aus und stirbt Ende August 1691 auf der Reise zu seinen Richtern.

Etliche Monate nach Mohács erobert der ebenfalls schon etwas ergraute Enea Silvio Graf Caprara mitten im pannonischen Raum das osmanische Bollwerk Stuhlweißenburg und folgt sodann der Route Karls nach Siebenbürgern. Dieser Caprara, der es im Verlauf seiner Karriere neben den Ehren eines österreichischen Feldmarschalls noch zum Vizepräsidenten des Hofkriegsrates in Wien bringt, war bereits viel früher mit einem italienischen Verwandten, nämlich mit dem großen Montecuccoli, in Kriegsgeschäften unterwegs gewesen. 1683 schlug er sich mit Tökölys Berittenen herum und eroberte im Verlauf der

Schlacht am Kahlenberg das schwer verbarrikadierte Nußdorf. 1685 fällt Neuhäusel in seine Hand, 1691 wird er eine Heeresgruppe am Rhein befehligen. Aber noch vorher, nach der Inbesitznahme Belgrads, muß er eine Zeitlang sogar als Oberbefehlshaber der gesamten Südostarmee Habsburgs fungieren. 1692 fällt Caprara mit österreichischen Detachements und savoyardischen Einheiten in die Dauphiné ein. Wieder zwei Jahre darauf wehrt der Graf die Türken bei Peterwardein ab, zieht sich dann ins Hofleben nach Wien zurück, wo er zu den Gegnern des Prinzen Eugen stößt, den er nicht ausstehen kann, was vielleicht auf einem französisch-italienischen Charaktergegensatz beruht.

Inmitten der Brandstatt von Liesing bei Wien läßt um diese Zeit eine Baumhasel die Blätter im Spätsommerwind wehen. Die Türken hatten ihr 1683 kein Leid getan, als sie sämtliche Bäume des Schloßparkes umschnitten, weil sie das Gewächs an die Haselwälder im Land des Padischah erinnerte. Die Einwohnerschaft der umliegenden Bauerngehöfte war und blieb verschwunden. Viele hatten sich beim Herannahen Kara Mustaphas den benachbarten Atzgersdorfern angeschlossen und waren gleich ihnen auf der Flucht am Kalten Brünnlberg eingeholt und getötet worden. Die osmanischen Kanonen, die jetzt noch in der Gegend herumstehen, werden nach und nach bespannt und in Depots gezogen. Der Glockengießer Achamer wird etliche Jahre später aus dem Erz der Geschütze die Pummerin von St. Stephan fabrizieren, die heute die Aufschrift trägt: „Gegossen bin ich aus der Beute der Türken, als die ausgeblutete Stadt nach tapferer Überwindung der feindlichen Macht jubilierte." Im verwüsteten Laxenburg betätigt sich in jenen Tagen eine Armee von Handwerkern: Der kurz vor dem Türkenjahr 1683 vervollkommnete Wehrcharakter des alten Forts geht in einer weitläufigen Schloßanlage auf, wobei mehrere repräsentative Wohnungen entstehen sollen. Jetzt beginnt die Ära des Hofkanzlers Strattmann, dessen Bauvorhaben in der Stadt dicht neben den Projekten der gräflichen Linie Trautson und der Báthyánys aus dem Boden wachsen. In einigen Jahren wird Prinz Eugen den Palais besondere Aufmerksamkeit schenken bzw. in ihren Räumen oft verkehren. Theodor Heinrich Strattmann, der erst 1685 geadelt worden war, gehörte mit Eugen und dem Grafen Wratislaw zu den gesellschaftlich Progressiven, die sich gegen die „ständischen Feudalreaktionäre" im kaiserlichen Nahbereich nicht immer durchsetzen konnten. Theodors Tochter hatte anno 1692 als 14jährige den Grafen Bátthyány geheiratet und ihm zwei Söhne geboren. Während die junge Dame mit den Rákóczis Verbindung hält und sogar offiziell zwischen dieser Familie und dem Wiener Hof zu vermitteln sucht, flüstern andere, daß sie Prinz Eugen dirigiere wie die Omphale ihren antiken Göttersprößling. Wratislaw war einer der letzten wirklich fähigen Geschäftsträger Österreichs in London, er organisierte Bündnisse und Feldzüge, wurde Kanzler und erfand zum Schrecken aller Betroffenen die „Böhmische Kontribution" als Kriegsversorgungsquelle.

Der Laxenburger Park mit seiner Reiherjagd in den Auen der Schwechat wurde inzwischen vergrößert und etwas später die meilenlange Allee zur Favorita im Vorort Wieden gepflanzt. Beim nähergelegenen Hetzendorf arbeitet man zwischen den Brandresten des ehemaligen Meierhofes am Kern jenes Lustschlosses, das bald durch Erbschaft in Liechtensteinschen Besitz übergehen soll. Dieses Geschlecht verschönert das Anwesen beträchtlich und verkauft dann die Liegenschaft an die Habsburger. Einst wird der leidende Urenkel Leopolds hier Aufenthalt nehmen, um von da den letzten Türkenkrieg Österreichs voranzutreiben. Aber knapp östlich von Laxenburg beginnt schon jenes Königreich Ungarn, wo die ganze osmanische Herrlichkeit in den achtziger Jahren des 17. Jahrhunderts flötengeht.

Mit der Eroberung von Stuhlweißenburg anno 1688, das die Türken zu einem bedeutenden Stützpunkt ihrer Macht in Pannonien ausgebaut und bisher dementsprechend hart verteidigt hatten, löschte Caprara die sehr bedrückende Erinnerung an den Beginn des zweiten Leopoldinischen Konflikts mit Stambul aus. Kara Mustapha war nämlich damals mit seiner ungeheuren Menschenwalze nicht dem alten Einfallsweg südlich des Balaton gefolgt, sondern nordwärts in die Stadt Stuhlweißenburg gezogen, wo er im Verlauf eines großen Kriegsrates den Entschluß kundtat, diesmal Wien selbst anzugreifen. Die Gesellschaft beim Kriegsrat in Stuhlweißenburg übersah während ihres Beifalls für die bevorstehenden Kühnheiten des Wesirs einige römisch-deutsche Besonderheiten: Die versteckten und offenen Kritiker des Kaisers im Reich wetterten immer wieder gegen die offizielle Türkenhilfe, weil sie den Ambitionen Leopolds als König von Ungarn zugute käme und mit der Bewahrung des alten Imperiums an sich nichts zu tun hätte. Bei einem gezielten türkischen Vorstoß gegen Westen, also über Habsburgisch-Ungarn hinaus, verlor dieses Argument an Gewicht, denn die Bedrohung des Reiches war gegeben. Außerdem rückte das Erscheinen der Mohammedaner und ihrer Vasallen im mährischen Raum das Erzhaus den Machthabern Brandenburgs näher, zumal Berlin durch Aufnahme der französischen Protestanten das innige Verhältnis zu Paris gelockert hatte. Daß hierbei Spannungen zwischen den Gläubigen des Augsburger Bekenntnisses und den Verfechtern der helvetischen Konfession hineinspielten, interessierte die in Stuhlweißenburg Versammelten ebensowenig wie die zur selben Zeit erstmals auftauchende Lösung der schlesischen Frage ...

Übrigens, die Türken des Mustapha waren über Esseg, wo die ungarischen Husaren und die ersten Siebenbürger auf sie gewartet hatten, anno 1683 in einer Stärke von 160000 Mann nach Stuhlweißenburg marschiert. Am 27. Juni fand also dort der geschilderte Kriegsrat statt, in dessen Verlauf der Wesir auch seine Absicht enthüllte, Raab und Komorn später als Wien einzunehmen. Dieser Absicht hatte nebst dem Pascha von Ofen der mit seinen Horden ebenfalls in Stuhlweißenburg angekommene Tatarenkhan widersprochen, weil ihm seine fruchtbare Heimat am Schwarzen Meer bei längeren Feldzügen in Pannonien allzu exponiert vorkam. Der Häuptling konnte sich die Opposition erlauben, da seine Stellung dem Kara Mustapha gegenüber recht gefestigt zu sein schien. Die Familie des Khans war nämlich dazu ausersehen, falls das Haus Osman erlöschen sollte, das Sultanat in Stambul mit einem der Ihren zu besetzen. Das Geschick wird dem Tatarenreich und der Familie des Khans jedenfalls noch etliche Jahrzehnte des Gedeihens und einer kulturellen Spätblüte gönnen, bevor alles von den Russen in einer Weise vernichtet wird, die den Untergang der Mauren von Granada tief in den Schatten stellt. 1683 aber beugte sich der schlitzäugige Potentat nach hitziger Diskussion dem Willen des Großwesirs und versprach, seine Kriegsgreuel bis über Melk und Znaim zu verbreiten, ohne auf den Fall von Raab und Komorn zu warten. Trotz seiner Gier nach Raub, Mord und Brand blieb er aber weiterhin mißtrauisch und erkannte tatsächlich den Ausgang der Entsatzschlacht um Wien ein Weilchen früher als die anderen. Ohne Skrupel verschwand er sofort mit seinen wilden Reitern nach Osten.

Viele eilige Rückzüge sollten noch den Ruf dieses Khans schmälern, während ihm am schicksalsbeladenen Amselfeld ein Überfall auf den berühmten General Piccolomini gelingt, der sich dann seinerseits zum Rückzug entschließen muß. Also eine Art späte Wiedergutmachung seitens der Mongolen für jenes kriegerische Unglück, das ihre Vorfahren einst über den türkischen Sultan Bajazid gebracht hatten. Aber noch halten wir mit unserem Bericht etliche Monate vor diesem Balkanereignis, also im Jahre 1688, da Caprara mit großer Suite durch die mit Trümmern und weggeworfenen Waffen übersäte Hauptstraße Stuhlweißenburgs reitet, während seine Soldaten die meist menschenleeren Häuser ringsum nach Beute durchsuchen. Das Regiment Savoyen, wie die ehemaligen Kuefsteinschen Dragoner nunmehr genannt werden, steht weiter südlich am Feind. Prinz Eugen, der es über den Generalwachtmeistertitel schon bis knapp vor die Ernennung zum Feldmarschalleutnant gebracht hat, obwohl er erst Mitte zwanzig ist, weiß natürlich nicht, wie unangenehm ihm Graf Caprara noch werden soll, und freut sich über den endlichen Fall Stuhlweißenburgs.

Fern im nordwestlichen Wien vernahm das Volk mit wachsendem Interesse die Nachricht von diesem neuerlichen Sieg über die Osmanen. Den Wienern war zunächst jegliche Freude über die Entwicklung in Pannonien abgegangen; sie hatten ihre eigenen Sorgen zu tragen. Sie mußten bei der schleunigen Ausbesserung ihrer zerbombten Festungswerke helfen, da ein neuerlicher Durchbruch der Türken gegen die Stadt gleich nach 1683 nicht auszuschließen war. Dabei wurden zahlreiche Gefangene eingesetzt, denen bei dieser Gelegenheit zum Teil die Flucht gelang. Die Hofkammer fing wieder mit den Finanzierungskämpfen gegenüber den zahlungsunwilligen Ständen an, während die Donaubrücken in Eile wiederhergestellt wurden, um die Versorgung Wiens von weit her zu ermöglichen. Die verwüstete Umgebung der Stadt fiel nämlich zunächst hierfür aus. Der Kaiser und sein Stab blieben bis August 1684 in Linz, weil ihnen die Hofburg bis dahin unbewohnbar zu sein schien und das Wiener Deputiertenkollegium erst zu diesem Zeitpunkt den Rest an Schutt und Unrat beseitigen lassen konnte.

In einem Bericht an den römischen Kardinal Barberini vergleicht der in polnischen Diensten stehende A. Colletti den „grenzenlosen Luxus und die über tausend Reichen unter den Kaufleuten und Bankiers", die Wien knapp vor 1683 das Gepräge gaben, mit den Zuständen nach der Befreiung. Demzufolge wüten Hunger und Epidemien unter den gesundheitlich herabgekommenen Einwohnern. „Jedes Haus ist ein Spital, und auf den Straßen und Plätzen liegen schmachtende und dem Tod geweihte Menschen herum", klagte Colletti. Jedenfalls, im Winter 1683/84 funktionierte die Lebensmittelzufuhr nur schlecht, die Abwesenheit des Hofes ließ Handel und Gewerbe stagnieren, Steuerbefreiungen oder besondere Gratifikationen seitens der kaiserlichen Regierung unterblieben.

Einerseits wurde jeder Groschen für den ungarischen Feldzug gebraucht, andererseits erinnerte man sich höherenorts, wie wenig Neigung die Stadt im Frühjahr 1683 zunächst für die Türkenabwehr gezeigt hatte. Eine allgemeine Wendung zum Besseren sollte mit den Gewinnen im Südosten und dem adeligen Bauboom in den zerstörten Vorstädten eintreten; die Hochzeit Max Emanuels mit der Tochter des Kaisers in Wien anno 1685 wird bereits mit Balletten, Komödien und anderen großen Lustbarkeiten gefeiert. Der österreichische Historiker J. G. Feigius hält in seinem 1694 erschienenen zeitgeschichtlichen Werk „Wunderbarer Adlerschwung" fest, daß der Zweite Leopoldinische Türkenkrieg jährlich 20 Millionen Gulden kostet und die beiden Belagerungen Ofens allein 32 Millionen Gulden verschlungen haben. Demgegenüber nehmen sich die 400000 Gulden, die Leopold dem Max Emanuel für die bayerische Mitwirkung am Kampf in Ungarn pro Jahr zahlen mußte, eigentlich recht beachtenswert aus.

In dieser Zeit ging der Traum des Emmerich Tököly von einem nationalungarischen Magnatenparadies als Lehensreich Stambuls unwiderruflich zu Ende. Sein Entschluß, mit den Türken durch dick und dünn zu gehen, war sogar für magyarische Verhältnisse extrem, denn selbst die Verschwörer gegen Leopold vor 13 Jahren hatten noch an eine bedeutend größere Unabhängigkeit Ungarns in bezug auf die Pforte geglaubt. Allerdings ließ der Kaiser damals diese Konspiratoren nach österreichisch-deutschem Recht aburteilen und verletzte so angeblich die heiligsten Satzungen des pannonischen Königreichs. Der

Habsburger war eben in seinen Vertrauensvorstellungen tief getroffen worden und hatte dementsprechend aufgebracht reagiert. Später dürfte Tököly von der Erinnerung an jenes Strafgericht zu seinem Radikalismus fortgerissen worden sein, dem er bis zum Ende treu blieb. Die Standesgenossen, welche im selben Fahrwasser schwammen, machten sich der gleichen Überschätzung ihrer Rolle als handelnde Personen im Trauerspiel Ungarns schuldig wie er selbst. Einige von ihnen, die alle katholischen Priester auf das nachhaltigste verfolgt hatten, als das evangelische Glaubensbekenntnis in Pannonien hohe Mode war, taten im Augenblick ihres Übertritts zur katholischen Kirche, aus welchen Gründen immer, gerade das Gegenteil: sie vertrieben ohne Nachsicht alle Pastoren aus Stadt und Land.

Dessenungeachtet hatten sich die gleichen Edlen, egal ob Reformierte oder Katholiken, 1683 bei den Mohammedanern vor Wien eingefunden, um hier dem Wesir und seinem Gefolge die untertänigste Aufwartung zu machen. Ging es doch darum, die Habsburger gemeinsam mit den Türken zu belehren, daß sie der Stephanskrone unwürdig wären bzw. diesen Kopfschmuck auf keinen Fall ihren Söhnen vererben könnten.

In einem Interview des österreichischen Fernsehens wurde 300 Jahre später die alte Frage ventiliert, warum eigentlich die an sich so tapferen Ungarn niemals in ihrer Geschichte so richtig gesiegt hätten. Nun, bereits zu Leopolds Zeiten nagten die Magyaren an diesem Problem, denn schon damals lagen eineinhalb Jahrhunderte vergeblichen Mutes, fanatischer Vaterlandsliebe und – tragischer Orientierungslosigkeit hinter ihnen. 1683 hatte die Majorität wieder aufs falsche Pferd gesetzt, nur Esterházy war mit 3000 königstreuen Ungarn unbeirrt zu Österreich gestanden. Letztlich markierten diese 3000 das dürftige Ergebnis des allgemeinen Aufgebots, das vom ungarischen Reichstag damals verfassungsgemäß zugunsten der Sache des Königs ergangen war. Selbstverständlich befanden sich die beiden Enkel des alten Türkenschreckens Palffy von Erdöd auch in den Reihen Habsburgs: Graf Nikolaus hilft dem Kaiser im Felde, wo er kann, Graf Johann wird sogar viel später als Palatin der Enkelin Maria Theresia beistehen. Nikolaus, der gleichsam zum Inventar des Eugenius zählt, obwohl der Prinz manchmal auf ihn sehr böse ist, werden wir noch oft antreffen. Er glaubt an die Mission Österreichs, wenn auch der Entsatz Wiens anno

1683 für Ungarn den Weg in die habsburgische Erbmonarchie bedeutete. Dagegen haben sich viele Magyaren selbst nach dem Niedergang der Türkei noch lange gewehrt, haben sich stets nach auswärtigem Sukkurs umgesehen, wurden aber auch von den Österreichern mit anderer Hilfe niedergehalten. Dazwischen sollte es lichtvollere Tage gegenseitigen Verstehens geben, aber nicht lichtvoll genug, um jene immer wieder um sich greifende Orientierungslosigkeit zu durchdringen, die schließlich Österreicher und Ungarn gemeinsam mit den Türken gegen die Russen vorgehen läßt. Schon Johann Palffy erntet in Wien etwas zu wenig Dank, als er den zweiten Kuruzzenkrieg im Verhandlungsweg beendet und dabei die Karolyis ins habsburgische Lager zieht.

Freilich – knapp nach 1683 dachte niemand an eine solche Konstellation, nahezu sämtliche Balkanvölker erwarteten sich von Wien die Befreiung, und die natürlichen Grenzen des Habsburgerreiches schienen am Schwarzen Meer und an der Ägäis zu liegen. Die Wiener Kaiser ließen sich die Umwandlung Ungarns aus einem Wahlkönigreich in eine königliche Hausmacht auf ewige Zeiten einiges kosten. Zunächst allerdings traten die Militärs und die Missionspriester auf den Plan und versuchten, allen Unbotmäßigen gegenüber Härte zu demonstrieren. Im Jänner 1688 ergab sich Helene Tököly mit ihrer ausgehungerten Felsenfeste Munkács den Österreichern unter Caraffa. Dieser aus Neapel stammende General galt nicht umsonst als ein Mann streng katholischer sowie ebenso absolutistischer Gesinnung, und Helene konnte froh sein, daß er sie auftragsgemäß als Gefangene nach Wien transportieren ließ. Ein Jahr zuvor hatte er in Eperies noch ein Ausnahmegericht zusammengerufen, das eine ansehnliche Gruppe meist protestantischer Edelleute dem Amnestieversprechen Leopolds entwand, um sie zum Tode und zur Vermögenseinziehung durch den Staat zu verurteilen. Die Wiener Regierung erfuhr zum Glück noch rechtzeitig davon, stieß die Sprüche um und gab Hab und Gut der Betreffenden frei. Die Eröffnung des ungarischen Reichstages im wiedergewonnenen Ofen stand unmittelbar bevor, und Leopold wollte dort sein pannonisches Erbrecht im Verhandlungswege durchsetzen. Es gab lange, stürmische Debatten, doch der Kaiser, der mit seinen Söhnen Joseph und Karl in der Burg erschienen war, behielt schließlich die Oberhand. Sogar die Aufhebung jener Bestimmungen der Goldenen Bulle Ungarns aus dem Jahr 1222, wonach dem Magnaten das Widerstandsrecht zukam, wenn der Landesherr die Verfassung verletzte, gelang Leopold im Konsensweg. Andererseits wurden die Versöhnungsartikel des Ödenburger Reichstages von 1681 in aller Form erneuert, was auf weitgehende Religionsfreiheit in Pannonien hinauslief. Die Jesuiten und ihre Protektoren kümmerten sich in der Folge allerdings herzlich wenig um solche verbrieften Rechte und vollbrachten eine erkleckliche Anzahl weiterer Zwangsbekehrungen zur römischen Kirche. Noch während jener Monate, da der Reichstag in Ofen amtierte, kam man mit Siebenbürgen endgültig ins reine, oder man glaubte dies zumindest und stellte die Extratouren, die der dortige Fürst seit dem Wiener Vertrag einige Male unternommen hatte, für die nächste Zeit ab.

Im Blasendorfer Vertrag räumten nämlich die Stände Siebenbürgens Ende Oktober 1687 den Österreichern das Besatzungsrecht ein, und Karl von Lothringen erschien, um hier seine vier Militärbezirke einzurichten. Etwas später trat der Landtag von Hermannstadt unter kaiserlichen Schutz. Dabei wurde der Bevölkerung freie Ausübung ihrer vier Bekenntnisse zugesagt und auch in anderen Belangen den neugewonnenen Bürgern wohlwollend auf die Schulter geklopft.

Im Sommer 1688 war die österreichische Armee nicht mehr weit von Belgrad entfernt. Eugen, der nun das Goldene Vlies der spanischen Habsburger trägt und zu seinen Beuteanteilen endlich nennenswerte Einkünfte aus dem Herzogtum Savoyen empfängt, reitet an der Spitze seiner Leute dem Kurfürsten von Bayern nach, der den Oberbefehl über die zur Eroberung Belgrads bestimmten Streitkräfte erhalten hat. Karl von Lothringen nimmt an dieser Aktion aus gesundheitlichen Gründen nicht teil bzw. tut zumindest so, als wäre er körperlich ein gebrochener Mann. Max Emanuel war seinerseits nur halben Herzens bei der Sache, was auf französische Einflüsse zurückgeführt werden könnte. Feldherr Caprara mußte, auf sich selbst gestellt, das gesamte Heer bei Esseg konzentrieren, nur Markgraf Ludwig Wilhelm von Baden fühlte währenddessen mit schnellen Reiterabteilungen in Richtung Bosnien vor. Max hatte sich zunächst in Peterwardein aufgehalten, fuhr später über Urgenz seines Wiener Schwiegervaters ins Feldhauptquartier hinüber und ließ am 8. August bei Semlin eine Brücke über die Save schlagen. Die türkische Armee flutete angesichts dieser Initiative gegen Nisch zurück und überließ die 12000 Männer des Großherrn und die osmanischen Kolonisten in Belgrad ihrem Schicksal. Inzwischen waren die Reiter des Ludwig Wilhelm von Baden tatsächlich in Bosnien eingedrungen und hatten dort mehrere befestigte Ortschaften okkupiert. Dem General Veterani gelang die Einnahme der Stadt Karansebesch. Am 12. August eröffnete Max Emanuel energisch die Belagerung von Belgrad, das lange unter Feuer genommen und am 6. September nach einigen Explosionen im Innern der Festung und gröberen Breschen in den Außenmauern gestürmt wurde. Eugen beteiligte sich dabei am Nahkampf, wurde erheblich am Bein verwundet und mußte nach Wien zurückgeschafft werden. Auch andere hohe Offiziere der kaiserlichen Macht wurden blessiert, während aus Bosnien Gerüchte über Greueltaten der Mohammedaner an versprengten Österreichern herüberdrangen.

Max Emanuel, der eine leichtere Gesichtsverletzung erlitten hatte, reiste nach Wien zurück, Caprara übernahm den Oberbefehl, Guido Starhemberg sicherte mit seinen Leuten die gewonnene Position, Marco d'Aviano hielt eine Ansprache. Der Feind war bis auf einen ins Belgrader Schloß geflüchteten Rest niedergemacht worden, die österreichischen Verluste beim entscheidenden Angriff beliefen sich auf über 2000 Tote. Man sagt, die Kaiserlichen hätten im Verlauf ihres Vordringens durch die Gassen Belgrads auch mit Zivilisten beiderlei Geschlechts nicht viel Federlesens gemacht, doch hat es sich dabei jedenfalls um Türken oder deren albanische Parteigänger gehandelt, da von der ursprünglichen Einwohnerschaft kaum etwas vorhanden war. Durch diese erste Eroberung von „Griechisch-Weißenburg", wie Stadt und Festung von Zeitgenossen manchmal noch bezeichnet wurden, hatte sich Österreich jedenfalls den Zugang zum Balkan aufgesprengt, das ottomanische Reich auf die Talsohle einer inneren Krise gestürzt, aber auch die erste Kostprobe von den bitteren Verhältnissen in diesem Wetterwinkel des Abendlandes verschluckt. Immerhin, 230 Jahre lang sollten die Österreicher an den Toren oder zumindest am gegenüberliegenden Flußufer ihre Wachen aufziehen sowie ganz am Schluß noch ihren eigenen Opfertod mit den

Krähen Osteuropas in Zusammenhang bringen und ausrufen: „... es ist nicht schad, wenn nur unsere Fahnen wehn, auf Belgerad!"

Mit dem römisch-deutschen Reich und seinen Angelegenheiten hatte dieser Feldzug wirklich nichts mehr gemein, das Unternehmen stellte vielmehr eine eigenständige österreichische Mission unter völlig neuen Voraussetzungen dar. Viele Sachverständige haben von damals bis heute erklärt, daß der 1683 gefaßte Entschluß Kara Mustaphas, Wien zu belagern, vor allem dann, wenn es sich um eine „einsame Entscheidung" gehandelt haben sollte, militärisch kaum zu rechtfertigen gewesen sei. Die Risiken blieben schon wegen des waffentechnischen Vorsprungs der Christen nicht kalkulierbar. Ähnliches darf füglich von der Entschließung Leopolds gesagt werden, sich nicht mit der Befreiung Wiens zu begnügen, sondern das Kriegsglück in Ungarn, Siebenbürgen sowie am Balkan zu versuchen. Es mußte ihm einleuchten, daß es dann kein Einfrieren der tödlichen Feindschaft mit der Pforte geben könne. Tatsächlich hat Leopold seit 1683 auch keine Kompromißbereitschaft gezeigt. Die Sache sollte ausgetragen werden, die Absichten des letzten Ritters, des Habsburgerkaisers Maximilian I., bezüglich Pannoniens stiegen wieder am geistigen Horizont des Erzhauses empor. Es spricht für die innere Stärke Leopolds, daß er dabei nichts „mit halben Mitteln zauderhaft erstrebte", sondern den in Schwechat eingeschlagenen Weg unbeirrt weiterging. Er war persönlich auch keinesfalls bereit, sich durch Ludwig XIV. davon abbringen zu lassen, nur das familiäre Unglück in Madrid machte ihm einen Strich durch seine Pläne. Ob er seine Absicht etappenweise realisieren oder in einem durchziehen wollte, werden wir wohl nie mehr erfahren, denn der Karlowitzer Friede ist dafür lediglich ein schwaches Indiz. Freilich, schon drei Wochen nach dem Fall Belgrads rückten starke Kräfte der französischen Wehrmacht unter schauerlichen Exzessen in Westdeutschland ein. Alle Reichstruppen, die noch im Donau-Save-Gebiet biwakierten, brachen sofort in die Heimat auf. Acht kaiserliche Regimenter wurden gleichfalls von der Südostarmee abgezogen und zum Rhein in Marsch gesetzt. König Ludwig hatte eigentlich damit gerechnet, daß eine bloße militärische Demonstration à la 1683 genügen würde, seine Gegner einzuschüchtern und für Zugeständnisse reif zu machen. Es kam jedoch anders. Schon 1686 war zwischen dem Kaiser, den Königen von Spanien und Schweden sowie dem fränkischen und dem bayerischen Kreis zu Augsburg ein Defensivbund geschlossen worden, und just im Jahr 1688 wurde jener Wilhelm von Oranien auf den englischen Thron geholt, der sich sogleich in seiner Eigenschaft als Erbstatthalter der Niederlande mit Leopold verbündete. Den Oberbefehl über die in Eile aktivierte Reichsarmee übernahm der österreichische Generalleutnant Karl von Lothringen, während der König von Frankreich durch Beschluß der deutschen Landesfürsten zum Reichsfeind abgestempelt wurde. Seine Armeen, die zunächst tief in Deutschland eingedrungen waren, mußten sich zurückziehen, wobei die Belagerung von Mainz im Jahre 1689 durch Karl selbst sowie durch Johann Georg von Sachsen, Max Emanuel und – in rangmäßigem Abstand – durch Prinz Eugen eine denkwürdige Rolle spielte. Auch Bonn ging aus französischer Hand dramatisch in die Gewalt Karls über.

1690 sollten die seinerzeitigen Vereinbarungen der Gegner Frankreichs mit der schon erwähnten ersten „Großen Allianz", der Savoyen beitrat, ihre Dachgleiche finden, wenn auch der Kriegsgott seine Sympathien wieder den Franzosen und den Türken anzubieten schien. Es war das Todesjahr Karls von Lothringen.

Trotz des Krieges im Westen blieben die Zielsetzungen der Heiligen Liga und damit die 1683 erweckten Hoffnungen des Kaisers auf Siege im Südosten noch einige Zeit am Tapet. Während die ligistische Mittelmeerflotte und die Balkanarmee weiterkämpften, übernahmen mehrere Abteien Österreichs die Revitalisierung der in Pannonien verbrannten katholischen Einrichtungen. Die Hauptlast des Kampfes fiel den Österreichern und einigen deutschen Kontingenten zu, die Venezianer errangen in einem ebenso unerwarteten wie kühnen Unternehmen bekanntlich halb Griechenland und stellten so den alten Waffenruhm der Serenissima wieder her. Auch der russische Zar begann sich dem Zusammenschluß der Liga zu nähern. Im halbzerstörten Belgrad lassen sich österreichische Soldaten von einem zitternden Würdenträger des Islams jenen Schädel andrehen, der das Haupt des Kara Mustapha gewesen sein soll. Das Cranium wird nach Wien gebracht, wo es heute noch gut aufgehoben ist. Wohl keiner der Überbringer gedachte dabei jenes Balkanfrühlings mit dem bunt-orientalischen Leben in Belgrad anno 1683, als Großwesir Mustapha voll Hochmut die anmarschierten Hilfsvölker aus Serbien, Bosnien, der Moldau und der Walachei mit blumigen Reden willkommen hieß. Während Bautrupps an den verfallenen Brücken und Straßen, die Ungarn erschlossen, fieberhaft arbeiteten, fielen dem Kara Mustapha die Schmeicheleien seiner Berater im fernen Stambul ein, die eine Huldigung der sieben Kurfürsten Deutschlands vor Tököly prophezeit hatten, worauf sich der Ungar wieder vor ihm, dem siegreichen Wesir, aufs Knie werfen würde. Dann war dem Mustapha zum letzten Mal die Taschenspielervisage seines Sultans erschienen, der die Jagdleidenschaft bezähmt und samt unzähligen Weibern Belgrad mit dem großherrlichen Besuch ausgezeichnet hatte. Auf dem Programm war ein letztes feierliches Lebewohl für alle Streiter Allahs gestanden, während unbemerkt schon ein neues Zeitalter seine ersten Schatten über Europa und Asien vorauswarf.

Fünf Jahre danach wirkte Belgrad wie eine devastierte österreichische Provinzkaserne. Weit unten im Süden, wo hinter sumpfigem Niemandsland blaue Bergketten aus dem herbstlichen Dunst tauchten, war der Teufel los. Die türkische Armee meuterte, die Janitscharen stießen ihre Suppenkessel um und verlangten hinsichtlich ihrer Führer ins Unglück das große Köpferollen. Schon Mustapha war mit ähnlichen Unmutsäußerungen konfrontiert worden, als vor Wien nichts weiterging und er vorgerechnet bekam, daß man eigentlich zu keinen weiteren Sturmtagen mehr verpflichtet sei und er, der Geizige, endlich die Beuteanteile für jedermann bekanntgeben solle, wenn man endlich zum Generalanlauf übergehe. Aber dem Wesir hatten bereits die tatarischen Aufklärer gemeldet, daß sie eine riesige Christenschar bei Tulln gesichtet hätten, bevor ihnen die Reiter Mercys und Heisslers jede weitere Beobachtung unmöglich machten. 1683 hätte Mustapha die Einnahme von Wien nicht nur wegen der Macht Österreichs, sondern ebenso wegen der widerspenstigen Janitscharen und Afrikaner, die der oberste Feldprediger des Propheten nur mühsam von offener Rebellion abhalten konnte, gebraucht. Desgleichen wegen der christlichen Einheiten im Heere, die bei jedem Rückschlag nach Freiheit lechzten, wegen der roten Ruhr im Lager und nicht zuletzt wegen der mohammedanischen Geistlichkeit zu Hause, die wohl ahnte, daß ein heimkehrender Wesir ihren immensen Besitz angesichts der Kriegskosten nicht unangetastet lassen werde. Dem Mustapha war in letztgenannter Hinsicht keine Initiative mehr vergönnt. Aber jener Köprülü, der 1689 das Großwesirat in Stambul an sich reißt und die Ordnung wiederherstellt, wird auch die sogenannten Wakuf-Güter des Islams der dringenden Finanzreform unterwerfen und damit die Voraussetzung für eine zeitweise Wende des Kriegsglücks zugunsten der Pforte schaffen. Dies gelang ihm sogar im Angesicht jenes turkmenischen Adels Anatoliens, der dem Großherrn nur widerwillig gehorchte und stets der Vergangenheit nachhing, als Kleinasien noch in winzige Teilreiche zerfiel und die Moslem-Aristokraten neben den letzten byzantinischen Familien unabhängig auf ihren Burgen saßen.

Mit der Zerrüttung des osmanischen Imperiums war eigentlich schon 1687 begonnen worden. Von den Mißerfolgen in Ungarn und Griechenland erbittert, hatten sich die Janitscharen mit den Ulemas, also mit dem islamischen Klerus, zusammengetan, den jagdbesessenen Sultan Mohammed gestürzt und dessen Bruder Suleiman zum neuen Großherrn ausgerufen. Das Ganze war von Greueln und Massenliquidierungen jeder Art begleitet, die bis zum Amtsantritt des neuen Großwesirs Mustapha Köprülü Ende 1689 andauerten. In den Monaten zwischen der Einnahme Belgrads und dem genannten Termin nutzten die Österreicher ihre Sternstunde, die von Paris her allerdings starke Trübungen erfuhr. Prinz Eugen nahm an den betreffenden Unternehmungen nicht mehr teil, er lag lange krank darnieder und ritt hierauf mit Max Emanuel nach Westen. 1689 boten die Türken Friedensgespräche an, die von der Wiener Regierung abgelehnt wurden. Die Ratgeber des Kaisers erwogen vielmehr, allen Südslawen das osmanische Joch abzunehmen, so wie dies bei den Ungarn, den Slowenen und den Kroaten schon weitgehend gelungen war. Markgraf Ludwig Wilhelm von Baden drang von Belgrad durch das Tal der Morawa ins Herz Serbiens vor, nahm Nisch und Kassawa ein, erreichte das Balkangebirge und rief die Bevölkerung von Bosnien, Albanien und der Herzegowina auf, sich der österreichischen Sache anzuschließen. Dann drehte er seine Heeresgruppe nach Nordosten, überschritt die Höhenzüge, näherte sich wieder der Donau, eroberte das vielumkämpfte Widin und verbündete sich mit dem Woiwoden der Walachei gegen die Pforte.

Dieser Woiwode war ein echter Blutmensch aus jenen schrecklichen Südostepen, gegen die Ungarns Überlieferungen vergleichsweise noch harmlose Kinderreime darstellen. Er nannte sich Konstantin Brankowan aus der Hospodarenfamilie Bassasaba, deren Ursprung Genealogen vom Gut Brancoveni herleiten. Zur selben Zeit, als der Türkenlouis von Belgrad her in Serbien einfiel, bestieg er nach der Vergiftung seines regierenden Oheims Scherban den örtlichen Vasallensessel des Großherrn, machte jedoch dann den Kaiserlichen viele Versprechungen und schloß sich immer wieder den Türken an, wenn diese mit ihren Pferden vor seiner Haustür erschienen. 1690 wird er sogar dem Tököly bei dessen Versuch, Siebenbürgen abermals einzustecken, entsprechend Hilfe leisten.

Dann hält Brankowan zwischen den Kämpfenden ringsum einigermaßen Neutralität, und erst als Peter der Große am Schauplatz erscheint, geht er wieder gegen die türkischen Besatzer vor. Das wird der osmanischen Regierung zu bunt, sie läßt ihn samt seinen vier Söhnen verhaften, foltert ihn furchtbar in den Türmen Stambuls und läßt ihn und seine armen vier Nachkommen 1714 im Kerker erdrosseln.

Dagegen ist das Schicksal des großen serbischen Freiheitshelden Georg Branković noch annehmbar zu nennen. Auch er betrieb die Schaukelpolitik zwischen Ost und West natürlich nicht aus Lust am Täuschen, sondern als ein zwischen den gigantischen Blöcken eingeklemmter kleiner Ehrgeizling, woran sich in ähnlichen Fällen bis heute nicht viel geändert hat. Man denke nur an die Cetniki und ihre Führer während der deutsch dominierten Periode 1941 bis 1944 in Serbien bzw. an die ukrainischen Nationalisten oder die Wlassow-Gruppe in der jüngsten sowjetischen Vergangenheit. Der Branković hatte sein Vorbild in jenem Ahnherrn gleichen Namens gefunden, der um 1430 als Fürst von Serbien zwischen dem großen Ungarn Johann Hunyady und dem mächtigen Sultan Murad hin und her pendelte. Der nunmehrige Georg war in Siebenbürgen aufgewachsen und hatte schon anno 1683 mit der Wiener Regierung zusammengearbeitet. Jetzt marschiert er mit dem Markgrafen von Baden gemeinsam zur Befreiung seiner serbischen Heimat, organisiert die Zivilverwaltung und gibt seine Absicht kund, einen selbständigen südslawischen Staat zu proklamieren. Das paßt den Wienern nicht ins Konzept, der Markgraf muß den Partisanenführer festnehmen, und Georg Branković lebt danach als Polizeibeaufsichtigter in der Kaiserstadt selbst sowie in Eger, wo er 1711 stirbt. Die ganze Angelegenheit war, wenigstens was den Einfallsreichtum der österreichischen Politik betrifft, kein Ruhmesblatt, zumal Habsburg an der Grenze der Leistungsfähigkeit angelangt war und jeden Verbündeten am Balkan gebraucht hätte. Während dieses im Vergleich zur Friedhofsruhe des vergangenen Jahrhunderts neuartigen Hin und Hers in den eroberten Gebieten gelang dem kaiserlichen General Johann Norbert Piccolomini ein erfolgreiches Scharmützel nach dem anderen.

Piccolomini gilt als der Befreier Albaniens und stellt solcherart das Anfangsstück zu jenem Endprodukt eines ungarischen Feldmarschalls der österreichischen k.u.k. Armee dar, der sich 1918 mit seinen Leuten befehlsgemäß aus den albanischen Fiebergebieten nach Norden absetzen mußte.

Im Verlauf seines Vorstoßes arbeitete Piccolomini mit dem hochangesehenen Arsen Tschernojewitsch, der als Patriarch in Ipek wohnte, zusammen und erreichte mit schnellen Verbänden das Städtchen Priština. Johann Norbert, der seit dem Anfang des Zweiten Leopoldinischen Türkenkrieges mit dabei gewesen war und schon in der Schlacht am Kahlenberg rühmlich gestritten hatte, gehörte zu einem alten römischen Geschlecht, das viel von sich reden machte. Seine Ahnherren waren einst nach Siena abgewandert und hatten das kleine Herzogtum Amalfi erworben. Außer dem Geheimschreiber Kaiser Friedrichs III. und nachmaligem Papst Pius II. zählte der General auch jenen Ottavio zu seinen Verwandten, der, selbst vielfach verwundet und siegreich, 60 Jahre zuvor Wallenstein ins Verderben gerissen und den Reichsfürstentitel errungen hatte. Damals waren die Piccolominis vom spanischen Statthalter in Mailand nach Österreich geschickt worden und seither hier geblieben. Der General Johann Norbert hatte sich schon in Pannonien ausgezeichnet und dort der Familienehre mehr als einmal Genüge getan. Nun dröhnte jenes Amselfeld unter den Hufen seiner Schwadronen, wo vor genau 300 Jahren das serbische Fürstentum und jegliches völkische Leben der Umgebung seitens der osmanischen Aggressoren niedergesäbelt worden war. Von diesem Datum an sanken alle menschlichen Wesen ringsum zu Herdentieren herab, die von den siegreichen Moslems zu hüten waren und nur auf deren Nachlässigkeit, nie aber auf eigene Rechte hoffen durften.

Dagegen machten persönliche Lebenskultur einzelner Paschas oder die religiöse Toleranz der türkischen Statthalter sowie deren im Abendland schon halb vergessene Großzügigkeit in der Art von mittelalterlichen Feudalherren kaum etwas wett. Die spirituelle Duldung bei den niedergeknüppelten „Völkern des Buches", also bei den im Koran angeführten Christen und Juden, muß in Zusammenhang mit der rücksichtslosen Ausnutzung der bodenständigen griechischen Priesterschaft als niederstes Verwaltungsinstrument der Pforte gesehen werden.

Tatsächlich haben nur einige besonders wehrhafte Gemeinwesen in unzugänglichen Bergregionen des Balkans den Status der von türkischen Wächtern betreuten Herde verlassen, das heißt, sich islamischen Respekt mit der Waffe erzwingen können. Die Differenz zwischen Unterworfenen und Bezwingern war jedenfalls unüberbrückbar, wenn auch oft durch Schlamperei gemildert. Als sich unmittelbar vor 1683 das Haus Österreich – was dem Piccolomini kaum bekannt sein konnte und ihm sicher auch völlig gleichgültig gewesen wäre – um die Aufrechterhaltung friedlicher Zustände mit Stambul bemühte, waren der ständige Resident und ein Sonderbotschafter Habsburgs in den Palästen am Bosporus erschienen. Man hatte beide in Festkleid und Perücke vor dem Eingang des großen Audienzsaales stehen und geraume Zeit warten lassen, bis sie zum Handkuß beim Sultan eintreten durften. Sie konnten nicht vernehmen, wie drinnen, hinter den noch geschlossenen Türen, der Großherr und sein Wesir über den bevorstehenden Besuch sprachen. Wir wissen aber, daß die beiden obersten Würdenträger des Osmanischen Reiches den ständigen Gesandten und den außerordentlichen Botschafter nur als Hundsvieh und Köter betitelten, die zu füttern und anzuziehen wären, bevor sie den Staub vor dem Padischah auflecken dürften. Tatsächlich hatte man den Österreichern zu essen gegeben und sie geheißen, Ehrenkaftane anzulegen. Bei den 1682 von türkischer Seite lange hinausgezögerten Zusammenkünften mit dem Großwesir hörte sich die Tonart der offiziellen Sprache bereits ungenierter und rauher an. Kara Mustapha polterte, schimpfte und drohte den verdatterten Wienern unverhüllt, bis im Serail endgültig auf Krieg entschieden wurde und die entsprechenden Roßschweife am Tor der Glückseligkeit prangten.

Dies war ein halbes Jahrzehnt nachher doch etwas anders geworden. Aber dem Piccolomini, der eine Volkserhebung von Rumelien bis in die Herzegowina hinüber entfachen will, zumal ihm die eigenen Verbände angesichts der Weite des Raumes, in den man nunmehr hineinmarschiert, etwas dünn vorkommen, gelingt plötzlich nichts mehr. Er muß vor dem Gegenangriff des Feindes ein Stück zurückweichen und stirbt im November 1689 irgendwo zwischen himmelaufragenden Felsen und schäumenden Wassern den Soldatentod.

4. KAPITEL

Das Erbe des Lothringers

Während König Ludwigs erster Raub- oder Devolutionskrieg 1668 zu Aachen beigelegt wurde, erwarb die Ostindische Kompanie gerade die Stadt Bombay. Etwas früher war der Platz als Heiratsgut der Katharina von Portugal an den ihr frisch angetrauten Gemahl, den englischen Stuartkönig Karl II., gekommen, welcher diesen Besitz dem eben erwähnten Konsortium Londoner Kaufleute weiterveräußerte. Damit besaß die Kompanie bereits eine stattliche Anzahl von Niederlassungen in Indien, wofür sie den eingeborenen Landesfürsten Grundzins zahlen mußte, aber ihre Baulichkeiten von ortsansässigen Söldnern bewachen ließ. An einem der Mündungsarme des Ganges hatte die Gesellschaft das Fort Williams angelegt, unter dessen Schutzmauern nunmehr jene Siedlung entstand, die später Kalkutta genannt wurde. Im Jahre 1688 überschritt die Zahl der indischen Angestellten die 80000er-Grenze. Die Gewinne der Kompanie aus dem Salpeter- und Teehandel waren exorbitant und schlugen sich beim Börsengeschäft in entsprechenden Dividenden nieder. Karl II. hatte der Gesellschaft seinerzeit das Münzrecht eingeräumt und ihr auch sonst manche staatliche Rückendeckung versprochen. Schwierigkeiten gab es sporadisch noch mit holländischen Konkurrenten, immer öfter freilich mit Vertretern des Königs von Frankreich, wobei in diesem Weltteil Meinungsverschiedenheiten meist mit der Waffe bzw. durch Anstiftung einheimischer Provinzgrößen zu Überfällen oder Ausweisungsaktionen erledigt wurden. Wenn es hintenherum nicht mehr ging, bot sich zumindest gegenüber den mit der opponierenden Seite verbandelten Indern noch eine besondere Methode an, von der in begrenztem Umfang öfters Gebrauch gemacht wurde. Vereinigungen, wie sie die Ostindische Kompanie darstellte, war nämlich von den jeweiligen Regierungen daheim das Privileg zugestanden worden, mit nichtchristlichen Mächten auf eigene Faust regelrechte Kriege zu führen. Um die Jahrhundertwende erreichte die englische Handelsflotte, das Bindeglied und die Voraussetzung für Wohlstand und Nachschub der Kompanie, noch lange nicht jenen Umfang, den die Holländer in ihrer Blütezeit aufwiesen. Dies hatte sich während des Großen Krieges in Deutschland, etwa um das Jahr 1635, ereignet. Damals waren über 30000 Frachter unter der Flagge der Generalstaaten unterwegs, die unförmigen Lastkähne des holländischen Rheinfahrtmonopols und der Küstengewässer miteingerechnet. Aber auch jene großen, dickbäuchigen „Straßenfahrer" mit ihren drohenden Stückpforten gehörten dazu, worunter bewaffnete Handelsschiffe zu verstehen sind, die durch die Straße von Gibraltar in das von Seeräubern verunsicherte Mittelmeer einliefen. Einer der berühmten Admiräle Hollands hatte sogar mit seiner Flottille in Neapel interventiert, doch seit solch brillantem Vorgehen war in den Amsterdamer Kontoren ein gewisser Kräfteverfall zugunsten Frankreichs und Englands eingetreten. Im Jahre 1700 werden die Briten jedenfalls 3281 respektable Hochseetransporter im Einsatz haben und damit unter den verschiedenen Gesellschaften, die sich dem transozeanischen Verkehr widmen bzw. bestimmte Zweige desselben ganz für sich allein beanspruchen, erstmals eine gefestigte Position aufweisen. Zu diesem Termin gibt es neben der uns schon bekannten Ostindischen etwa auch die Ostafrikanische und die Baltische Kompanie sowie eine Gesellschaft für den Walfischfang und eine für den nordamerikanischen Pelzhandel. Österreich wird einige Jahre darauf in Ostende eine große Handelskompanie für West- und Ostindien gründen, das Unternehmen jedoch schon 1731 im Austausch um die Anerkennung der Pragmatischen Sanktion durch die Seemächte wieder auflösen.

Bis zur Mitte des 17. Jahrhunderts waren dem Segler Mayflower, mit dem die religiös inspirierten Pilgerväter und -mütter 1620 nach Nordamerika emigrierten, rund 25000 britische Auswanderer in die Neuenglandstaaten gefolgt. Lord Baltimore und andere Großgrundbesitzer wurden dort bald von einer Menge kleinerer Farmer überrundet. Die heimische Population konnte diesen Aderlaß durchaus verkraften, während die zahlenmäßig viel schwächeren Holländer mit ihrem Imperium daran scheiterten, daß sie einfach nicht genügend Menschenmaterial zur Beherrschung weiter Räume aufbrachten. Der Stuartkönig Jakob II. hatte noch als Herzog von York mit seinem Flottenverband vor Neuengland erfolgreiche Gastspiele gegeben. Den Holländern aber ging damals Brasilien an die kleinen portugiesisch-katholischen Landwirte verloren, und auf Insulinde konnten sie sich nur mit barbarischer Härte gegen die Javaner und deren zeitweilige Helfershelfer aus London durchsetzen. In Nordamerika aber vermehrten sich die jetzt angekommenen Briten so rapide, daß gegen Ende des 19. Jahrhunderts ein Drittel der mittlerweile ins Gigantische angewachsenen Bürgerschaft der USA nachweislich von ihnen abstammte. Nichtsdestoweniger gehörte in der Ära des Sonnenkönigs das meiste den Indianern abgenommene Territorium der nördlichen Neuen Welt den Franzosen, während weiter im Süden überall noch die Spanier saßen. Bei einer Vereinigung dieser beiden Völkerschaften, etwa durch eine dynastische Bindung nach dem Aussterben der Habsburger in Madrid, wäre die Zukunft Nordamerikas wahrscheinlich zur Gänze den katholischen Romanen zugefallen. Aber die Weltgeschichte war anders programmiert, und weder die Waffentaten französischer Strategen noch die Siege des Prinzen Eugen und seiner Generäle in Europa sollten daran etwas ändern. Von bleibendem Wert scheint nur die religiöse Toleranz gewesen zu sein, die von Anfang an überall in Nordamerika vorherrschte und die ihr Gegenstück in einigen Landstrichen fand, welche Österreich den Türken abnahm. Die englischen Kolonisten an der Hudsonbai wurden trotzdem mit den französischen Pelztierjägern und Kaufleuten handgemein, und die zuständigen Militärstatthalter Ludwigs XIV. suchten die Briten durch eine Kette rasch errichteter Forts am Verkehr mit den Wigwams der Irokesen sowie am Vordringen ins Mississippibecken zu hindern. Ebenso entbrannten Streitigkeiten um die unerschöpflichen Fischereigründe von Neufundland, wohin die wagemutige Jugend von St. Malo, La Rochelle und anderen französischen Ausfallshäfen alljährlich in See stach. Im Abendland zog sich währenddessen der dritte Raubkrieg oder Pfälzische Krieg von einem Jahr ins andere, obwohl relativ bald neben den Kampfhandlungen auch Friedensverhandlungen einherliefen. Wilhelm von Oranien hätte dieses Kräftemessen mitunter recht gerne zur Austragung aller Differenzen, also auch der außereuropäischen Fragen, benützt, wenn ihm Leopold I. dabei mitgegangen wäre.

Der aber hatte einen balkanesischen Konflikt am Hals, fürchtete um die traditionelle Stellung des Erzhauses in Italien und brachte für maritime Angelegenheiten zunächst nur im Mittelmeer Verständnis auf. Wenigstens gelang es Britannien, durch einen entscheidenden Sieg in Irland die gefährlichste Absicht Ludwigs XIV., der auf dieser Nachbarinsel Albions festen Fuß fassen wollte, zu durchkreuzen. Der Beginn des letzten Dezenniums vor der Jahrhundertwende ist sonst eher durch Erfolge des französischen Königs sowie durch türkische Gewinne im Südosten charakterisiert, während Österreicher und Engländer darauf schauen mußten, daß sie am Teppich blieben.

Ein sich von Jahr zu Jahr mehr aufblähender Dünkel Ludwigs XIV. war angesichts der bisherigen Erfolge seiner Regierung nach innen und nach außen nicht unbegründet. Man könnte sein Betragen auch eine neuartige Form der Propaganda oder der psychologischen Landesverteidigung nennen, wobei es dem Souverän hinter aller Theatralik stets um die willkürliche Abrundung seines Reiches sowie um den Grundsatz ging, daß Paris jede stärkere Macht am Kontinent bekämpfen müsse. Nach einem Ausspruch Bossuets lernte Frankreich durch den Sonnenkönig sich selbst kennen und empfindet sich seitdem als Person. Ludwig XIV. hatte Genua bombardieren lassen, nur „um Furcht einzuflößen“, die protestantischen Konfessionen zu Hause strikt verboten, dem Papst aber Avignon weggenommen und eine Erklärung der französischen Geistlichkeit über die „Freiheiten der gallikanischen Kirche“ veranlaßt. Er läßt den Pontifex in Rom durch die bewaffneten Garden des französischen Gesandten bedrohen, folgt jedoch den Empfehlungen der Kurie hinsichtlich einer Austilgung der sektiererischen Jansenisten.

Mit dem zweiten Raubkrieg hatte Frankreich am Ende halb Europa herausgefordert und ihm erfolgreich getrotzt; die sonst so aufsässige Pariser Bürgerschaft wollte damals dem König den Titel „der Große“ anhängen. Im dritten Krieg nahm Ludwig persönlich oder durch seine Kommandeure die Gelegenheit wahr, den eigenen Ruhm zu mehren, worunter der Hof von Versailles kein leeres Wort verstand, sondern ein reales Mittel zur Selbstbehauptung und Erschließung neuer Hilfsquellen. In genanntem Sinn wurde die Anlage eines „Wüstengürtels" im deutschen Grenzgebiet vollzogen und den davon Betroffenen vor ihrer Austreibung einfach erklärt, daß dies der König so und nicht anders wolle. Jede weitere Begründung sei deshalb überflüssig. So gestalteten sich die Zustände jedenfalls im dritten Raubkrieg, den die Amerikaner den Krieg der Augsburger Gruppe nennen, weil sich die Gegner Ludwigs dort einig geworden waren.

Am 18. April 1690 starb zu allem Übel für die von Frankreich Bedrohten Karl V., Sohn des Herzogs Franz von Lothringen und Gatte der Schwester des Kaisers, Eleonore Marie, in Oberösterreich. Er war nach Wien unterwegs gewesen, um hier wegen erweiterter Vollmachten, die ihm eine offensive Kriegführung gegen die Franzosen in naher Zukunft erlaubt hätten, vorstellig zu werden. Der plötzlich Dahingegangene hinterließ zwei halbhabsburgische Söhne, von denen der eine später als Kurfürst in Trier residiert, während der andere das Herzogtum Lothringen von Paris mit eingeschränkter Souveränität zugestanden erhält und dort eine zahlreiche Familie gründet. Ein Sohn sollte Römischer Kaiser werden, die Heimaterde aber endgültig verlieren. Generalleutnant Karl hatte bekanntlich noch wenige Monate vor seinem Ableben die verlorengegangenen Festungen Mainz und Bonn zurückerobert, wobei Max Emanuel und Eugen von Savoyen assistierten, der einige weniger, der andere mehr, wenn auch in geringerer Position. Nun sah sich Österreich eines echten Feldherrntalents beraubt, und guter Rat schien an der Westfront teuer zu werden. Es gehört zu den tragischen Scherzen der Weltgeschichte, daß die Nachfahren des Verblichenen durchaus nicht die strategische Gabe des Lothringers geerbt hatten, obwohl man dies am Wiener Hof vermutete oder zumindest erwartete. Erst ein Ururenkel gleichen Namens sollte plötzlich die gleichen Fähigkeiten entfalten und damit unter anderen Schauplätzen auch im Marchfeld derart hervorstechen, daß sich selbst ein Napoleon Bonaparte vor ihm verneigte.

In diesem dritten Krieg, den Ludwig XIV. zur Vergrößerung von Ruhm und Land vom Zaun gebrochen hatte, nahm erstmals das italienische Kriegstheater einen bedeutungsvollen Rang ein, wo wir in Bälde den Prinzen Eugen bei einer delikaten Mission antreffen. Das Wiener Kabinett bzw. die in der Geheimen Ratsstube Versammelten hatten dem Prinzen anheimgestellt, seine verwandtschaftlichen Bindungen im Sinne des Kaisers zu nützen. Eugen kehrte daher nach Besprechungen in Wien nicht mehr ins Rheingebiet zurück, sondern reiste nach Italien weiter.

Auch bei dieser Visite war das barocke Faschingsgetümmel in Turin zum Anlaß geworden, den er von der Westfront kommend über das Hoflager wahrnahm. Ihm wurde aufgetragen, seinen Vetter, den regierenden Herzog von Savoyen, auf die Seite Leopolds I. zu ziehen und dort so lange wie irgend möglich festzuhalten. Der Prinz konnte dabei auf die Regimenter Taaffe, Montecuccoli, Lothringen, Sachsen-Coburg sowie auf seine eigenen Dragoner rechnen, die, insgesamt etwa 6000 Mann stark, über die Bergwege Graubündens ins Piemontesische nachfolgten. Eugen mischte sich nicht nur ins Maskentreiben, sondern ebenso in die Staatssitzungen und wird auch bald sein unbekümmertes Auftreten vor den feindlichen Linien fortsetzen. Außerdem wirft er einen Aufstandsversuch gequälter Volksteile in Mantua sehr rücksichtslos nieder. Bei anderer Gelegenheit wird ein Jüngling, den er als Page beschäftigt, unmittelbar neben ihm getötet, während ihn selbst Narbenschmerzen am Kopf daran erinnern, daß er schon an der deutschen Westfront einen Streifschuß abbekommen hat. Die Schlachten, die den Franzosen in Oberitalien geliefert werden, gehen für Habsburg fast sämtlich ungünstig aus. Der Kurfürst Max Emanuel erscheint, von der Wiener Regierung hierzu mit viel Geld veranlaßt, als Generalissimus für kürzere Zeit auf der Bühne und bringt sogar bajuwarische Verstärkungen mit. Aber weder er persönlich noch die Grafen Caprara und Palffy können bei ihren Visiten in Italien nachhaltige militärische Resultate erzielen. Caprara behält trotzdem den Oberbefehl über alle hier eingesetzten Österreicher, obwohl Eugen zum Feldmarschall ernannt wird. Der Herzog von Savoyen sehnt sich nach eigenen Lorbeeren und kann nicht einmal verhindern, daß alle Gegend ringsum verlorengeht oder devastiert wird. Die spanischen Truppen spielen bei der Hilfeleistung zugunsten der österreichisch-savoyardischen Sache eine klägliche Rolle; die neapolitanische Kavallerie legt ebenfalls wenig Ehre ein. Der Prinz von Commercy wirft 12000 neu angekommene Österreicher ins Gefecht, die jedoch auch nicht viel weiterbringen. Dabei war ihr hochadeliger Anführer, der noch über ein idyllisches Zwergenreich an der Maas gebot, das bald ebenso wie das benachbarte Lothringen von den Franzosen mit Haut und Haar verschlungen wird, ein Verwandter des unvergessenen Generalleutnants Karl. Dieser Commercy, der den französischen Generalleutnant Lislebonne aus dem Haus Harcourt seinen Vater nannte, wird im bevorstehenden Spanischen Erbfolgekrieg bei Luzzara an der Seite Prinz Eugens sein Leben hingeben.

Im Augenblick aber, im Jahre 1694, fällt der berühmte Chef eines anglo-holländischen Hilfskorps in Oberitalien, Friedrich von Schomberg, bei einem der vielen Treffen. Dieser deutschprotestantische Kriegsheld hatte seinerzeit für Ludwig XIV. überaus erfolgreich auf der Iberischen Halbinsel gekämpft, war in den portugiesischen Adelsstand aufgenommen worden und verwendete sich später für Brandenburg, Holland und England, als der französische König religiös unduldsam geworden war. Die Pechsträhne Österreichs wollte nicht abreißen!

Der Landesherr Savoyens lädt nun völlig entmutigt den Grafen von Tessé ins Turiner Schloß ein, und dieser Vertraute des Sonnenkönigs naht verkleidet durch eine Geheimtür, um den Herzog wegen eines Separatfriedens mit Frankreich zu beraten. Tessé wird nicht nur deswegen, sondern später als Marschall vor Gibraltar und Toulon in die Mantel- und Degen-Stükke der Geschichte eingehen.

Am westdeutschen Abschnitt des bereits zu einem gesamteuropäischen Unglück angeschwollenen Ringens hatte ein weiterer Verwandter des savoyardischen Clans, nämlich der aus dem Südosten herbeigerufene Markgraf von Baden, die Lage stabilisieren können. Aber im belgischen Raum war Wilhelm von Oranien nach blutigen Auseinandersetzungen mit französischen Heeresgruppen mehr als ein schmerzlicher Rückzug beschieden. Der Marschall von Luxemburg schlug dort auch jenem betagten Feldmarschall Georg Friedrich von Waldeck aufs Haupt, der anno 1682 vom Kaiser in den Reichsfürstenstand erhoben worden war. Georg Friedrich hatte schon bei den meisten abendländischen Armeen mitgefochten und für ebenso viele Machthaber als Diplomat amtiert. Zunächst antihabsburgisch gesinnt, bastelte er an Staat und Armee des brandenburgischen Kurfürsten herum, stand während des ersten Nordischen Krieges vor Warschau im Feuer, nahm sich der schwedischen

Sache an, änderte seine politische Meinung hinsichtlich Österreichs und wandte sich dem Kaiserhof zu. Waldeck war bei der Türkenschlacht von Mogersdorf dabei und sorgte hierauf als Stabschef der Generalstaaten für die Wehrhaftigkeit der holländischen Armee und Zivilbevölkerung. Die Assoziation der deutschen Reichsstände anno 1681, die Laxenburger Allianz mit Leopold 1682 und das Augsburger Bündnis 1686 zur Verteidigung im Westen gehen auf das staatsmännische Netz zurück, das der erfindungsreiche Waldeck über halb Europa zu werfen verstand.

Anno 1683 kommandierte Waldeck ein Reichskontingent am Kahlenberg, kämpfte anschließend in Ungarn Schulter an Schulter mit den Österreichern weiter und gesellte sich 1689 abermals zu den niederländischen Bundesgenossen. Doch weder seine Führungstalente noch die ihm anvertrauten holländischen Musketiere oder ihre deutschen Kameraden waren der Wucht französischer Angriffswellen gewachsen; Georg Friedrich überlebte seine Niederlage nur um zwei Jahre. Ungeachtet dieser Ereignisse schickten die Seemächte dem Herzog von Savoyen eine Menge Geld, damit er nicht vom Kaiser abfalle und die Verfolgung der letzten Albigenser in seinen unwegsamen Bergtälern endlich einstellen lasse. Dieser dritte Raubkrieg war eben nicht nur, wie dies bei jedem bisherigen Waffengang offiziell geheißen hatte, eine schreckliche Mahnung, allseits wieder zu den Vereinbarungen des Westfälischen Friedens und ähnlicher Abkommen zurückzukehren, sondern bereits ein gesamteuropäisches und ozeanisches Erdbeben von bisher nicht gekannter Heftigkeit.

An der französisch-spanischen Pyrenäenfront brachen die Regimenter Ludwigs zweimal durch und erreichten Barcelona. Trotzdem ließ der Oranier im belgisch-niederländischen Raum den Mut nicht sinken, denn seine erst 30 Jahre alte Bank von England stellte, je mehr sich alles in die Länge zog, fürs Kriegführen eine bedeutend ergiebigere Hilfsquelle dar als die Spendenaktionen und das eiserne Sparen der Kriegskabinette in Paris. Zwar sank Brüssel in Trümmer, wie vorher schon Heidelberg und viele andere westdeutsche Orte, und der Herzog von Savoyen lief entgegen aller Bemühungen zu Ludwig über. Doch mit seiner Ermattungsstrategie schien der Oranier endlich den Stein der kriegerischen Weisen gefunden zu haben, denn

Frankreichs Heimatfront begann unter den Kriegslasten merklich zu keuchen. Sicher, der Umfaller des Turiner Souveräns hatte die Neutralisierung Italiens gebracht, die Österreicher waren abgerückt, und Ludwig XIV. konnte seine Südarmee heimwärts transferieren und so mit einer ähnlichen Verdoppelung seiner Soldaten in Nordfrankreich rechnen wie die Deutschen nach dem Ausscheiden Rußlands im Ersten Weltkrieg. Doch die Entscheidung fiel nicht nur auf dem Festland Europas. Zur See war dem Sonnenkönig mittlerweile alles verlorengegangen, und er sah sich dadurch um seine weiteren kolonialen Hoffnungen betrogen.

Nach dem irischen Abenteuer hatte man es mit einer Invasion Südenglands versucht und dabei vor Kap La Hogue die großartige französische Atlantikflotte eingebüßt. Die Anglo-Niederländer fuhren seither im Kanal spazieren, landeten sogar einmal in Brest und beschossen die französische Küste, wo immer sich Leben als Zielscheibe anbot. Dagegen wogen die Racheakte, die von der übriggebliebenen Marine unter dem Lilienbanner gegen einzelne feindliche Hafenanlagen in Europa und jenseits der Ozeane vollbracht wurden, nicht sonderlich viel. Das Mittelmeer wurde durch ein britisch-holländisches Geschwader kontrolliert, vor dem die Barbaresken und Türken ebenso in ihren Schlupfwinkeln verschwanden wie die französischen Matrosen. Paris befürchtete sogar, daß sich die Engländer in Toulon einen dauernden Stützpunkt schaffen würden, und ahnte nicht, wie bald für diesen Zweck dem Felsen von Gibraltar und dem Eiland Menorca der Vorzug gegeben werden sollte. Alles in allem mußte der König zu Versailles feststellen, daß er seine Leistungsgrenzen erreicht hatte und insbesondere von einem seiner Hauptziele, das mit Rheinland-Pfalz eigentlich gar nicht im Zusammenhang stand, weiter denn je entfernt war: Hatte er sich doch vorgenommen, den Oranier unter allen Umständen aus England zu vertreiben. Da dort nichts zu machen war, ließ der König von Frankreich die bisher hierfür verwendete Familie Stuart mit ihren Ansprüchen auf den britischen Thron kaltstellen und kümmerte sich auch um seine osmanischen Bekannten nicht weiter. Er gab Katalonien sowie Luxemburg auf und durchlöcherte sein merkantilistisches Wirtschaftssystem mit den hohen Einfuhrzöllen zugunsten der niederländischen Handelshäuser. Das römisch-deutsche Reich blieb allerdings mit dem Begehr auf Rückgabe von elf elsässischen Städten auf der Strecke, das heißt, die kaiserlichen Gesandten mußten sich mit der Rückgabe der rechtsrheinischen Plätze begnügen.

Alles in allem hatte Spanien infolge der drei Raubkriege die größten Verluste zu tragen, womit ein Weltreich betroffen war, das die Machthöhe unter Philipp II. total verspielt sowie seinen militärischen Ruf völlig eingebüßt hatte. Die Regionen des Mutterlandes und der auswärtigen Besitztümer wurden ziemlich unabhängig voneinander durch ebenso autonome wie selbstherrliche Gouverneure niederadministriert; der einst größte Monarch der christlichen Welt war jedem Pöbelauflauf in Madrid nahezu wehrlos preisgegeben. Seine Armee belief sich nur noch auf 20000 meist bettelnde Soldaten. Die höhere Geistlichkeit und die Aristokratie ließen sich dadurch in Pomp und Wohlleben nicht stören, die Einwohner verharrten in abergläubischer Bigotterie, ein Heer von Mönchen und Nonnen infiltrierte Städte und Dörfer. Prinz Eugen hat sich in Briefen, die er während seiner eben angeführten ersten Dienstleistung in Piemont und den angrenzenden Gebieten nach Wien schrieb, nicht nur über die Kampfmoral der Italiener sehr abfällig geäußert, sondern auch das Verhalten der spanischen Verbündeten in Grund und Boden kritisiert.

Auf der Balkanhalbinsel waren mittlerweile jene türkischen Rekruten eingetroffen, die der neue Großwesir mit Hilfe der dem mohammedanischen Klerus abgenommenen Mittel in Asien und Afrika zusammengetrommelt hatte. Die kaiserliche Abteilung des Obersten Strasser sollte inmitten dieser Verstärkungen untergehen und Feldmarschalleutnant Heissler nach einer Niederlage in osmanische Gefangenschaft fallen. Bei ihm handelt es sich um einen Truppenführer, der von der Pike auf im österreichischen Heer gedient und 1683 jenes verwaiste Reiterregiment zugewiesen erhalten hatte, welches der verwundete Bruder Eugens vor Regelsbrunn knapp vorher zu verlassen gezwungen war. Mit der Zuweisung mußte damals rasch gehandelt werden, und man glaubte, in dem hartgesottenen Heissler den richtigen Mann für das Aufmöbeln der betreffenden, etwas ins Zwielicht geratenen Dragonereinheit gefunden zu haben.

Seitdem gehörte Heissler mit diesen Leuten zum Kern der Streitmacht Karls von Lothringen. Er kämpfte mit dem Generalleutnant um das Marchfeld, überquerte vor Klosterneuburg sogar einmal die Donau, kehrte mit türkischer Beute beladen über den Fluß zurück und deckte kurz darauf gemeinsam mit dem blutjungen Lothringer Claudius Florimund Graf von Mercy den Übergang des alliierten Entsatzheeres bei Tulln. Claudius war gerade erst Leutnant geworden, aber immerhin als Sohn eines der verdienstvollen Feldmarschälle Habsburgs während des Großen Krieges in Deutschland für das Lorbeerholen ausersehen. Er wird, so wie Heissler auch, mit Generalleutnant Karl nach Pannonien ziehen und sich viel später, im Spanischen Erbfolgekrieg sowie im Eugenschen Türkenkrieg, höchsten Ruhm erwerben. Aber zunächst geht es um die Befreiung Wiens. Heisslers Regiment ist bald darauf unter jenen Kavallerieverbänden, die als erste wieder ans Ufer der Raab kommen. Dem Einsatz seiner Truppe in Ungarn gemäß steigt er die militärische Rangleiter empor und erwischt Emmerich Tököly 1688 bei Großwardein, wo der Kuruzze von 10000 Türken, aber nur noch von wenigen magyarischen Gefolgsleuten umgeben ist. Der Feldmarschalleutnant treibt Tököly samt den Osmanen in die Flucht und glaubt schon, den Rebellenchef samt seiner muselmanischen Soldateska für immer losgeworden zu sein. Der aber sammelt viele ehemals Aufständische, erhält türkischen Zuzug und überfällt Heissler im Frühherbst 1689 beim Dorf Zernest. Damit beginnt das Unglück des Feldmarschalleutnants, der in der Folge vom Feind überwältigt und gebunden nach Stambul geführt wird. Emmerich Tököly hat jetzt im Würfelspiel des Krieges eine Erfolgsserie zu erwarten. Sein Sultan, der vom nahen Tode des unverläßlich gewordenen Freundes Michael Apafi Kunde erhält, will schleunigst noch einmal mit dem türkischen Ernennungsanspruch aus Eisenburger Tagen auftrumpfen und setzt Emmerich als Fürsten von Siebenbürgen ein. Der aber muß sich das Land erst erobern und rückt mit 16000 frischen Streitern Allahs sowie etlichen Walachenhaufen wieder ins Feld. Wenn ihm schon das geliebte Ungarn, wo einst der Vater bei der Verteidigung der Familienfeste Likawa gegen die Kaiserlichen zugrunde ging, verschlossen bleibt, dann soll sich wenigstens Siebenbürgen dem hochfliegenden Sinn des Emmerich beugen. Er reitet über den Törzburger Paß nach Kronstadt, siegt im August 1690 bei Tohany und wird vom Landtag in Hermannstadt als Regent anerkannt. Veterani kann gegen ihn nicht aufkommen und verliert viel von seinem bisherigen guten Ruf als Feldherr.

Emmerich Tököly hatte bei allen seinen historischen Auftritten eine besondere Gabe, die den kaiserlichen Gegenspielern mitunter abging. Er war nicht nur ein wortgewaltiger Mann, sondern auch ein guter Beobachter der jeweiligen verfassungsmäßigen Zustände. Schon seinerzeit, als er Kara Mustaphas Vorhut gebildet hatte, verkündete er zunächst in Leutschau und dann in manch anderem Städtchen die Wiederkehr konstitutioneller Verhältnisse und religiöser Freiheiten. Während damals die österreichischen Truppen herzlich wenig in Ungarn ausrichteten, war Emmerich ziemlich wirkungsvoll um das Ingangbringen der alten ständischen Verfassungsmaschinerie bemüht, was seine Herrschaftsgelüste legaler werden ließ und um so eher Wirkungen zeitigen konnte, als ihm 1683 sämtliche wohlhabende Bergstädte bis an die Waag zujubelten. Erst in Preßburg sollte sich das Blatt wenden. Nun, in der siebenbürgischen Angelegenheit begnügte er sich auch nicht mit der Ernennung durch den Großherrn, da er wohl wußte, auf welch schwachen Füßen diesbezüglich Entschließungen Stambuls standen. Er wollte ein rechtmäßig von den Ständen des Landes gekürter Fürst werden und war daher mit seiner Wahl durch den Landtag in Hermannstadt überaus zufrieden.

Heissler aber stehen bittere Zeiten bevor, er wird in dumpfen Kellern mit schweren Eisen angekettet und wie ein Tier verpflegt. Es fehlt nur noch, daß man ihm einen islamischen Kriegsverbrecherprozeß macht. Die Österreicher versuchen über diplomatische Kanäle lange vergeblich, das Los des im Kerker Dahinvegetierenden zu bessern. Inzwischen marschiert der Markgraf von Baden mit einem Heer, gegen das Tököly ein, zwei größere Treffen verliert und nachher nichts mehr ausrichten kann, in Siebenbürgen ein, wo der alte Landesregent Michael Apafi, der mit seiner Art des Lavierens zwischen der Wiener Hofburg und der Pforte dem Herzog von Savoyen irgendwie ähnlich war, im Jahr 1690 tatsächlich die Augen geschlossen hat.

Jetzt wird Kaiser Leopold seinerseits aktiv und publiziert das berühmte Diplom vom 4. Dezember 1691, das auf einen Grundvertrag zwischen Siebenbürgen und Österreich hinausläuft und alle Rechte der somit Angeschlossenen erneut garantiert. Nicht nur Glaubensbekenntnisse und Stände, auch drei „politische" Nationen, also Magyaren, Szekler und Sachsen, werden in ihrer bisherigen Selbständigkeit gegenüber der ungarischen Krone anerkannt. Besonders der General Caraffa, den wir eigentlich als radikalen Verfechter von Thron und Altar kennengelernt haben, sprach sich hier für konfessionelle Freiheiten und Achtung der nationalen Individualitäten aus, damit das Land gedeihen könne. Der Sohn des verstorbenen Apafi wird von Wien in jahrelangen Verhandlungen, in die immer wieder türkische Stoßarmeen einzugreifen suchen, veranlaßt, auf die Nachfolgerechte zu verzichten. Der schließlich von seiner legitimen Anwartschaft Zurücktretende bekommt dafür eine Monsterrente ausbezahlt.

Kehren wir noch einmal in jenes Belgrad zurück, das wie erinnerlich in den ersten Septembertagen des Jahres 1688 von 53000 Kaiserlichen überwältigt worden war und nachher eine Etappenstation für die in ihren kurzen Balkankrieg marschierenden oder von dort zurückkehrenden Österreicher abgab. Beim Anblick der von der Erstürmung stark mitgenommenen Oberen und Unteren Festung, also der exponierten Stelle über dem Zusammenfluß von Donau und Save, sowie nach einem Lokalaugenschein bei der elenden Kirche, die von den Türken als Magazin benützt wurde, und den nicht minder schäbigen Häusern der Wasservorstadt kann sich niemand denken, wie wichtig diese Örtlichkeit für die Zustände Europas bleiben wird. Eher erscheint glaubhaft, daß Belgrad weiterhin seine Besitzer wechseln werde. Nur etwa ein Jahr lang sollten sich die Österreicher nach der Waffentat Max Emanuels in diesen Mauern aufhalten dürfen, dann geht alles wieder an die Türken verloren. Herzog Karl Eugen von Croy, ein wallonischer Aristokrat, dessen Vorfahren im Stammschloß bei Amiens von Kaiser Maximilian I. die Reichsfürstenwürde erhalten haben, wird 1692 ohne Erfolg versuchen, den Platz für Österreich zurückzugewinnen. Karl Eugen war nicht der einzige seiner Verwandtschaft auf seiten Österreichs, Geschichtsbeflissene werden noch öfters auf die Croys stoßen.

Aber das „Wiederum-Kriegen", wie es später im Prinz-Eugen-Lied heißen wird, erwies sich als bedeutend schwieriger als die schnelle Preisgabe Belgrads wenige Monate nach der somit nutzlos gewordenen Belagerung und Einnahme durch die

Österreicher unter dem bayerischen Kurfürsten. Jede erfolgversprechende Aktion sollte durch die Beschäftigung Habsburgs im Pfälzischen und im Spanischen Erbfolgekrieg um Jahrzehnte hinausgeschoben werden, und Karl Eugen Croy wird die erneute Inbesitznahme nicht erleben, weil er schon 1702 als Gefangener in Reval zugrunde geht. Aber sehen wir zuerst nach, wie Belgrad den Österreichern aus der Hand rutscht bzw. was die Türken trotz anderweitiger Niederlagen alles unternehmen, damit Stadt und Festung endgültig in ihrem Eigentum verbleiben. Die Pforte wußte genau, was Belgrad bedeutete.

Während der Hof zu Wien den Verlust von „Griechisch-Weißenburg" mit Fassung trägt, werden die kommenden 27 Jahre, in denen Belgrad wieder türkisch ist, für die öffentliche Meinung Österreichs wie auch für die Stimmung im Heer aus dieser Stadt ein Symbol für kurzes Glück, das man verloren hat, machen. Man weiß hier den Sperrhaken für die sagenhaften Territorien des byzantinischen Imperiums aus Olims Tagen vergraben und vergißt nicht, daß der Habsburger den geheimnisvollen oströmischen Doppeladler als Wappentier führt. Die Sehnsucht nach Stadt und Festung erhält von Jahr zu Jahr ungeachtet aller anderweitigen Siege und Friedensschlüsse mehr Auftrieb.

Der Croy kam für die Wiederinbesitznahme, wie gesagt, nicht in Frage. Er stand erst seit 1687 unter den Fahnen Österreichs, sollte zwar bald nach seinem vergeblichen Handstreich auf Belgrad für zwei Jahre zum Oberbefehlshaber aller Leopoldinischen Südostarmeen emporsteigen, aber nur einen Lückenbüßer nach der Versetzung des Markgrafen Ludwig abgeben. Momentan, also Anfang Oktober 1690, halten sich noch österreichische Soldaten in der Festung auf, freilich sind auch schon türkische Streifkorps in der Nähe, weil Nisch und Widin, wo sich Tökölys Leute erfolgreich einmischten, sowie mehrere Plätze in der näheren Umgebung von den Kaiserlichen aufgegeben werden mußten. Der Nachschub von daheim kommt nur unregelmäßig, die Krankenstände sind hoch, die Stimmung ist gedrückt, der große Rausch des Vormarsches hat sich verflüchtigt.

Die Österreicher setzen sich in diesem Sektor überall auf die Donaulinie ab, lassen nur eine schwächere Garnison in Belgrad zurück und beziehen auf der anderen Seite des Stroms Stellungen. Großwesir Mustapha Köprülü schiebt sein Riesenheer mit dementsprechender Artillerie an die Bastionen der Stadt heran, seine Kanonade wird eine Woche lang von den Verteidigern durchgehalten, dann fliegt eine Pulverkammer in die Luft und erschlägt die halbe Besatzung. Belgrad ergibt sich am 8. Oktober 1690 wieder den Osmanen.

Zu diesem Datum ist der Markgraf Ludwig in Siebenbürgen aber bereits mitten im Aufräumen begriffen, und die letzten türkischen Zufluchtsorte aus dem Anfangsstadium des Zweiten Leopoldinischen Südostkrieges beenden ihren Widerstand. Schon fünf Monate zuvor war Kanischa übergeben worden, als Rest verbleiben jetzt noch Temesvar, Großwardein und einige Burgen, die nicht mehr von Bedeutung sind. Man merkt, welchen Terminplan die Österreicher einzuhalten suchen, indem sie, um es modern auszudrücken, Raum gegen Zeitgewinn verkaufen. In dieses Konzept gehört auch die schon einmal genannte Behauptung jenes Höhlensystems im Banater Gebirge oberhalb von Alt-Orsowa am linken Donauufer, wo sich über Auftrag von General Veterani 300 Österreicher festsetzen. Unter Anleitung ihres Obristen Arnau halten sie an den Höhleneingängen die türkischen Massen tagelang auf. Freilich, jene Wochen, in denen die kaiserlichen Regimentsschreiber Proklamationen zur Erhebung der südslawischen Völker gegen die verhaßte Türkenherrschaft verfaßten und die Generäle schon an die Eroberung von Edirne-Adrianopel, wenn nicht an noch mehr dachten, waren unwiderbringlich dahin, Ludwig XIV. schien hier in der Tat die Verdunklung einer Sternstunde Österreichs gelungen zu sein.

Aus Furcht vor der osmanischen Rache waren bereits zwei Jahre früher 36000 serbische und albanische Familien, welche das christliche Heer beim Vormarsch willkommen geheißen hatten, unter Führung des Arsen Tschernojewitsch aufgebrochen und dem Rückzug der Truppen Habsburgs gefolgt. Leopold I. sicherte den heimatlos Gewordenen durch das Privilegium vom 21. August 1690 die freie Religionsausübung, die Patriarchen- und Woiwodenwahl und die selbständige Gemeindeverwaltung zu. Die Flüchtlinge siedelten in den entvölkerten Landstrichen Slawoniens und Syrmiens sowie bei Szegedin, Raab und anderen Plätzen und wurden gute Österreicher.

Im Sommer 1691 ließ Mustapha Köprülü alle türkischen

Streitkräfte, die er nach der Rücknahme Belgrads im Nahbereich der Festung versammeln konnte, den Save-Fluß aufwärts ziehen. Am 19. August wurden die Vordringenden halbwegs zwischen Belgrad und Peterwardein beim Orte Salankamen der österreichischen Macht ansichtig, welche dort unter dem Markgrafen von Baden, der in Siebenbürgen mittlerweile reinen Tisch gemacht hatte, auf den Feind wartete. Auch Guido Starhemberg und Feldmarschall Caprara hatten mit ihren Verbänden den „Türkenlouis" verstärkt, um gemeinsam eine Entscheidung herbeizuführen, die ein klares „Bis hierher und nicht weiter" nach Stambul signalisieren sollte. Auf osmanischer Seite hatte sich Emmerich Tököly eingefunden, für den es in Siebenbürgen nichts mehr zu tun gab und der jetzt wieder gern an Ungarn dachte. Über sein Schicksal sollte jedenfalls die bevorstehende Schlacht entscheiden. Für den Großwesir, der sich hinsichtlich des Umfanges der gegnerischen Konzentration nicht ganz im klaren gewesen sein dürfte, wurde es kein guter Tag, das heißt, sein Lebensabend brach schon zu Mittag an. Furcht kann man dem letzten Köprülü allerdings auch in der bevorstehenden Sterbestunde nicht ankreiden, eher noch die bei den Muselmanen bereits zur Tradition gewordene Überschätzung der Spahi-Reiterei und ihrer Manövrierkünste, an die sich die andere Seite im Verlauf des ungarischen Feldzuges ganz gut gewöhnt hatte. Nichtsdestoweniger gab es im Zuge der Kampfhandlungen rund um Salankamen für Österreich ein paarmal recht prekäre Situationen, die aber vom Markgrafen selbst wie von den meisten Unterführern in nahezu vorbildlichem Zusammenwirken bewältigt werden konnten. Nur Dünewald löckte anfangs wider den Stachel. Schon nach wenigen Stunden mußten sich alle Beteiligten sagen, daß die Menschenopfer bei Freund und Feind alle in letzter Zeit erfolgten Schlächtereien weit übertreffen würden. Am Abend bedeckten tatsächlich über 12000 türkische Leichen die Walstatt, die österreichischen Verluste hielten sich angesichts dieser ausgebreiteten Geiermahlzeit doch in erträglichen Grenzen. Tököly war mit einigen Getreuen trotz heftiger Verfolgung durch kaiserliche Kavallerie der österreichischen Nemesis entkommen. Auch die völlig durcheinandergebrachten Janitscharen-Bassas und ihre Hilfsvölker rannten bei Dunkelheit in Richtung Belgrad davon, während die österreichischen Generäle dem Ludwig von Baden zum glanzvollsten Sieg seiner Karriere als habsburgischer Offizier gratulierten.

Er und die Armee hatten damit das Königreich Ungarn fürs erste abgesichert und auch Siebenbürgen vor weiteren türkischen Aktionen in naher Zukunft bewahrt. Aller Voraussicht nach würde Stambul beträchtliche Zeit zum Erholen brauchen, zumal die ganze osmanische Bagage, die Kriegskassen, Rinderherden und Zugvieh, Kanonen und Munitionsvorräte am Schlachtfeld zurückgeblieben waren. Die Wiener Regierung konnte ihre besorgten Blicke wieder nach Westen wenden. Der Markgraf dirigierte den Hauptteil des österreichischen Heeres nunmehr vor die noch immer von den Türken gehaltene Festung Großwardein weit im Nordosten, die allerdings sehr lange belagert werden mußte, bis sie zur Übergabe reif war. Aber es ergab sich der Vorteil, daß sowohl in Großwardein selbst wie auch im Terrain ringsum starke osmanische Kräfte festgenagelt wurden, die für Operationen des Feindes an anderen Abschnitten unentbehrlich waren. Später wurde noch die Burg Bihacs berannt, dieses Vorhaben jedoch Anfang Juli 1697 aufgegeben, weil sich die beiden Kommandeure der Belagerungsstreitkräfte, die Grafen Auersperg und Bátthyány, nicht über die Angriffsart einigen konnten.

Vom Versuch des Croy, aus dem osmanischen Desaster bei Salankamen Nutzen zu ziehen und Belgrad wieder zu vereinnahmen, haben wir schon gelesen: Weder an dieser Stelle noch an anderen Punkten sollten im nächsten Jahr wie auch später österreichische Versuche gelingen, die Südostfront noch einmal in Bewegung zu setzen. Nach dem Wallonen Croy und Feldmarschalleutnant Heissler übernahm 1695 August der Starke das Oberkommando der kaiserlichen Armee für eine relativ kurze Zeitspanne, die jedoch genügte, um die Moral der Truppe erheblich abzusenken sowie ihr Versorgungssystem in Unordnung zu bringen. Kleinere Gefechte und Vorstöße endeten bestenfalls unentschieden, und die Mannschaften fühlten sich bald an einem vergessenen Abschnitt des europäischen Kriegstheaters dem landesüblichen Morast mit seinen Krankheiten und Hungerwochen ausgeliefert. Soldrückstände und das Schwinden jeglicher Möglichkeit zum Beutemachen senkten die Stimmung der gemeinen Weiß- oder besser Perlgrauröcke weiter ab, während von der türkischen Balkanhälfte undeutliche Gerüchte über Karawanen und anmarschierende Ersatzkämpfer allmählich vermuten ließen, daß der neue Potentat am Goldenen Horn einen entscheidenden Schlag vorbereite. Als der sächsische August verschwand, um sich der polnischen Thronfrage zu widmen, weinte ihm niemand in Zelt und Logis eine Träne nach.

In den verdreckten Armeequartieren konnte man sich nicht vorstellen, wie feierlich vor den Toren Stambuls bei der alten Moschee Ebu Eyyub der neue Sultan Mustapha mit jenem Säbel umgürtet worden war, welcher das äußere Zeichen zur Unterwerfung anderer Länder „auf dem Wege Allahs" darstellte. Die Absichtserklärung des Großherrn hierfür hatten die Janitscharen bereits am darauffolgenden Tag gebührend zur Kenntnis genommen. Im vorliegenden Fall bedeutete dies, den eingeschlafenen Krieg mit Österreich zu beleben, wobei zunächst wieder Einfluß auf das Geschick des Fürstentums Siebenbürgen genommen werden mußte, wo die Tököly-Episode bereits der Vergangenheit angehörte. Mustapha marschierte prompt mit allen, die er gerade vorfand, nach Siebenbürgen hinauf, und wir werden noch hören, wie es ihm dort erging. Seine mehr oder weniger erfolgreichen Interventionen bestärkten ihn jedenfalls, einen Generalangriff an der Donaulinie in Betracht zu ziehen, mit dem sich die siebenbürgische Frage ebenso lösen würde wie die Zustände in Pannonien, die von der Pforte als überaus schmachvoll empfunden wurden. Deshalb traf der Sultan im Frühjahr 1697 im nunmehr wieder ganz orientalisch gewordenen Belgrad ein und sammelte nicht weniger als 150000 Krieger um sich. Diese in jüngster Vergangenheit nicht vorhandene Menge und ihre Aufstellungsweise ließen Beobachter vermuten, daß er im Rahmen eines großen Feldzuges zunächst Peterwardein angehen und daher die Save exakt in dieser Richtung überschreiten werde. Aber Sultan Mustapha wandte sich, mit einem Auge immer wieder nach Siebenbürgen schielend, gegen die weiter östlich gelegene Festung Titel, wo acht Bataillone kaiserlicher Infanterie sowie das Kürassierregiment Caprara in Garnison lagen. Der Generalwachtmeister Nehem, dem der Oberstleutnant Marchese Cusani mit einigen Schwadronen Kavallerie zu Hilfe kam, verteidigte den Platz eine Zeitlang und zog danach auftragsgemäß in Richtung Peterwardein ab.

Während der anscheinend jetzt zu Ende gehenden langen Gefechtspause hatte sich die Belgrad gegenüber postierte Heeresgruppe Österreichs mürrisch jenem Drill untergeordnet, für den die Feldmarschalleutnants Regal und Wallis ein ultramodernes „Regulament eines kayserlichen Regiments zu Fuess" entworfen hatten. Noch bewahrte jede Einheit daneben ihr eigenes Exerzitium. Aber das erwähnte Reglement umfaßte schon für alle die gleiche Marschordnung, die tönenden Regimentsstreiche, die Ehrenbezeigungen, das Exerzieren der Oberoffiziere, die Explikation und die Durchführung der Handgriffe in Reih und Glied, die Bildung der Bataillonskarrees, wenn es hart auf hart gehen mochte, das Exerzieren mit der Schweinsfeder und anderes. Aber die Herren Regal und Wallis nahmen es auch mit formellen Dingen sehr genau. Sie erklärten ihren Schülern, wie „Kriegsrechtsurtheile" zu publizieren seien, legten eine Begräbnisordnung fest und befaßten sich eingehend mit Bereitschaften, Ronden und dem militärischen Benehmen bei Hinrichtungen. Im einzelnen zählten sie 56 Tempi für das Laden und Abfeuern der Luntengewehre auf und beschrieben die Aufstellung eines Zuges in fünf oder sechs Gliedern. Auch die große Anzahl der Kommandos sowie deren mitunter sehr komplizierte Ausführung konnte man bei den beiden Pedanten nachblättern.

Mittlerweile war es in Nordungarn zu Gewalttaten und Aufruhrakten gekommen, weil die dort einquartierten kaiserlichen Truppen keinen Sold bezahlt erhielten und daher die Gegend auszuplündern begonnen hatten. Abermals hatte der Krieg im Westen die Fürsorge zugunsten der Südostarmee geschwächt. Aus Wien kamen auch keine besonders erhebenden Informationen an die Front. Kopfschüttelnd vernahmen höhere Offiziere, daß klerikale Klüngel sogar den Exilmonarchen Jakob Stuart gegen Wilhelm III. von Oranien unterstützen wollten, nur weil ersterer Katholik geworden und der zweite irgendeinem der antipapistischen Glaubensbekenntnisse zugetan sei. Die Römische Majestät ließ sich durch solche Quertreibereien jedoch nicht mehr beirren und hielt zu Wilhelm, während man den entthronten Jakob am Gängelband des Königs von Versailles befindlich wußte. Seine Ruhestätte wird der in London Abgesetzte freilich erst im Petersdom finden. Übrigens, die Kaiserin Eleonore stiftete anno 1695 eine Fahne für die Leibkompanie jenes neuen Regiments, das ihre Brüder, die Herzöge von Neuburg, zur Zeit in Donauwörth aufstellten.

Es handelte sich um Marschierer des alten Deutschen Ritterordens, weshalb sie die Bezeichnung „Teutschmeister“ und entsprechende Abzeichen erhielten. Das Regiment wurde auf Donauschiffen an Wien vorbei nach Siebenbürgen gebracht, wo es Quartier nahm, um am 6. September 1697 in der Szireger Heide türkische Reiterei vorzufinden und die Feuertaufe zu empfangen. Als Kommandant fungierte damals ein Oberstleutnant Damian Hugo Graf Virmond, dessen glorreicher Augenblick erst fünf Tage später eintreten wird, als die Sonne über den Theißauen beim Dorfe Zenta zur Rüste geht. Im Jahr 1704 werden die Deutschmeister ihre erste Grenadierkompanie erhalten, 1709 bekommen sie eine zweite Abteilung dieser Waffenart, wobei besonders auf das Training im Schleudern von Handgranaten gegen befestigte Wälle Wert gelegt wird.

Wohl hatte sich Kaiser Leopold währenddessen von kleinlicher Unduldsamkeit in religiösen Dingen befreit, im Königreich Ungarn zögerte er mit der Realisierung seiner Zugeständnisse an die evangelische Kirche allerdings etwas länger als in den anderen, neu erworbenen Gebieten und bei den Nicht-Magyaren. Diese Haltung sollte noch zu sehr tragischen Ereignissen Anlaß geben. Man muß Leopold in dieser Hinsicht freilich manches zugute halten, z. B. daß er selbst einmal für den geistlich-katholischen Stand bestimmt war und daher entsprechendes Bildungsgut aufgenommen hatte oder daß die großen Treuebrüche in der Mehrzahl von reformierten Adeligen begangen worden waren; ferner, daß die katholische Kirche damals zu den wichtigsten Stützen des Hauses Habsburg und der absolutistischen Regierungsmaxime Wiens zählte und daß, im Gegensatz zu heute, diese Kirche auch die weltliche Obrigkeit für sich anerkannte sowie zu gewissem Gehorsam willens war. Im Fall Ungarns gab es noch einen besonderen Grund, den katholischen Wühlereien nicht allzufest entgegenzutreten. Leopold wollte Innozenz nicht kränken, saß doch dieser wirkliche Freund und Helfer Österreichs auf jenem Heiligen Stuhl, von dem aus einstens die Lehensgewalt hinsichtlich der Stephanskrone in Anspruch genommen wurde. Last, but not least hatte man sich auch noch nicht von jenem Religionsfrieden gelöst, der die Fürsten mit der Sorge um das Seelenheil ihrer Untertanen belastete und daher fürs erste den gleichen Glauben bei allen Betroffenen vorschrieb.

Dieser Friede bedeutete für das Römische Reich und das Königreich Ungarn, soweit es damals in habsburgischer Hand war, eine zumindest einseitige Rechtsverbindlichkeit, und der Ausgleich mit den Zielsetzungen der ungarischen Verfassung war nur über einen langen, dornenvollen Weg zu erreichen. In den späten Tagen Leopolds bot die Welt viel an geeignetem Anschauungsunterricht, wie solche Grundsätze zu handhaben wären: Da wurden lutherische Thronanwärter über Nacht katholisch, wenn sie über Katholiken regieren wollten, katholische Aspiranten taten bei gegenteiliger Sachlage genau das Gegenteil, eine dritte Kategorie wechselte von einem protestantischen Bekenntnis ins nächste hinüber. Fürstenhochzeiten boten ähnliche Anlässe. Der arme Leopold hätte gleichzeitig mehreren christlichen Glaubensrichtungen zugehören müssen, um angesichts der Vielschichtigkeit seiner Völker allen Erfordernissen „höherer" Art zu entsprechen. Jedenfalls wurden in den Jahren nach 1683, im Einklang mit dem Vormarsch und der Sicherung des pannonischen Raumes, über ein Dutzend ungarische Kirchengüter mit österreichischen Klöstern vereint. So übergab Leopold I. zwei magyarische Propsteien der Diözese Erlau dem niederösterreichischen Stift Pernegg, weil die dortigen Chorherren „zur Fortsetzung der Türkenkriege in opferwilliger Weise 230000 Gulden beigesteuert" hatten. Ewig hielten sich solche Zustände nicht, viele pannonische Ordensstätten wurden wieder nationalisiert bzw. fielen, ebenso wie die österreichischen Anstalten, später der Klosteraufhebung anheim.

Angesichts der spirituellen Sorgen weltlicher und geistlicher Oberhäupter im Ausklang des 17. Jahrhunderts, also bei Persönlichkeiten, die sich im Ritual ihrer Epoche viel näherstanden als heute begreifbar erscheint, möge der materiellen Opfer gedacht sein, die auf den unteren Sprossen der hierarchischen Leiter zu erbringen waren. Daß die Türken mit gefangenen katholischen Ordensleuten beiderlei Geschlechts nicht viel Federlesens machten, ist schon deshalb einleuchtend, weil der gesamte römische Klerus zu den Trägern des Widerstandswillens gerechnet wurde. In Ungarn blieb kein Kloster intakt, und die Stifte im niederösterreichisch-steirischen Raum waren es um

1683 nachgerade gewohnt, sowohl als Festungen wie als Geldquellen für den Kaiser zu dienen.

Ein Beispiel gibt Vorau im Nordostzipfel der Steiermark, wo man beim Anmarsch Kara Mustaphas unverzüglich 4500 Gulden für den Bau jener Schanze abliefern mußte, die in Graz zwischen dem Murtor und dem Admonter Hof aufgeworfen wurde. Außerdem hatte Vorau Robot für die Befestigungsarbeiten am Grazer Schloßberg zu stellen sowie bewaffnete Mannschaft an die Ostgrenze zu senden. Diese Soldaten taten noch lange nach der Entsatzschlacht vor Wien am Schöckl und in einigen Grenzorten Dienst, da der Kampf im nahen Ungarn plötzliche Gefahren für Land und Leute in der Steiermark nicht ausschloß. Das Kloster betreffend traten eine Kriegsabgabe in der Höhe von 20000 Gulden sowie weitere 4500 Gulden, die zur Fortsetzung der Wehrbauten auf dem Schloßberg beitragen sollten, zu den bereits aufgezählten Leistungen. Mittlerweile ritten magyarische Vasallen des Großherrn bedenklich nahe an Stift Vorau heran und verwüsteten einen Teil des geistlichen Besitzes. Das Kloster beteiligte sich selbstverständlich an der lokalen Abwehr dieser Streifscharen, mußte aber außerdem noch den zehnten Teil der laufenden Einkünfte an den Staat als außerordentliche Türkensteuer abführen. Freilich war die spätere Beute aus den Feldzügen im Südosten durchaus geeignet, auch an Wiedergutmachungsansprüche zu denken.

K. Gutkas meint in einer Abhandlung, man werde sich immer fragen müssen, wie es den Klöstern möglich war, so bald danach derart gewaltige Mittel zur Finanzierung ihrer Bauvorhaben aufzubringen. Er glaubt, daß die Einnahmen von Abteien wie Melk, St. Florian, Herzogenburg, St. Pölten oder Klosterneuburg überwiegend aus Grundbesitz, Zehent, Jagd und Fischerei sowie aus Verwaltungs- und Gerichtsfunktionen stammten. Trotzdem standen diesen Geldquellen das Ergebnis und die Folgen des Jahres 1683 noch lange entgegen. Südlich der Donau hatten 30000 Niederösterreicher den Tod gefunden, mindestens die gleiche Zahl war – diesmal ohne Unterschied des Geschlechts berechnet – verschleppt worden, ganze Ortschaften lagen ausgerottet da. Nach Gutkas wollten jetzt nicht nur der Hof und der hohe Adel durch Monumentalbauwerke Reichtum und Macht demonstrieren, auch die Kirche ersetzt systematisch alte Kirchen und Klöster durch mächtige neue Anwesen.

Dazu kamen Wallfahrtsheiligtümer, kleinere Monumente, Wegkapellen, Statuen usw., die jene bis heute typische donau- und alpenländische Sakrallandschaft darstellen, welche um 1700 ein wieder urkatholisch gewordenes Land ausweisen sollten. Die Verdichtungszone sakraler Kunstwerke waren der Nibelungengau und die Wachau, wo das wirtschaftliche Leben auf Straße und Donau pulsierte. Dem allgemeinen Wiederaufbau der Region mußte in den Jahren nach 1683 zunächst die Wiederbesiedlung vorangehen. Niederösterreich war hierzu infolge seiner geringen Bevölkerungsdichte allein nicht befähigt, die Neubewohner kamen aus Oberösterreich, der Steiermark, aus Tirol und Salzburg, aber auch aus der Schweiz, der Pfalz, aus Böhmen, Mähren, Schlesien, Bayern und Brandenburg. Die übriggebliebene bodenständige Einwohnerschaft nannte die Ankömmlinge oft hergelaufenes Gesindel, doch befanden sich zweifellos auch schöpferische Kräfte darunter, wie etwa Jakob Prandtauer. Allerdings ist gerade sein Name für die damalige Situation symptomatisch: Schon um 1600 findet Gutkas Tiroler, die Prandtauer heißen, in der Herrschaft Neulengbach, auf Gütern des Klosters Herzogenburg, an der Perschling und sogar im westungarischen Rust am Neusiedlersee. Alle diese Menschen kamen mit Ausnahme einer alten Frau beim Vormarsch des Kara Mustapha ums Leben. Vielleicht wanderte Jakob Prandtauer, der 1693 am Stift Dürnstein zu arbeiten begann, auch mit der Absicht ins Land unter der Enns, nachzuschauen, was aus den anderen Namensträgern geworden war. Wer mit wem tatsächlich verwandt war, läßt sich heute nicht mehr feststellen.

Wenn wir nach diesem volkspolitischen Exkurs noch einmal zur klerikalen Europapolitik im 17. Jahrhundert zurückkehren, muß festgehalten werden, daß die Vorgänger Innozenz' XI. auf dem Stuhle Petri sich zumindest seit Abschluß des Westfälischen Friedens bei der Unterstützung des Kaisers sehr schwächlich und bei ihren eigenen Aktionen glücklos gezeigt hatten. Alexander VII. konnte 1664 dem Diktat des französischen Königs kaum begegnen, Clemens IX. mußte erleben, wie die päpstliche Hilfsflotte in den Zusammenbruch Venedigs auf Kreta hineingezogen wurde.

Während der Herrschaft von Clemens X. ereigneten sich wenigstens die Erfolge Sobieskis gegenüber jenen türkischen Heeren, die sich damals Polens bemächtigen wollten. 1676 begann das Pontifikat Innozenz' XI. Damit waren in Rom das vorläufige Ende der Verschwendung und Verwandtenwirtschaft, die Rückbesinnung auf den Wert des alten abendländischen Kaisertums, wie es Leopold I. verkörperte, und die energische Behauptung der päpstlichen Interessen gegenüber Frankreich gekommen. Über alles ging Innozenz jedoch der Abwehrkampf gegen den Islam. Er drängte durch seinen Nuntius trotz mancher Bedenken auf das Zustandekommen des Friedens von Nimwegen, nur um des Kaisers Kräfte für Ungarn freizubekommen. Denn der Papst erfaßte die türkische Gefahr in ihrer ganzen Größe und wußte, daß Habsburgisch-Ungarn schon wegen der schwebenden Auseinandersetzungen mit Polen osmanisches Angriffsziel werden mußte. Er kannte auch die neue Art des Krieges, wie er um die Inselfestung Candia erstmals mit Grabensystemen, Stollen, Sprengungen und Kanonaden lange und pausenlos von den Türken praktiziert worden war. Innozenz glaubte nicht an den von Wien angepeilten Interessenausgleich in Südosteuropa und konzentrierte sich darauf, Ludwig XIV. neue Angriffe im Westen halbwegs auszureden sowie seinen Legaten bei Sobieski auf einen Bruch Polens mit den aufständischen Magyaren hinarbeiten zu lassen. Während Wien von den Osmanen bedroht wurde, bemühten sich Leopold I. und der Papst, den in Norditalien und Tirol als wundertätig angesehenen Marco d'Aviano für eine Sondermission bei der in Aufstellung begriffenen Streitmacht gegen die Türkei zu gewinnen. Der oberste Hirte der katholischen Christenheit sollte die Genugtuung erleben, daß dieser Mann 1684 entscheidend an der Gründung der Heiligen Liga zu Linz zwischen dem Kaiser, Polen, Venedig und dem Kirchenstaat beteiligt war. Weniger Genugtuung wurde dem Franziskanerorden zuteil, welcher vor dem Türkensturm in den Orten südlich von Wien und im Wienerwald mehrere Niederlassungen unterhalten hatte. Zahlreiche Mönche ließen sich mit der Abreise zu lange Zeit, als Kara Mustapha gegen Wien anritt, und wurden von den Tataren überrascht. Es gibt daher relativ viele Märtyrer unter dieser Klostergemeinschaft im Wiener Raum, die heute allerdings so gut wie vergessen sind.

Andererseits waren Franziskaner, Jesuiten und Kapuziner früher wiederholt im Gefolge der pompösen Botschaftsreisen nach Konstantinopel mitgefahren, um von dort aus zu ihren Missionszielen in Persien und Indien zu gelangen. Ein Linzer

Jesuit besuchte um die Jahrhundertmitte auf diese Art als erster Europäer Tibet.

Nun zu den Laien: Natürlich gab es auch Pilgergruppen, die im Schutz der kaiserlichen Gesandten über Stambul nach Jerusalem und sogar bis ins Kloster am Sinai weiterzogen. Darunter befanden sich nicht nur Gläubige katholischer Richtung, sondern auch Häretiker, Reiseberichterstatter und barocke Abenteurer.

Von 1683 an konnte, zumindest bis zur Jahrhundertwende, von solchen Verkehrsmöglichkeiten keine Rede mehr sein, was natürlich auch für den Handel galt, der sich zur Freude der Seemächte ganz andere Routen suchen mußte. Seit Beginn der Türkennot hatte Papst Innozenz in der Ewigen Stadt öffentlich für Österreich Gebete verrichtet, er schickte Geld und trieb durch seine Legaten allerorts zur Hilfe für den Kaiser an. Er erinnerte sich, daß der große Suleiman vor Zeiten Rom einnehmen und das westliche Patriarchat abschaffen wollte. Innozenz konnte sich nicht vorstellen, wie wenig seine Nachfolger für die Abwehr des Islam tun würden. Nur ein ängstlicher Clemens wird in der längeren Reihe künftiger Pontifices seine Überlegungen kurzfristig in diese Richtung lenken und dem Prinzen Eugen einen geweihten Hut samt Degen senden. An die Stelle jener Hilfe, die Innozenz dem Kaiser Leopold gegen Frankreich bot, werden schwere Auseinandersetzungen zwischen Österreich und den Heiligen Vätern treten, von denen Paris profitiert. Schon 1688 sah sich Innozenz in der unangenehmen Lage, daß er den katholischen Stuart Jakob II. nicht unterstützen konnte, während er dem Kaiser, der seinerseits mit dem protestantischen Gegner des Erstgenannten, nämlich mit Wilhelm von Oranien, kooperierte, weiterhin jede Hilfe angedeihen lassen mußte. Aber die unbekümmerte Haltung Ludwigs XIV. gab den Ausschlag: Ludwig schickte den Nuntius in den Arrest, drohte mit einem Konzil, dem Einmarsch in den Kirchenstaat und mit der Loslösung der französisch-katholischen Kirche von Rom nach britischem Muster. Innozenz blieb daher bei seiner bisherigen Linie und erinnerte sich, daß Ludwig sogar den Marco d'Aviano arretieren und abschieben ließ, als dieser einmal Frankreich besuchte.

Im Türkenjahr 1683 war der schließlich auf Betreiben des österreichischen Botschafters in Venedig bereite Sendbote

Marco d'Aviano reichlich spät in die Erblande Habsburgs gekommen. Erst am 14. August zeigte er dem in Passau weilenden Kaiser an, daß jetzt die Fahrt über die Alpen beginne. Als Angehöriger des an besondere Gelübde gebundenen Kapuzinerordens hätte er eigentlich zu Fuß über die Berge steigen müssen, aber er bekam eine Ausnahmegenehmigung. Am 2. September traf er in Oberösterreich ein, wohin das Hoflager von Passau her übersiedelt war, und bestieg ein Donauschiff, das ihn stromabwärts zur Armee brachte. Freilich, Leopold kannte den Besucher bereits von einem früheren Zusammentreffen in Linz, auch war der Geistliche einmal in Wien als Prediger aufgetreten und hatte dabei durch verschiedene politische Anspielungen ziemliches Aufsehen erregt. Von Abraham a Sancta Clara war man mehr Derbheit, aber etwas weniger Informiertsein gewöhnt. Überhaupt, die beiden Kanzelredner, deren Einfluß heute mit nichts verglichen werden kann, stellten sehr verschiedene Naturen dar. Für Sancta Clara galten zunächst nicht die Türken, sondern die Pest als Zuchtrute gegen die Laster der Zeit. Er meinte, einiges von der religiösen Vorstellungswelt der Osmanen billigen zu können und rühmte ihren Gottglauben sowie ihren mitunter asketischen Lebenswandel. Sancta Clara war Augustinermönch, mit deutlicher Hinneigung zu den Jesuiten, die 1683 teilweise in Zivil vor Kara Mustapha flohen, weil sie Übergriffe der gegen sie aufgebrachten Landleute und Handwerker fürchteten. Der Kapuziner aus Italien wiederum betrachtete den Islam als Hauptfeind der Christenheit und stand der Gesellschaft Jesu sehr reserviert gegenüber. Bei Hof hatten beide ihre Förderer und Kritiker, doch es scheint, daß Leopold in Marco auch ein willkommenes Gegengewicht angesichts der Macht jesuitischer Beichtväter suchte. Freilich, beim Gebrauch der deutschen Sprache war Sancta Clara dem Südländer eindeutig überlegen. Marco entstammte einer friulanischen Patrizierfamilie und nannte sich nach Kapuzinerart Marcus aus dem Orte Aviano. In seiner Jugend wollte er zunächst nur als Laienbruder seiner Demut vor Gott Ausdruck verleihen, stellte sich vor, man könne die Türken zum Christentum bekehren, rannte aus einem Jesuitenkolleg davon, kam in Istrien zu den Kapuzinern und wurde dann deren Priester.

Ab 1684 stellte sich Marco angesichts andauernder Mißstände in der Armeeführung als Ratgeber bei den Generälen ein und begann regelmäßige Kriegsberichte für den Kaiser zu verfassen. An der Eroberung Ofens anno 1686 nahm er in ähnlicher Funktion wie während der Schlacht am Kahlenberg teil. Anschließend riet er leidenschaftlich vom Eingehen auf türkische Friedensangebote ab, warb für den Zug gegen Belgrad und vermittelte wiederholt bei Unstimmigkeiten in der Heeresleitung. Ende 1688 sah er seine Arbeit als Moses der christlichen Streiter für beendet an, hatte auch schon ernste gesundheitliche Schäden aufzuweisen und reiste über Wien ins Kloster nach Padua, wo er ausruhen wollte.

Ein Jahrzehnt später ruft ihn Leopold von dort ins Hoflager zurück, weil der Kaiser überall das Nachlassen des Kampfgeistes wegen seines überlangen Türkenkrieges registrieren muß. Marco soll die erschöpften Gemüter erneut entflammen. Der Kapuziner kommt nach Wien und nimmt in einer Klosterzelle am heutigen Neuen Markt Wohnung, fühlt sich aber bald so schwach, daß ihn Kaiser, Kaiserin und andere Prominente besuchen müssen. Am 13. August 1699 spricht das Herrscherpaar an seinem Bett mit ihm die Sterbegebete. Leopold und Eleonore gehen hinaus und werden gleich zurückgerufen, weil d'Aviano das Atmen eingestellt hat. Weinend schreitet die Majestät nachher zur Karosse, während halb Wien am Vorplatz auf den Knien liegt.

In diesem Sommer fungierte Otto Graf von Abensperg und Traun bereits das neunte Jahr als Landmarschall unter der Enns. Dieses Mitglied des niederösterreichischen Herrenstandes hatte noch auf der Feste Aggstein in der Wachau als Sohn einer Gräfin von Zinzendorf und Pottendorf das Licht der Welt des Dreißigjährigen Krieges erblickt, war zuerst streng protestantisch, dann streng katholisch gesinnt und bekämpfte 1679 organisatorisch die Pest. Er bemühte sich 1683 um die Verteidigung des Marchfeldes und bildete in Eile den Brückenkopf bei Mautern am Südostende der Kremser Donauquerung. Die Nachfahren des Otto werden sich zumindest das 18. Jahrhundert hindurch daran ein Beispiel nehmen und Österreich treu bleiben, als die meisten oberösterreichischen und böhmischen Adeligen ihre Herrscherin Maria Theresia verraten. Auch Feldmarschall Traun wird des Otto öfters gedenken, sagte man doch dem Altgrafen nach, daß der Donauübergang des alliierten Entsatzheeres bei Tulln auf seine Stimme im Kriegsrat hin erfolgt sei. 1703 wird der Alte die Kuruzzenabwehr rund um Wien aufbauen und stets einer derjenigen sein, die hergebrachten Landespatriotismus und ständisch-stolzes Bewußtsein mit dem Dienst an der Monarchie des Hauses Österreich zu verbinden die innere Kraft haben. Das ihm 1694 umgetane Goldene Vlies begleitet Otto zu der Würde eines Vorstehers im Oberst-Erbland-Panier- und Fähnrichsamt ob und unter der Enns sowie zu den Aufgaben eines ständischen Archivreformators, Landschaftsakademieerneuerers und Inhabers weiterer Ehrenfunktionen, die ihrerseits an die wundertümliche Welt um 1700 gemahnen. Von diesen Pflichten wissen die nicht minder skurrilen Romanfiguren eines Herzmanovsky-Orlando 120 Jahre später viel zu erzählen. In langer Allongeperücke freiten gräfliche Gnaden dreimal und bezogen schließlich aus den Grafschaften Wolkenburg, Egloff sowie zeitweise aus Abensberg und Alten, aber auch aus den Herrschaften Traun, Petronell, Maissau, Rapottenstein, Bockfließ, Großschweinbarth und Bisamberg erkleckliche Einkünfte. Die verewigten Gattinnen hatten ihrem Gespons eben jeweils einiges hinterlassen!

Andere waren nicht so langlebig oder gehörten noch zu den Recken des Dreißigjährigen Krieges. Für sie kam vor der Jahrhundertwende die Endstation. Der alte tschechische Wienverteidiger Zdenko Kaplier von Sullowitz war schon 1686 im Rang eines Generalfeldmarschalls gestorben. Der Nachfolger jenes Hoch- und Deutschmeisters J. K. von Ampringen, welcher als Gubernator Ungarns vor dem Wiener Türkensturm bereits in manches Mißgeschick hineingeraten war, entstammte dem Haus Pfalz-Neuburg und stritt bis 1688 als erfolgreicher General Österreichs. Er starb 1694 als Bischof von Lüttich, während Feldmarschall de Souches schon ein Jahrzehnt früher verbittert und verfemt das Zeitliche gesegnet hatte. Markgraf Hermann von Baden, der Onkel des Türkenlouis und Förderer Eugens, starb 1691; Caraffa, dessen Einsatz vor Belgrad noch mit der Reichsgrafenwürde und dem Goldenen Vlies belohnt worden war, folgte Hermann zwei Jahre später ins Jenseits. Feldmarschall Rudolf Rabatta, der Sohn eines mächtigen Statthalters von Gradiska, gab 1689 als Gouverneur von Ofen seinen Geist auf.

5. KAPITEL

Wiener Kaffee

Das Wiener Kaffeehaus der neunziger Jahre des 17. Jahrhunderts mit seinen Stammgästen aus Offiziers-, niederen Adels- und Bürgerkreisen an die Spitze eines Kapitels zu stellen, erscheint der besonderen Wertschätzung des Getränkes wegen angängig. Aber es muß gleich gesagt werden, daß es schon mehrere Jahre in Venedig, Marseille, Paris, London und Hamburg Kaffeehäuser gab, bevor die Armenier in Wien mit dem Kaffeeausschank begannen. Hierbei finden wir wieder jenen Schneidermeister J. Diodato, den wir schon im belagerten Ofen getroffen haben und der jetzt sein elegantes Gewerbe vernachlässigt, weil ihm vom Hofe zu Wien Steuerfreiheit für Kaffeesiedereien gewährt worden ist. Diodato dürfte sein erstes Lokal im Schwanfelnerischen Haus am Stephansplatz eröffnet haben. Bald danach kam es zur Bildung einer Genossenschaft bürgerlicher Kaffeesieder unter dem Armenier Lucasian, und 1686 wurden einige gefangene Türken im Stephansdom getauft, die sich in der Folge ebenfalls dem Verkauf von heißem Kaffee widmeten. Zeitweise bestand im Wiener Stadtrat die Absicht, für jedes Viertel einen bürgerlichen Kaffeesieder zu erlauben, wobei die ständig ihre Lokalitäten wechselnden Armenier dem obrigkeitlichen Ordnungssinn unlösbare Rätsel aufgaben. Angehörige dieses Volkes und türkische Einwanderer haben insbesondere nach dem Ende des Zweiten Leopoldinischen Türkenkrieges das Kaffeesieden in Wien ebenso monopolisiert wie die Söhne des Reiches der Mitte das Anbot chinesischer Enten in der Bundeshauptstadt der Zweiten Republik Österreich. Als Umschlag- und Stapelplatz für den Wiener Kaffee wird Belgrad genannt, viele Wiener Cafetiers fungieren gleichzeitig als Kuriere, Handlungsreisende und Delegationsbegleiter für den Balkan und Kleinasien. Es ist anzunehmen, daß Kundschafterdienste dabei nicht zu kurz kamen, und das Diskutieren über eben eingelangte und meist nicht völlig vertraulich behandelte Nachrichten in den von Tabak- und Bohnendunst erfüllten Gewölben der Stadt mag als erste Stufe der später hochstilisierten Wiener Kaffeehauspolitik empfunden werden. Übrigens, Tee und flüssige Schokolade werden sehr bald mit der Kaffeeausgabe verbunden. Auch jene periodischen Nachrichtenblätter, die das 17. Jahrhundert als Entstehungsepoche des Zeitungswesens in moderner Manier charakterisieren, wanderten bald in diesen Etablissements, etwa bei der Schlagbrücke oder im Haus zum Goldenen Rebhuhn gleich hinter dem Stephansfriedhof, von Hand zu Hand oder wurden vorgelesen. In den übrigen Städten Österreichs wurden die Kaffeesieder erst geraume Zeit nach 1700 heimisch, z. B. 1712 in Prag und 1724 in Graz. Dem Lucasian werden im nächsten Türkenkrieg noch allerhand Abenteuer bevorstehen, während seine biederen Wiener Gattinnen an der aufreibenden Arbeit in den Gasträumen und am reichen Kindersegen nacheinander versterben.

Die Kaffeetrinker Wiens haben sich bestimmt über Mißlichkeiten an der Südostfront um 1690 entsprechend alteriert, obwohl die Gewinnung Ungarns und Siebenbürgens allgemein für sicher gehalten wurde. Der damit verbundene Aufschwung des Binnenmarktes sowie die jetzt voll einsetzende Baukonjunktur riefen derart allgemeinen Optimismus, ja derartiges Selbstbewußtsein beim einfachen Mann ebenso wie unter den Staatsdienern hervor, daß von einer geistigen Verdrängung der Pestzeit und Türkennot von ehedem gesprochen werden kann. Der Sieg von Salankamen ließ den Stimmungspegel weiter steigen, der zu erwartende große osmanische Angriff senkte ihn wieder etwas ab. Man hatte das dumpfe Gefühl, daß der neue Sultan in Konstantinopel, der dem Haremshelden Achmed 1695 nachgefolgt war, jetzt besondere Stärke demonstrieren wollte. Man hörte, daß er selbst ins Feld zu ziehen beabsichtige, und stellte besorgt fest, daß er dies als erster Padischah nach dem schon in Vergessenheit geratenen prächtigen Suleiman zu tun gedenke. In der Tat traf noch im selben Herbst eine Meldung aus Siebenbürgen bei den Wiener Kaffeehausgästen ein, die auch durch starken Koffeingenuß nicht erträglicher wurde: Sultan Mustapha war mit einem türkischen Verband in das Großfürstentum eingedrungen und hatte Veterani bei Lugos geschlagen.

Dann trat wieder Ruhe ein. Fast ein Jahr danach, im August 1696, kam Mustapha mit einer neuen türkischen Einheit in der Nähe von Temesvar an und nötigte dort die Österreicher bei der Ortschaft Heltin, sich vor ihm zurückzuziehen. Ein Glück für Leopold I. und seine langwierige siebenbürgische Politik, daß der Padischah diesem Erfolg nicht recht traute und abermals verschwand. Aber Grund genug für Aufregung und Unbehagen in Wien, wozu noch jene Greuelgeschichten aus Westeuropa und Oberitalien kamen, die durch das in diesem Bereich wirksame Bündnissystem Österreichs nicht aus der Welt zu schaffen waren.

Inmitten solcher Hiobsbotschaften vernahm man vom Vorschlag des Hofkriegsratspräsidenten Ernst Rüdiger Starhemberg, der den 34jährigen Prinzen Eugen mit dem Oberkommando am Balkan betraut wissen wollte, und von der nahezu enthusiastischen Anpreisung dieses Kandidaten durch Starhemberg beim Monarchen. Eugen hatte sich nach dem Abspringen seines herzoglichen Vetters zu Turin ins spanische Mailand zurückgezogen und sorgte von dort aus für den Abtransport der österreichischen Regimenter aus Italien. Der Prinz von Commercy, der sich mit dem abtrünnigen Turiner sogar duellieren wollte, traf noch vor Eugen in Wien ein, erstattete bei Hofe Bericht und wurde Feldmarschall. Da sich der Himmel ohne Rücksicht auf anderweitige Vorgänge im Südosten verdüsterte, ernannte Leopold aufgrund der Anträge des Verteidigers der Kaiserstadt anno 1683 den Savoyer zum Befehlshaber aller in Ungarn und Siebenbürgen stehenden Teile des österreichischen Heeres und gab ihm Commercy zur Unterstützung bei. Damit war Eugen noch keineswegs in die Funktionen eines Generalleutnants oder Generalissimus hineingewachsen, aber immerhin ein seriöser Anwärter hierfür geworden. Er wird erst 1707 diese Rangerhöhung konsumieren, als Ludwig von Baden abtritt, später allerdings sogar zum Reichsfeldmarschall aufsteigen, wobei man die äußerst komplizierte Ernennungsprozedur für diesen Posten vereinfachte. Allerdings so simpel, wie es jener gewesene Insasse des Obdachlosenasyls in der Wiener Meldemannstraße einrichten wird, der 1940 Hermann Göring die gleiche Position verschaffte, hat es sich der Römische Kaiser bei Eugen nicht gemacht.

Die österreichischen Untertanen wären auch nie auf die

Idee gekommen, dem Prinzen von Savoyen die zusätzliche Bezeichnung Meier zu verleihen, wie dies der Volksmund des 20. Jahrhunderts bei Göring tat. Besagter Reichsmarschall hatte nämlich spaßhalber erklärt, daß er so heißen wolle, wenn ihm ein bestimmter Mißerfolg, den er für ausgeschlossen hielt, unterlaufen würde. Doch die betreffende Niederlage ließ nicht lange auf sich warten. Von Eugen sind andere markante Aussprüche und Leitsätze, darunter sein persönlicher Slogan „Österreich über alles", in Erinnerung.

Mittlerweile, das heißt, im Frühsommer des Jahres 1697, kratzte Guido von Starhemberg im Raum Esseg eine österreichische Armee zusammen, die schließlich 70000 Soldaten mit einschlägigem Gerät und Pferden zählte. Prinz Eugen traf Anfang Juli in Esseg ein. Die Versammelten betrachteten den neuen Oberbefehlshaber auf feurigem Rosse, gedachten des fürchterlich strengen Markgrafen Ludwig, verglichen den zierlichen neuen Mann mit dem unmöglichen August und warteten ab. Eugen schob die Depesche aus Wien, wonach infolge der vorgeschrittenen Zeit dieses Jahres nicht mehr viel unternommen werden solle, beiseite, obwohl ihm klar geworden war, daß man dem herannahenden Sultan Mustapha mit dessen geschätzten 140000 Kriegern hoffnungslos unterlegen sei. Schleunigst holte er den Grafen Auersperg herbei, der unschlüssig in der Gegend von Bihacs herumstand, den Grafen Rabutin aus Siebenbürgen und den Prinzen Vaudemont aus Oberungarn, um mit den solcherart alarmierten Einheiten der Genannten die Hauptmacht aufzustocken. Über das 100000er-Limit kam man freilich auch damit nicht wesentlich hinaus. Den Auersperg schätzte Eugen zunächst ebensowenig wie den Palffy, woran erstgenannter durch sein Benehmen größtenteils selbst schuld war. Sein Verhalten dürfte allerdings bei der bereits in mehrere Linien zerfallenen Sippschaft ein Ausdruck des Familienstolzes gewesen sein. Die Auerspergs waren schon während der kaiserlosen, schrecklichen Zeit im 13. Jahrhundert Lehensträger der Kärntner Herzöge, der Görzer Grafen und der Patriarchen von Aquileia gewesen und hatten in der Krain gehaust. Ein Andreas hatte schon vor 100 Jahren an der Kulpa gesiegt, ein anderer Auersperg wird in nächster Zeit den sattsam bekannten Herzog von Savoyen in Turin diplomatisch ins Gebet nehmen.

Selbstverständlich waren die Auerspergs seit jeher wackere

Türkenkrieger, die um 1700 im Prinzen von Savoyen nur einen lächerlichen Neuankömmling in diesen ihnen so vertrauten Händeln erblickten. Freilich, der alte Johann Weichard Auersperg, der es unter Kaiser Ferdinand III. zum höchsten Ministeramt gebracht hatte und damals Reichsfürst wurde, war dem Kaiser Leopold einmal besonders unangenehm aufgefallen. Johann wollte nämlich die katholischen Mächte Spanien, Frankreich und Österreich aneinanderbinden, die eigene Vermögenslage dabei durch Zuwendungen Ludwigs XIV. aufbessern und sogar mit französischer Gunst Kardinal werden. Er starb als Internierter 1677 in Laibach, nachdem man ihm wie einen Majestätsverbrecher den Prozeß gemacht und ihn abgeurteilt hatte. Den Auerspergs dieses Schlages wurde sicher nicht geweissagt, daß einer der Ihren zwei Jahrhunderte später zu den bedeutendsten Poeten Österreichs gehören und ihr Wiener Barockpalast, wieder ein Jahrhundert später, reichen Kaffeesiedern dienlich sein werde.

Auch die Bátthyánys, mit deren Vertretern der Feldmarschalleutnant Auersperg vor Bihacs militärwissenschaftliche Kontroversen austrug, waren unruhige Geister: Sie erzählten, daß ihre Sippe von einem Adjutanten des sagenhaften Arpad abstamme und aus Innerasien gekommen sei. Ihr Franz, Erbherr von Güssing, hatte schon um 1550 zwischen den Österreichern, den Ungarn und den Türken hin und her geschwankt, Slawonien aber dem Kaiser erhalten und in Kroatien hohe Würden getragen. Gerade jetzt, im Jahre 1697, wird ein kleiner Karl Josef Bátthyány das Licht der Welt erblicken, der sich im Eugenschen Türkenkrieg anno 1717 besonderen Lorbeer holen, dann unter Maria Theresia Ruhmestaten gegen Preußen, Bayern und Franzosen begehen sowie dafür Feldmarschall und Reichsfürst werden sollte. Wie abermals 100 Jahre danach der Kaiser bzw. König Franz Joseph I. etwaige Fehler eines Bátthyány ahnden ließ, stellt alle Grausamkeit des 17. Jahrhunderts in den Schatten und soll hier nicht genauer berichtet werden.

Graf Rabutin, der im Juli 1697 mit seinen Regimentern befehlsgemäß in Eilmärschen beim Prinzen Eugen einrückt, hatte in letzter Zeit als oberster Militärkommandant des mühsam befriedeten Großfürstentums Siebenbürgen fungiert. Er war unter Generalleutnant Karl beim Vormarsch in Pannonien besonders tätig geworden und hatte sich mit seinen Reitern am Berge

Harsan hervorragend geschlagen. Zu den gräflichen Verwandten zählte jener große Skandal-Schriftsteller Bussy-Rabutin, der kurz vor 1697 sein ländliches Dasein in Burgund mit dem besseren Jenseits vertauschen mußte. Ludwig XIV. hatte den vielgeprüften Romancier 1665 knapp nach dessen Aufnahme in die französische Akademie längere Zeit in die Bastille geworfen und nachher lebenslänglich auf dessen burgundischen Bauernhof verbannt. Den Grund hierfür gab jene genaue Beschreibung der damaligen Liebschaften am Hofe des Königs ab, in der die vornehmen Damen samt ihren sexuellen Schwächen ebenso wie die oft politisch sehr exponierten Gespielen aller Etikette entblößt dargestellt waren.

Im ominösen Jahr 1697 schienen diese Indiskretionen und ihr Autor freilich halb vergessen zu sein. Der österreichische General Prinz Vaudemont hatte das ob militärischer Räubereien rebellisch gewordene Oberungarn mit Säbel, Gewehr und Henkerstrick zum Kuschen gebracht und war nunmehr samt seinen Abteilungen ebenfalls nach Esseg unterwegs. Eugen selbst ging nach ein oder zwei kleineren Bewegungen seines Heeres im Grenzgebiet mit allen seinen Kämpfern die Theiß ein Stück aufwärts, also tiefer ins pannonische Hinterland hinein. Der Sultan folgte mit der osmanischen Macht den Spuren der Österreicher, bis sie den Fluß hinter sich ließen und auf Großwardein zu marschierten, weil Eugen diesen Platz auf keinen Fall den Moslems überlassen wollte. Es gelang dem Savoyer, seine Armee unter großen Strapazen in eine so vorteilhafte Stellung zu bringen, daß Mustapha der Appetit auf diese Stadt verging. Der Großtürke kehrte an die Theiß zurück und eilte nun seinerseits als erster flußaufwärts weiter, bis er in die Nachbarschaft von Szegedin kam.

Auch die Österreicher wandten sich wieder ans Ufer und folgten in einiger Entfernung dem Heereszug des Islams. Der Landstrich, der von beiden Gewalten durchzogen wurde, schien wüst und leer zu sein, man war auf einzelne Proviantháuser angewiesen. Plötzlich erhält die kaiserliche Vorhut Nachricht, daß dem vorauslaufenden, unsichtbaren Widersacher offenbar nichts mehr an der Bedrohung Szegedins gelegen sei, sondern daß er beim Dorfe Zenta über die Theiß zu setzen gedenke, um sich auf der anderen Seite dem türkischen Bollwerk Temesvar und damit abermals Siebenbürgen zu nähern.

Dem Großherrn war nämlich von fieberhaften Vorbereitungen berichtet worden, die man hinter den Außenwerken Szegedins für möglichst eisenhaltige Abwehr traf. Im Hinblick auf eine dadurch zu gewärtigende längere Belagerungsdauer des Städtchens schien ihm Eugen doch zu eng auf den muselmanischen Fersen zu sein. Letztgenannter bemühte sich ab sofort, mit seiner in zwölf fliegende Kolonnen aufgeteilten Truppe die stehengebliebenen Feinde einzuholen und die Initiative für alles Kommende an sich zu reißen. Die leichte Kavallerie Eugens, die er nach osmanischem Muster aufzustellen und einzuüben begonnen hatte, prellt jetzt vor und hat bald Kampfkontakt. Man arretiert einen minderen Pascha, der hochnotpeinlicher Befragung ausgesetzt wird und ein zutreffendes Bild von der langsam in Gang kommenden Überquerung der Theiß bei Zenta entwirft. Dies geschieht in den letzten Morgenstunden jenes 11. September 1697, den das alte Österreich seither ähnlich wie den Novara-Tag feiern wird. Auch das Schlachtschiff Zenta hat daran so lange erinnert, bis es in den Fluten der Adria versank.

Im Verlauf jenes 11. schwindet das schwere Gewölk über der Pußta, und Eugen erreicht im Rot einer sich neigenden Sonne das Lager des Gegners vor dem Buschwerk der Theißauen. Der Prinz tut nun etwas Verspielt-Unerwartetes! Er hat schon in Piemont ein- oder zweimal derart reagiert und den strengen Gesetzen der Kriegskunst ein erfolgsträchtiges Schnippchen geschlagen. Jetzt beginnt er, die österreichische Armee recht umständlich in ihre Gefechtsordnung zu bugsieren und riskiert ohne weiteres, dabei angegriffen zu werden. Es sieht so aus, als ob er den Feind gerne auf sich aufmerksam machen würde, um ihn zu Gegenmaßnahmen bzw. zur Unterbrechung des Transfers über die Theiß zu verleiten. Vielleicht waren es aber auch nur elitäre Gleichgültigkeit oder das Konzentriert-Sein auf eine möglichst sorgfältige Vorbereitung der beabsichtigten Attacke, zumal der Prinz bereits alles erreicht hatte, was er wollte: sein Gegner stand nicht mehr mit ganzer Stärke, dafür aber in sehr ungünstiger Lage vor ihm. Wie dem auch immer gewesen sein mag, die Türken unternehmen nichts, weil ihre Befehlshaber mit der Abwicklung des Theißüberganges vollauf beschäftigt sind und hierfür eine französische Behelfsbrücke zum Einsatz bringen. Niemand kann sich vorstellen, daß so spät am Tage noch etwas Besonderes passieren könnte, und jeder glaubt, Eugen werde bis zum nächsten Morgen warten und dann auf die osmanische Nachhut einschlagen, falls diese nicht schnell genug den Hauptstreitkräften über den Fluß gefolgt wäre. Sonst bliebe ihm nur die Überwindung der Theiß im Angesicht des überlegenen Feindes am anderen Ufer übrig. Immerhin, die Anwesenheit der Österreicher in Sichtweite ließ bei den flußüberschreitenden Moslems ziemliche Nervosität aufkommen, was ihre militärische Ordnung erheblich beeinträchtigte.

Eugen formierte seinerseits an diesem Abend das kaiserliche Zentrum gemeinsam mit Commercy, Rabutin sowie den beiden Feldzeugmeistern Berner und Reuss zu unverzüglichem Kräftemessen. Der zuletzt angeführte Graf Heinrich, genaugenommen dem Spezialhaus Reuss-Obergreiz zugehörig, hatte es schon in der sächsischen Armee weit gebracht und stand bei Zenta vor seinem Lebensende. Niemand ahnt jedoch den bevorstehenden Heldentod des Heinrich, und der Savoyer teilt für den an den Fluß gelehnten Flügel seines Heeres den steirischen Grafen Heister und den rheinländischen Generalfeldmarschall Truchseß-Waldburg ein. Den anderen, in die Pußta hinausragenden Flügel übernimmt Guido Starhemberg gemeinsam mit General Vaudemont. Kurz bevor der Sonnenball den westlichen Horizont der Ebene berührt, greifen die Österreicher an, wobei sie im Feldgeschrei den Eugenius hochleben lassen. Sie geben damit dem später aufkommenden Gerücht erste Nahrung, demzufolge der Prinz von Savoyen vor Zenta mit dem Satan im Bund gewesen sei und deshalb den Untergang des Tagesgestirns am 11. September um zwei Stunden verzögern konnte.

Zu diesem Zeitpunkt befindet sich der weitaus größere Teil des osmanischen Heeres noch diesseits des Flußbetts, nur der Sultan ist schon mit seinen Gardeeinheiten übers Wasser geritten. Die diesseits gebliebenen Kontingente haben sich hinter aufgeworfenen Wällen aus Schlamm und Steinen, Erdbefestigungen und Fahrzeugburgen zur Abwehr eingerichtet und werden jetzt endlich gegen den Flügel Starhembergs zu ausfällig, weil sie dadurch etwas mehr operative Freiheit zu gewinnen hoffen. Guido kommt aber aus der Weite des Umlandes im Gegenstoß immer näher heran, seine Berittenen schwenken in einem rasch enger werdenden Bogen gegen die Theiß und treiben den einmal geworfenen Feind nicht hinter dessen Brustwehren zurück, sondern drücken ihn gleich daneben die Uferböschung hinab. Aber auch die im Brückenkopf selbst befindlichen Massen Stambuls werden von den Stürmenden des österreichischen Zentrums und des zweiten Flügels derart zusammengepfercht, daß Übersicht und Bewegungsmöglichkeit der osmanischen Führung bald verlorengehen.

Die Österreicher entwickelten die Anfänge ihrer nachmals so gefürchteten Stoßtaktik mit dem Bajonett, Eugen und die höchsten Offiziere kämpften mit dem Degen im ersten Glied, die Spielleute musizierten hinter den Kompanien, die Standarten flatterten, und das Deutschmeisterkreuz zierte manchen Küraß. Die ganze bis in die sinkende Nacht hinein andauernde Aktion ging in ein entsetzliches Massaker über, gegen das die Schlacht von Salankamen wie eine flüchtige Plänkelei anmutete. Starhemberg und Vaudemont drangen entlang des Flußrandes bis zur Brückenauffahrt vor und schnitten so die Verbindung der dicht aneinandergedrängten Mohammedaner mit dem Gefolge des Sultans auf der anderen Seite ab.

Erst der nächste Morgen offenbarte den vorgeschobenen Feldwachen Habsburgs das Ausmaß der kurz zuvor eingetretenen türkischen Katastrophe: 20000 Erschlagene lagen in der Au, weitere 10000 waren in die um diese Jahreszeit eigentlich recht seichte Theiß hineingestoßen und ertränkt worden. Die Überlebenden waren in die Ebene hinausgerannt und hatten sich in alle Winde zerstreut. Der Großwesir des Sultans sowie die Paschas von Anatolien und von Bosnien lagen unter den Leichen, desgleichen der Aga der Janitscharen und viele andere Prominente des Serails. Etliche Roßschweife, 423 Fahnen, der gesamte Troß, immense Vorräte in Hunderten Wagen sowie 87 Geschütze samt Zubehör boten sich den Österreichern dar. Der Sultan konnte die mit ihm bereits vorher abgezogenen Truppen bestenfalls eine Streifschar nennen, die jetzt seine Flucht nach Süden beschützen mußte. Die numerische Überlegenheit an Menschen und Materialien war ihm völlig abhanden gekommen, Geld und Großsiegel verlorengegangen. Die Kaiserlichen mußten demgegenüber nur etwa 400 Gefallene und 1600 Verwundete beklagen. Sie hatten ungefähr 3500 Pferde eingebüßt, was jedoch einen Bruchteil der erbeuteten Türkengäule ausmachte. Prinz Eugen ließ den enteilenden Padischah nur durch Reiterpiketts observieren, denn das kaiserliche Heer war zu erschöpft, das Sortieren der Beute zu wichtig, der Sultan mit seiner geschrumpften Abteilung zu schnell, um die Verfolgung in großem Stil aufzunehmen. Überdies setzte wieder Regen ein, der das sumpfige Gelände ringsum noch ungangbarer machte. So wurde für den Herbst ein Vorstoß nach Bosnien bis in die Herzegowina hinein geplant, wo der Prinz die islamische Einwohnerschaft für die mörderische Unbill, die den Soldaten des Markgrafen von Baden seinerzeit angetan worden war, züchtigen wollte. Er tat dies mit seinen Regimentern vor allem in Sarajevo so gründlich, daß kaum jemand übrigblieb.

Mittlerweile hatte Oberst Graf Dietrichstein aus berühmtem kärntnerisch-mährischem Geschlecht viele türkische Banner und Roßschweife nach Wien gebracht und dem tief bewegten Kaiser zu Füßen gelegt. Die Kaffeetrinker in Wien konnten also ihre Tassen beruhigt wieder auf die Tische zurückstellen, Türkensiege standen weiter auf dem kaiserlichen Programm. Während der „Erbfeind christlichen Namens" bedrängt wurde und Diodato auch im Hause eines bürgerlichen „Pierleitgeb" in der Salvatorgasse Bohnen erhitzte, überschritten die Türkentaufen in Österreich insgesamt die Tausendergrenze. In Wien waren schon 650 Moslems christianisiert worden, in Graz 117, in Wiener Neustadt 19. Als Paten fungierten alle Gesellschaftskreise, darunter mehrmals jener Kolschitzky, der bei den Verbindungsleuten zwischen weiland Karl von Lothringen und der belagerten Stadt Wien eine besondere Rolle gespielt und auch mit Kaffeesäcken zu tun hatte, trotz verschiedener allerhöchster Zuwendungen aber weder in Wien noch in Graz recht Fuß fassen konnte. Sein Mitarbeiter anno 1683 namens Michaelowitz bereiste jetzt im Regierungsauftrag die ungarischen Festungen, um die dort gefangengehaltenen Türken daraufhin zu überprüfen, wieviel Lösegeld man für jeden bei der Pforte verlangen könne.

Den vierjährigen Josef Emanuel Johann, Sohn des Johann Bernhard und der Sophia Konstantia Fischer, interessierten solche Dinge noch nicht. Seinem Vater war zwei Jahre zuvor, als er mit dem großartigen Entwurf für ein Superversailles beim Schönen Brunnen bzw. auf den umliegenden Höhen fertig geworden war, das Prädikat „von Erlach" verliehen worden. Dem eben der Wiege entsprungenen Josef Emanuel singt niemand vor, daß er eine Art österreichischer Leonardo da Vinci werden soll, der das kaiserliche Hofbauamt leitet und als Architekt seinem Papa nacheifert, daneben Goldschmiedearbeiten und Innendekorationen ausarbeitet, Trauergerüste und Gärten anlegt, Dampfmaschinen konstruiert und gesellschaftliche Ereignisse als Zeichner festhält. In wenigen Jahren wird er die Vision einer Kaiserstadt zu Papier bringen, wie sie großartiger nicht zu entwerfen ist, wenngleich die rauhe Wirklichkeit viele Projekte in der Folge durchkreuzen wird.

1693 war der Kanzler Graf Strattmann sein Taufpate gewesen, der Oberstallmeister Graf Dietrichstein kümmert sich um den Knaben, der Vizekönig von Neapel, Graf Gallas, wird seine erste Studienreise protegieren. Die ersten Arbeiten des jungen Josef Emanuel werden die Grabdenkmäler für drei illustre Auftraggeber seines Vaters sein: Es handelt sich um den Obristkanzler Böhmens, Graf Schlick, den Hofkriegsratspräsidenten Graf Starhemberg und den Obersthofmeister Fürst Trautson. Der weitere Aufstieg des Josef wird durch den Grafen Althann und den Fürsten Schwarzenberg gefördert, während der Reichsvizekanzler Friedrich Carl von Schönborn mehr auf Hildebrandt und dessen Künste hält.

Aber bleiben wir noch bei der Jahrhundertwende bzw. beim Ausklang des Zweiten Leopoldinischen Türkenkrieges. Der im Westen eingetretene Friede von Rijswijk, der in den Tagen der Schlacht bei Zenta ausgehandelt wurde, mag von der Hohen Pforte in Stambul als zusätzlicher Blitzschlag empfunden worden sein. Da der westliche Friedensvertrag Ende September perfekt war, ist anzunehmen, daß Ludwig XIV. bereits Kenntnis vom türkischen Unglück hatte. Er und seine Bevollmächtigten ließen sich aber nichts anmerken. Die Politiker Stambuls mußten sich umgekehrt sagen, daß nach Rijswijk für ihre Sache keinerlei Chancen vorhanden blieben und ein Verzichtfriede anstelle der bisher immer wieder gehegten Hoffnung auf eine neuerliche entscheidende Wende des Kriegsglücks zu treten habe. Dies um so eher, als das türkisch-russische Verhältnis von Woche zu Woche schlechter wurde und die Kämpfe in Griechenland keinen positiven Einfluß auf die Gesamtlage des Osmanischen Reiches erwarten ließen. Man könnte jetzt fragen, warum denn Leopold seinerseits zum Frieden mit Stambul bereit gewesen war und auf die Wiederholung des Vormarsches am Balkan wie anno 1688 vergaß. Die Antwort ist, abgesehen von der schon beim Tode d'Avianos erwähnten Kriegsmüdigkeit, in der Zuspitzung der spanischen Verhältnisse zu suchen. Die Österreicher hatten im Westen und in Italien keineswegs die Hände frei bekommen, die dortige Situation ähnelte einem befristeten Waffenstillstand weit mehr als friedvollen Zuständen. Aus gleichem Grund setzten die Seemächte Wien unter gelinden Druck, die türkische Affäre nicht zu weit zu treiben, und rieten andererseits den Osmanen, endlich klein beizugeben und zu retten, was noch zu retten war.

So blieb der Rachezug des Prinzen von Savoyen durch Bosnien eine der letzten größeren Kriegshandlungen am Balkan und könnte auch als eine politische Geste an Stambul verstanden werden, wo man merken sollte, was den Balkanmoslems blühen würde, wenn man nicht schleunigst einlenkte. Im November 1698 setzte man sich denn auch mitten im bisherigen Kampfgebiet, in einer halbwegs intakt gebliebenen Bettlerhalle des zerstörten Karlowitz südlich von Peterwardein, an einen Tisch. Die Österreicher verhandelten mit den Türken bis 26. Jänner nächsten Jahres, dann unterschrieb man sich gegenseitig, daß ganz Ungarn sowie das Großfürstentum Siebenbürgen und der größte Teil Slawoniens an Habsburg kämen. Nur Temesvar und seine Banater Umgebung sollten den Türken überlassen bleiben. Eine sehr kurze Friedensära brach damit für den größten Teil Europas an. Waren es nach dem Dreißigjährigen Krieg ganze neun Jahre gewesen, in denen Ferdinand III. in Frieden die Magna Mater Austriae verehren und zu ihr heimgehen konnte, so blieben jetzt nur vier Jahre, in denen sein alt gewordener Sohn mit dem entstellten Gesicht über den Zeitenumbruch nachdenken durfte, während die Waffen schwiegen. Dabei war Leopold, wie es Richard Kralik ausdrückt, stets voll jeder Gewalt abholden geistigen Interessen gewesen und hatte so manchem Hocharistokraten, ja mitunter auch der Generalität seiner Länder ein Beispiel gegeben.

Der große Historiker und Gelehrte Lambeck, den die in Innsbruck katholisch gewordene Königin Schwedens anno 1662 mit dem Kaiser in Verbindung gebracht hatte, gehörte zu seinen engsten Vertrauten. Bis zum Tode Lambecks im Jahr 1679 diente dieser dem Monarchen als Vizebibliothekar und wurde von Leopold höchst mysteriös mit einem Bild beschenkt, das jene Achatschale der Schatzkammer, die der heilige Gral gewesen sein soll, darstellt. Der Kaiser ließ in ganz Europa Bücher aufkaufen, kümmerte sich um die Ausgrabungen in Petronell, Salzburg und Wien, las bei den österreichischen Dichtern des 13. und 14. Jahrhunderts nach und suchte überall nach seltenen musikalischen Werken, die ihn für sein eigenes Schaffen als Tondichter inspirierten. Der venezianische Gesandte berichtete von Leopold, daß er „sehr traurige Melodien sehr richtig" komponiere. In der Burg wirkte die Hofmusikkapelle mit zahlreichen Italienern unter großem Aufwand weiter, während in den aus der Mode gekommenen Ballspielhäusern der Stadt wandernde Schauspielerensembles den geistlichen Komödien der Jesuiten und Schotten das dramatische Wasser abgruben. Die gemeinen Wiener belustigten sich mehr an den Liedern der Volkssänger wie des Lieben Augustin mit seinem Dudelsack in den Kellerschenken; die damalige Spielgrafenordnung verzeichnete allerorts auch die beliebten Bärentreiber.

Eine 1685 erschienene Schrift des italienischen Klerikers Testarello, welche die Wiener Kirchen behandelt, gilt bis heute als erste Erklärung der Sehenswürdigkeiten im Stephansdom und bietet die einzige Schilderung der alten romanischen Peterskirche. Der Gelehrte Lambeck hat seine wissenschaftlichen Gespräche mit der Majestät auf 600 Seiten unter dem Titel „Audienz-Memoralien" festgehalten, die heute noch in der Österreichischen Nationalbibliothek eingesehen werden können. Kralik verweist auf die Beziehungen des Kaisers zu den Wissenschaftlern Kircher und Leibniz, gibt dem Habsburger die Bezeichnung „Leopold der Große" und meint, daß unter seinem Zepter in Wien eine wahrhaft kaiserliche Kultur erblühte, gegen die alle klassizistischen Bemühungen am Hofe Ludwigs XIV. klein und ärmlich erscheinen.

In der Donaumetropole gab es während der allerletzten Jahre des 17. Jahrhunderts selbstverständlich nicht nur Kaffeetratsch und Expertengespräche, sondern auch sehr ernste Vorfälle: 1695 durchschritt der erste portugiesische Gesandte seit langer Zeit in feierlichem Umzuge die Straßen, nachdem die Feindschaft zwischen den Herrscherhäusern Braganza und Habsburg einigermaßen beigelegt worden war. Die Prachtliebe dieses Diplomaten war bald ebenso sprichwörtlich wie die männlichen Vorzüge des Kammerherrn Graf Hallweil, der im Volk nur der „schöne Kämmerer" hieß. Beide Personen freundeten sich an und verkehrten im Palais der ebenso schönen Gräfin Cicola in der Wallnerstraße; eine Dreiecksstory, mit gigantischen Spielschulden garniert, war die Folge, und auf einer gemeinsamen Jagd bei Purkersdorf verstarb Hallweil mit zwei Kugeln im Rücken. Der Gesandte wies jede Schuld von sich, die Wiener wollten ihn steinigen, der Gesandte wollte zuerst nicht, mußte aber dann doch als frommer Pater verkleidet fliehen, wurde in Schottwien noch einmal dingfest gemacht, aber auf Befehl Leopolds wieder freigelassen und verschwand. Langatmige Untersuchungen und Prozesse in Wien und in Lissabon machten Richter und Advokaten reich, die Sache selbst blieb im dunkeln.

Im Jahr 1698 kam eine russische Gesandtschaft in ebenso feierlichem Aufzug bei der Taborlinie herein. Unter der Maske eines der Begleitkavaliere verbarg sich Zar Peter der Große, welcher die westliche Welt kennenlernen wollte. Das Inkognito wurde später gelüftet, es gab viele rauschende Feste und Besichtigungsfahrten sowie eine „Wirtschaft“ in der Favorita, wo Leopold samt Gemahlin als Wirt und Wirtin die kostümierte Gesellschaft, darunter den „friesländischen Bauern Peter“, nämlich den Zaren, bei Laune hielten. Der Selbstherrscher aller Reußen gab sich in Wien eher zurückhaltend, aber das galt natürlich nicht für die attraktive Gräfin Johanna von Thurn und mehrere andere Damen, die sich seiner Zudringlichkeit ergaben. Er hatte auch einen Günstling, den General Lefort, um sich, der als Gesandter in Wien gemeinsam mit dem Selbstherrscher am österreichisch-russischen Bündnis zimmerte. Die Russen galten allgemein als Märchenfiguren.

Auf gleichgeschlechtliche Beziehungen weist eine Geschichte hin, die von August dem Starken und dem habsburgischen Thronerben Joseph handelt. Beide sollen ein gemeinsames Schlafzimmer in der Hofburg gehabt haben, wo des Nachts ein Gespenst erschien, um ihnen römisch-katholische Vorwürfe zu machen. Der August warf den Geist durchs Fenster auf die Bastei hinunter, in deren Bereich der Betreffende wehklagend sitzen blieb. Trotzdem tat der kräftige August im Jahr 1696 die bisher hochgehaltenen protestantischen Lehrsätze als „verruchte Irrlehre und verderbliches Werk der Hölle“ ab und wurde polnischer Katholik, während der zum Römischen König designierte Joseph 1699 die Prinzessin Amalie Wilhelmine von

Braunschweig-Lüneburg heiratete. Sie war eine evangelische Welfentochter, die ihrerseits in Modena zum Katholizismus konvertierte. Enorme Festlichkeiten standen anläßlich der Hochzeit in Wien auf der Tagesordnung. 120 Postillione bliesen bei der Ankunft der Amalie, allein der Brautwagen soll 50000 Gulden gekostet haben, die Brillantknöpfe am spanischen Hofkleid, das Kaiser Leopold bei den Zeremonien trug, waren 150000 Gulden wert. 17 Bischöfe und Prälaten knüpften in der Augustinerkirche an diesem Lebensbund, dem zwei kleine Erzherzoginnen entsprossen.

Für das Jahr 1700 war wieder ein Judenkrawall fällig, der sich diesmal vornehmlich gegen eine Person richtete und von den untersten Volksschichten getragen wurde. Der letzte antisemitische Wirbel lag schon etliche Zeit zurück, er hatte noch unter der längst verstorbenen spanischen Gattin des Kaisers stattgefunden, die behauptete, daß jüdische Hexereien ihre Fruchtbarkeit schmälerten. Tatsächlich war die Verschuldung vieler Wiener bei den damals im Ghetto am Unteren Werd lebenden mosaischen Geldverleihern ebenso groß wie die Zahlungsunfähigkeit der Debitoren. Ein ungeheurer Zinsfuß tat das übrige, an die Vertreibung der Judenschaft zu denken, wofür sich auch Bischof Kollonitz beim lange unentschlossenen Leopold eingesetzt hatte. Die Türkengefahr und das Gerücht, die Wiener Juden hätten geheime Verbindungen nach Stambul, gaben den Ausschlag, und die Hebräer mußten auf Wanderschaft gehen. An der Stelle ihrer Behausungen wurde die Leopoldstadt errichtet, die 1683 der Vernichtung anheimfiel.

Der Ausweisungsbefehl hingegen geriet bald in Vergessenheit, die reichen Juden zog es an den Kaiserhof zurück, wo sie sich besserer Tage als Kammerknechte Habsburgs erinnerten; manche Mosaien siedelten nunmehr im Herzen der Stadt und eröffneten Geschäfte, was ab und zu öffentlichen Unwillen erregte. Ihr augenfälligster Vertreter war der Hofbankier und Oberkriegsfaktor Samuel Oppenheimer, der bei der Finanzierung der ungarischen Feldzüge mitwirkte, häufig bei Bischof Kollonitz, Prinz Eugen sowie anderen Staatsführern verkehrte und ein repräsentatives Haus in der Freisingergasse unterhielt. Eine weitere markante Figur in der auferstandenen Judenschaft Wiens stellte der Geldwechsler Wertheimer dar, der allerdings in der Innenstadt keinen Besitz erwerben durfte.

Knapp vor der Jahrhundertwende hatte man bereits eine Stube der Rumorwache im Oppenheimerschen Domizil eingerichtet, da die Volksstimmung bedenklich geworden war. Im Frühling 1700 kam es dort zu einem Auftritt zwischen italienischen Rauchfangkehrern und israelitischen Bewohnern, das Volk lief zusammen, drang ein und verwüstete oder plünderte Samuels Schätze. Anschließend ereigneten sich Unruhen in ganz Wien, die Stadtguardia trat in Aktion, das Standrecht wurde verhängt, und Guido Starhemberg erschien mit leichter Artillerie. Ein paar Tote im Straßenkampf sowie einige durch den Strang hingerichtete Arbeiterführer vollendeten die halbe Vision des Jahres 1934, welche natürlich niemand vor Augen hatte. Das Eigentum des Oppenheimer wurde amtlich wieder eingesammelt, aber ein bezeichnendes Manko von 100000 Gulden blieb weiterhin offen.

Schon drei Jahre später kam es zu einer neuerlichen Revolte, die bei einer Rauferei in der Schank des „Goldenen Lammes" entstanden war und als Lakaien-Rumor die Stadt ein, zwei Tage lang durchtobte. Die Sache wurde mit Waffengewalt unterdrückt, der darin verwickelte herrschaftliche Mohr, J. Bock, also ein Diener aus dem Morgenland, am Hohen Markt justifiziert.

Bald darauf gab es noch einen Pogromversuch, der zu Plünderungen in den Judenhäusern der Vorstädte, aber auch in kirchlichen Anwesen daselbst führte. Diesmal waren die Wiener Studenten ein treibendes Element. Als die Zusammenrottungen größeren Umfang annahmen, eröffneten die Stadtguardia und eine Militärabteilung das Feuer, wobei es sieben Tote und viele Verwundete gab.

Alle Vorfälle weisen darauf hin, daß die ewige Kriegführerei, die finanziellen Manipulationen im Zusammenhang mit Bankgründungen, Börsianermanövern, Firmeninsolvenzen und Aktienbetrügereien jene Volksteile, die daran in keiner Weise zu profitieren imstande waren, in unerträgliches Elend getrieben hatten. Daran ändert auch die Möglichkeit nichts, daß beim Oppenheimer-Auflauf im Hintergrund Konkurrenzbanker mitgemischt haben könnten, denen der später tatsächlich erfolgte Zusammenbruch des Geldmannes in der Freisingergasse schon 1700 willkommen gewesen wäre. Ob bei den darauffolgenden Empörungen eine Querverbindung zu den

Drahtziehern des nahen Neo-Kuruzzen-Aufstandes existierte, läßt sich nicht feststellen, kann aber ebenfalls als unerheblich angesehen werden. Es waren soziale Übelstände, die den Hauptgrund bildeten. Regierung und Gemeinden befanden sich dauernd in Geldnot und kamen auf die tollsten Ideen, dieser Mißlichkeit abzuhelfen. Die Staatsbeamten mußten hohe Dienstverleihungstaxen zahlen, man besteuerte das Papier und bedrohte damit die eben erst forcierte heimische Papierindustrie. Man führte eine Spielkartensteuer ein, nachdem eine Spielkartenfabrik mühsam aus dem Boden gestampft worden war. Besondere Ergebnisse versprach man sich von der Mietzinssteuer, aber auch von neuen Marktgebühren, Stempeltaxen, sogenannten „Abfahrtsgeldern“, Bieraufschlägen und ähnlichem mehr.

Noch waren die durchsichtigen Seidenerzeugungsexperimente des Ministers Sinzendorf in den sechziger Jahren, der dafür vor Gericht zitiert worden war, nicht vergessen, als man schon wieder in Unternehmungen zur Erzeugung von künstlichem Gold und ähnlichem investierte. Mit Schrecken registrierte die Obrigkeit, daß für die Bedürfnisse des Mittelstandes immer mehr Geld ins Ausland abfloß, als von dort als Exporterlös für heimische Erzeugnisse zurückkam. Die Kriege mit Ludwig XIV. boten demgegenüber eine Handhabe, die Einfuhr französischer Luxuswaren zu unterbinden; eine Kleiderordnung, die den Textilaufwand nach Bevölkerungsklassen scharf eingrenzte, diente ähnlichen Zwecken, ließ sich aber nicht lange aufrechterhalten. Die Wiener Zünfte jammerten über den Wettbewerb, dem sie seitens nebenberuflich tätiger, unbesteuerter Hof- und Staatsbediensteter ausgesetzt waren, und verwiesen auf die Schmutzkonkurrenz der Jäger in der Jägerzeile und der handwerklich talentierten Stadtguardia-Soldaten. Letztgenannte Uniformierte verdienten sich auch als Zuhälter manchen Batzen.

Eine Fülle von Handwerkerordnungen zielte auf einen Interessenausgleich zwischen den Pfuschern und den zünftig Organisierten ab, es gab daneben auch die ersten Konsumentenschutzgesetze. Alle Bestrebungen, die heimische Erwerbstätigkeit zu heben, konnten sich schließlich auf die eroberten Gebiete im Südosten stützen, die neue Absatzzonen darstellten: So nahm 1700 die erste ernstgemeinte Wiener Seidenfabrik erfolgreich ihre Produktion auf. Noch immer waren die meist protestantischen Niederläger in Wien, also jene Kaufleute aus dem Nordwesten, die hier ihre Lager unterhielten, ein wirtschaftlicher Hauptfaktor. Sie hatten 1683 die Stadt mitverteidigt, besaßen ihre eigene Schießstätte und hatten das Recht, bei jeder Rückkehr eines Habsburgers von der Kaiserwahl in Frankfurt ihre eigene Wiener Triumphpforte zu errichten.

Jedoch um die Jahrhundertwende gab es viel Ablenkung von ökonomischer Problematik. Gleich nach dem Neujahrsfest hatte ein außerordentlicher Großbotschafter des Padischah seinen prunkvollen Einstand in der Kaiserstadt gehalten. Den Türken schien es im Augenblick mit der Beachtung des für sie so schmerzvollen Karlowitzer Friedens sehr ernst zu sein, woran die inneren Zustände des Osmanenreiches ebenso wie die unverhüllten Drohungen Rußlands und anderer Nachbarn ihren Anteil hatten. Bei der am 9. Feber stattfindenden ersten Audienz küßte der Bevollmächtigte des Großherrn demonstrativ den Mantel Leopolds und überbrachte Gold und Juwelen von unermeßlichem Wert, arabische Pferde und in Silber gefesselte Leoparden. Prinz Eugen und seine Südost-Generäle sonnten sich mittlerweile im Jubel der Adabeis, wo immer sie auftraten. Der Savoyer hatte engen Kontakt mit Peter dem Großen, war auch bei Maskeraden, Prunkjagden und Schlittenfahrten eifrig am Werk, ohne deshalb ernstere Obliegenheiten zu vernachlässigen. Er mußte sich um seine Güter kümmern, die ihm Leopold rund um Baranyavar geschenkt hatte und die einen Bodenwert von 130000 Gulden repräsentierten. Caprara hatte Ländereien um 80000 Gulden erhalten, die Witwe des im Unglück verewigten Veterani bekam benachbarten Grund um 60000 Gulden. Das Land des Savoyers lag im Nahbereich des Zusammenflusses von Drau und Donau und schloß elf Dörfer ein.

Eugen vermochte aber in Ungarn noch weitere Ländereien käuflich zu erwerben, unter anderem die Donauinsel Czepel von der trauernden Gattin des Feldmarschalls Heissler. Mit Caraffa und Palffy hatte Eugen sehr unangenehme persönliche Differenzen ausgetragen, wobei der Neapolitaner als zuständiger Generalkommissär seinem Gegenspieler den Geldhahn, das heißt die Auszahlung der persönlichen Forderungen an die Regierung, zeitweilig abzudrehen imstande war. Nun kam diese Sache ins reine, auch die Liquidation der Kriegsbeute schlug sich in hohen Sonderzahlungen nieder, die Eugen zugewiesenen piemontesischen Abteien schickten Geld, und unser frischgebackener Kriegsheld konnte nicht nur seine alten Schulden in Frankreich begleichen, sondern auch den vereinbarten Preis für die Bauarealien an der Himmelpfortgasse und am Rennweg vor den Mauern Wiens ausbezahlen. Übrigens, zum Besitz auf der Insel Czepel zählte die einst den Esterházys gehörende Herrschaft Promontor, die bis in die Gegend Großwardeins hinabreichte. Der dort befindliche Klosterkomplex wurde von Mönchen unter dem Abt Helcher aus dem österreichischen Stift Klosterbruck wiederbelebt, wobei es sich um eine Weihestätte handelte, in welcher schon der Ungarnkönig Stephan II. mit einem Chorherrenhabit bekleidet verschieden sein soll. Die neu angekommenen Ordensleute stießen inmitten der Kriegsruinen auf jene heißen Quellen, die später das berühmte Felixbad der k.u.k. Society speisen werden.

An der Himmelpfortgasse wie am Rennweg mußte Eugen seine Baugründe in kleinen Einzelparzellen sammeln. Ab 1697 wurde ebenso stückweise am Winterpalais gebaut, erst 1724 wurde die letzte Erweiterung des bisher vollbrachten Objekts gegen die Kärntner Straße zu beendet, nachdem auch in diese Richtung hin Grundstücke angefallen waren. Die Arbeiten am Sommerpalast vor der Stadt fingen bald nach 1700 an, wobei zunächst der Garten von Girard aufbereitet und mit einer Wasserleitung versehen wurde. 1716 konnte der Wohntrakt, das sogenannte Untere Belvedere, fertiggestellt werden, 1723 das nur für Repräsentationszwecke und Feste bestimmte Obere Belvedere. Dazwischen und nachher wurde freilich auch an mehreren anderen Schlössern des Prinzen in Österreich sowie in Ungarn gearbeitet. 1752 wird das Belvedere aus dem Besitz der Erbin des Prinzen, seiner Nichte Herzogin Victoria von Sachsen-Hildburghausen, an die Habsburger gelangen, 1776 die kaiserliche Gemäldegalerie aus der Stallburg dorthin übersiedeln. Victoria war eine Savoyen, die in das kurzlebige Fürstentum Hildburghausen, dessen Exponent im österreichischen Herr diente, eingeheiratet hatte.

Zum Zeitpunkt der Wende des 17. auf das 18. Jahrhundert gewährte die Bautätigkeit ein imponierendes Bild in Stadt und Land: 1686 hatte ein Brünner Ziegeldecker Stern und Halbmond von der Turmspitze St. Stephans genommen und anstelle dessen Adler und Kreuz befestigt. Zwei Jahre später wurde die Reparatur der kriegsbeschädigten Kirche Maria am Gestade vollendet, das Harrachsche Palais fertiggestellt, das Landhaus restauriert, der Bau eines der Trautsonpalais begonnen. Nahe der Bastei wuchs das Liechtensteinpalais in neuer Gestalt empor, das alte Ballhaus stand vor dem Umbau, am Michaelerplatz grüßten die neuen Barnabitenhäuser. Der gerade übersiedelnde Ölberg in der beträchtlich erweiterten Kirche St. Michael gemahnte allerdings an einen siebenbürgischen Meister des 15. Jahrhunderts. In der Hofburg wurde vor und nach 1683 in großem Stil weitergebaut, um 1700 entstand unter anderem das neue Hoftheater.

Nur um die Plankengasse war vieles noch so wie früher erhalten geblieben, weil die Mönche und die Nonnen ringsum weltlicher Neuerungssucht abhold waren oder die kleinen Grünanlagen hinter ihren Kreuzgängen nicht ohne weiteres verwüstet sehen wollten. Noch gab es dort das Königinkloster jener geheimnisvollen Tochter Maximilians II., die einen Valois geheiratet und über Frankreich geherrscht hatte, ferner den Garten der frommen Gräfin Kuefstein und den noch heute ans Paradies erinnernden Garten der Kapuziner. Auch bei St. Augustin, wo Abraham a Sancta Clara schließlich als Provinzial wirkte, war alles beim alten geblieben, der Augustinergang schloß so wie bisher den oberen Burggarten und den „Roßthumblatz", wo die Kinder des Kaisers reiten lernten, ab. Aber dann kamen schon das nagelneue Dietrichsteinpalais und das neue Waisenhaus des Erbmünzmeisters Richthofen, das neue Kärntnertor und die neue Kirche samt dem Ursulinenkloster, für das die Kaiserin Eleonore jetzt die ehrwürdigen Schwestern aus Lüttich zur Mädchenausbildung geholt hatte.

Und so konnte man beim Weitergehen in der ganzen Stadt von einem Bauplatz zum anderen gelangen, man durfte feststellen, daß die Kanalisation, die zum Donaukanal hin entwässerte, fast vollständig ausgebaut war, ein abendliches Beleuchtungssystem von 2300 mit Klauenfett gefüllten Lampen die Gassen erhellte, daß die Feuerordnung erneuert wurde und die Kehrichtabfuhr funktionierte. Dieses Wien zählte anno 1700 fast 70000 Bürger, während in den Vorstädten zusätzliche 33000 Handwerker, Bauern und Dienstleute wohnten. Dort begann sich nun ein Ziergarten und ein Sommerpalast an den anderen zu reihen, und es erscheint glaublich, daß trotz aller Widerwärtigkeiten die Epoche eines Ochs auf Lerchenau, einer Marschallin und eines Rosenkavaliers nicht mehr ferne lag.

Aber auch jene apokalyptischen Reiter, die seit jeher Krieg, schwarze Blattern und Pestilenz in den Satteltaschen herumschleppen, waren nicht abgesessen. Rückschauend mögen Oswald Redlichs Worte zum Jahrhundertwechsel das auf politisch-militärischem Sektor Erreichte charakterisieren: „In der Entsatzschlacht um Wien empfing der zwanzigjährige Prinz Eugen von Savoyen, der eben erst, flüchtig aus Frankreich, in das kaiserliche Heer aufgenommen war, seine Feuertaufe, von da an weihte er seine ganze Kraft dem neuen Vaterland und er, von Abstammung Italiener, von Erziehung Franzose, wurde der größte und treueste Diener dreier deutscher Kaiser. Der Türkenkrieg wurde seine Schule, und sein militärisches Genie war es dann, das mit dem glänzenden Siege bei Zenta das glückliche Ende des langen Kampfes und den Frieden von Karlowitz herbeiführte, der das ganze türkische Ungarn mit Ausnahme des Banates sowie Kroatien und Slawonien für Österreich gewann.“ Nun, diese Anerkennung könnte in abgewandelter Form auch mehreren Mitstreitern Eugens zuteil werden, ohne deshalb die Schattenseiten in der Tätigkeit aller Akteure abtun zu wollen. Vielleicht darf hier ein anekdotisches Wort Benito Mussolinis als halbe Entschuldigung beigelegt werden, wonach die mörderischen Zustände im Italien der Frührenaissance eine kulturelle Blüte zum Ergebnis gehabt hätten, die ihresgleichen bis heute suche. Die friedvollen Zustände in der neuzeitlichen Schweiz hingegen hätten als Ergebnis die Kuckucksuhr hervorgebracht!

Prinz Eugen blieb übrigens bis auf weiteres in Wien, wurde hier 1703 Präsident des Hofkriegsrates, bekämpfte als solcher das Protektionswesen und den Stellenkauf, drang auf strenge Bestrafung bei militärischen Verfehlungen auch höchster Chargen, kümmerte sich um das Ingenieurwesen im Heer und gründete das Kriegsarchiv. Als negativ muß sein Ultrakonservatismus in allen Klassenfragen und Administrationsangelegenheiten sowie das Nachlassen von Fähigkeiten und Spannkraft am Schluß seiner Laufbahn attestiert werden. Die Zeitläufte, die er so wirksam in Schwung gebracht, sollten ihn überrollen.

Aber noch sind wir nicht soweit. Der Savoyer merkt zunächst, daß die Beseitigung des Verkaufs von Offiziersstellen gar nicht so leicht ist, obwohl man ihm überall beifällig zunickt, wenn er davon zu reden beginnt und Kaiser Leopold diesen Handel sofort mit schweren Strafen bedroht, als Eugen initiativ wird. Es kommt zu einem fürchterlichen Skandal mit dem Kavalleriegeneral Trauttmansdorff, der vom Verkauf weiterhin profitieren will und vom Savoyer schließlich aus der Armee hinausgeworfen wird. Eine Ungeheuerlichkeit, wenn man bedenkt, was die Trauttmansdorffs bei Hofe bedeuten, war doch der alte Graf Maximilian einer der Väter des Dreißigjährigen Krieges gewesen. Alle hochwohlgeborenen Matronen zählten seine Verdienste auf und wurden nicht müde, von Max zu schwärmen. Er hatte die Bündnisse Ferdinands II. mit den Bayern, dem Papst und den Spaniern zustande gebracht, den Wallenstein gestürzt, den sächsischen Kurfürsten auf die kaiserliche Seite gezogen und den Westfälischen Frieden organisiert. Der Vater Kaiser Leopolds, Ferdinand III., hatte ihm blind vertraut und ihn als Prinzipalminister ebenso walten lassen wie den Auersperg. Aber damit nicht genug. Als die Trauttmansdorffs noch in ihrem niederösterreichischen Felsennest Stixenstein an Hirschkeulen kauten, bissen bei Dürnkrut und Jedenspeigen 14 Familienmitglieder und bei Mühldorf 20 zugunsten der Sache Habsburgs ins Gras. Selbst für einen Savoyarden wie Prinz Eugen war es ein Wagnis, sich mit dieser Sippe anzulegen; doch er stand dies ebenso wie den Kugelregen bei Zenta durch, wenngleich auch die Trauttmansdorffs nicht ins Bodenlose fielen.

Währenddessen arbeitet der Hofmathematikus Jakob Marinoni, der dem Prinzen von Savoyen beim Bau des Wiener Linienwalles mit diversen Plänen zur Hand geht, an einer umfassenden Landkarte mit dem kaiserlichen Hoflager als Mittelpunkt. Er bringt dieses Produkt gemeinsam mit dem gelehrten Kollegen Anguissola beim Hofbuchdrucker Gehlen heraus und lebt bis etwa 1740 in einem kleinen Haus auf der Mölkerbastei, wo er eine Sternwarte aufbaut und Vorlesungen hält. Sein astronomisches Instrumentarium genoß Weltruf. Als Antipoden der gelehrten Gesellschaft drängen sich dumme Bettler und abergläubische Landstreicher um die Klostertüren. Bei Seuchengefahr schafft man sie ins Anhaltelager Spittelau, wo sie auf einer Insel in Baracken leben müssen, aber verpflegt und gewärmt werden. Die goldene Freiheit, in der sie sich selbst und andere infizieren können, ist allerdings dort nicht daheim, eher der Henker mit seinem Schnellgalgen für Widerspenstige.

Ob die Wiener Kaffeehaustiger über der ruhmreichen Affäre von Zenta ganz auf die beiden unglücklichen Heerführer Veterani und Heissler vergessen haben, ist sehr zweifelhaft. Manch einer erinnerte sich wohl des Feldmarschalls Friedrich Graf Veterani, der schon zur Zeit der Zweiten Türkenbelagerung als Oberst mit 1000 Kürassieren die hiesige Donaubrücke so lange verteidigt hatte, bis der Generalleutnant in Jedlesee ihre Zerstörung befahl. Nach dem Entsatz war Veterani unter Caraffa nach Ungarn gezogen, hatte bei Neuhäusel Kuruzzen und Tataren zusammengeschlagen und mit General Schultz das Hauptquartier des Tököly in Eperies gestürmt. Der Ungar fand damals Grund, auf Veterani böse zu sein, stöberte letzterer doch die gesamte Geheimkorrespondenz des Emmerich in dessen Unterstand auf. Friedrich vereinnahmte dann gemeinsam mit anderen Österreichern Tokay samt seinen Trauben, jagte die aufmüpfigen Szekler auseinander und schritt an die schon früher erwähnte Eroberung Szegedins, wobei ihm sogar der Großwesir mit seiner Hauptmacht und den besagten Tatarenschwärmen in die Quere kam.

Um 1687 marschierte Veterani dem Herzog von Lothringen nach Siebenbürgen voraus, beschoß wirkungsvoll Kronstadt, ging bis Orsova vor und dachte nicht daran, wie bald ihm Moldau und Walachei zum Schicksal werden sollten. Vorerst aber kam Serbien an die Reihe, wo er zum Sieg der Österreicher bei Nisch wesentlich beitrug, während des Angriffs auf Widin verwundet wurde und trotzdem nach dem Tode Piccolominis dessen Kommando übernahm. Sein Durchhalten sicherte die erste Belagerung Temesvars und die leidliche Ruhe in Transsylvanien bis zur unheilvollen Wende des Krieges. Zu diesem Termin ersetzte Guido Starhemberg den Veterani in Restserbien, der ab 1695 im Großfürstentum Siebenbürgen auf verlorenem Posten ausharrte. Mit dem noch lebenden Häuflein seiner Getreuen wartete er bei Lugos auf die österreichische Hauptarmee, als plötzlich Sultan Mustapha mit 80 000 Türken vor ihm erschien. Schwerverletzt hatte damals der Graf den Widerstand seiner Leute im Hazeker Tal angefacht, das ihn so gar nicht an die Lieblichkeit der heimatlichen Hügel um Urbino erinnerte.

Dann waren die Feinde auf ihn eingedrungen, hatten seine Eskorte niedergemetzelt und ihm den Schädel vom Rumpf geschlagen. Sein Kopf war dem Mustapha überreicht worden, der jedoch die Bestattung des ganzen Leichnams befohlen haben soll. Wie seither in Wien erzählt wurde, zeigte sich Leopold über Friedrichs Tod sehr betroffen, während die kaiserlichen Akten die Kriegserfahrung des Enthaupteten und seine Fassung im Unglück festhielten. Erst viele Jahre danach wurden die Memoiren des Federico Marchese Veterani von 1683 bis 1694 in italienisch publiziert, womit er sich ein literarisches Denkmal gesetzt hat. Der einfache Soldat, den er stets gut versorgte, und der Landmann, den er fast nie mit Requisitionen bedrückte, hielten sein Andenken in Pannonien wach.

Nicht minder frostig zeigte sich das Schicksal dem Heissler gegenüber. Diesen Donat Johann Graf Heissler von Heitersheim hatte man auch zum Feldmarschall gemacht, nachdem er als Jugendlicher in Deutschland schon zu Ende des Dreißigjährigen Krieges den Werbern der österreichischen Armee nachgelaufen war. Er wuchs später im Dragonerregiment des älteren Prinzen von Savoyen auch rangmäßig heran und übernahm diesen Truppenkörper beim Tode des Genannten in einem sehr kritischen Moment des Wiener Türkenjahres. 1684 warf er in Pannonien Tökölys Scharen erstmals zurück, schlug ein türkisches Streifkorps bei Stuhlweißenburg, nahm ein Jahr darauf die Stadt Waitzen dem Feinde weg und überraschte Arad im Sturm. 1688 eroberte Donat den Ort Passarowitz, nachdem er die Kuruzzen abermals zurückgeworfen hatte. In der Walachei mißglückte dem Heissler hernach bekanntlich alles, was er unternahm, heimische Verräter taten das Ihre, von seiner Gefangennahme und Haft in der Türkei wurde bereits berichtet. Zwei Jahre lag er in Ketten, dann gelang den Österreichern mit Hilfe befreundeter Diplomaten der Austausch gegen die in Wien inhaftierte Helene Tököly. Der 5. Juni 1692 war der letzte große Tag des Donatus. Er leitete den Generalangriff auf das seit dem Sieg des Türkenlouis bei Salankamen belagerte Großwardein, das ihm nicht länger widerstehen konnte. Drei Jahre später übernahm Heitersheim im Wechselkarussell des ungarischen Oberkommandos dieser Periode sogar für etliche Monate die höchste Befehlsgewalt und ritt vor das belagerte Temesvar, als August der Starke im Hauptquartier anlangte und ihn ablöste.

Vor dieser Festung, die während des Zweiten Leopoldinischen Türkenkrieges zum Symbol türkischen Verteidigungswillens werden sollte, empfing Heissler eine erste schwere Wunde. Im Gefecht bei Olasch kurz darauf erlitt er dazu noch solche Verletzungen, daß man ihn nach Szegedin zurückbringen mußte, wo er fünf Tage später unter großen Schmerzen zur himmlischen Armee abging. Das Wort vom österreichischen Heldenzeitalter war eben kein leeres Gerede!

Die Wiener Gerüchtefabrikanten galten um die Jahrhundertwende in den Kaffee- und Wasserbrennerstuben fast noch mehr als die nostalgisch veranlagten Gemüter. So wandten sich die meisten von Veterani und Heissler ab und Männern wie Obersthofmeister Ferdinand Bonaventura Graf Harrach zu, der gegen Ende 1700 mit dem Gesandten der Hohenzollern ein Kontraktat abschloß. Darin sicherte man den Brandenburgern die preußische Königswürde zu und tat im Hinblick auf kommende Ereignisse ebenso gut daran, wie mit der Verleihung des Kurfürstenhutes an Hannover ein glücklicher Griff geschehen war. Man muß sich halt rechtzeitig Freunde schaffen, sagten die Koffeinsüchtigen dazu, und nur die Meckerer zweifelten hinter vorgehaltener Hand, ob die so erlangte Dankbarkeit von Dauer sein werde. Es könnte vielleicht sein, daß Berlin künftig nur deshalb militärischen Beistand schicken werde, um bei der Armee Österreichs das rechte Kriegführen zu lernen. Aber die anderen meinten, dem alten Harrach könne man vertrauen, der wisse schon, was er mache. Schließlich stamme er ja vom Grafen Karl her, der irgendein seiner Familie als Privileg zustehendes Obersterblandstallmeisteramt brav versehen und während des Großen Krieges in Deutschland allerlei diplomatische Kunststücke für Kaiser und Reich zusammengebracht habe. Mit seinen beiden Töchtern sei dem Karl nicht alles so trefflich gelungen, meinten die Raunzer, zumal er die Elisabeth ausgerechnet mit dem Wallenstein und die Maximiliane mit dessen Intimus Terzky verheiratet habe. Ferdinand Bonaventura sei aber noch vor kurzem als Botschafter in Madrid herumstolziert und dort sicher ganz im Sinne der Römischen Majestät aktiv gewesen, wurde geantwortet. Jetzt amtiere der Aloys Ludwig Thomas Raimund Harrach, also der Sohn des Herrn Obersthof- und Obersterblandstallmeisters ebenfalls in Spanien und schaue sicher darauf, daß sich dort nichts für Österreich Nachteiliges zusammenbraue!

Nun, wir wissen, wie wenig beide Grafen in Madrid für Wien tatsächlich herausschlagen konnten, wenn man ihnen auch zugute halten muß, daß sie ihre Grenzen trotz aller pompösen Schleier am Manzanares bald erkannt und dementsprechend auf den Wiener Illusionismus eingewirkt haben. Der Sohn des Aloys, der 1708 geboren wird, sollte es bis zum niederösterreichischen Landmarschall, Hofkriegsratspräsidenten und Generalstatthalter der Lombardei bringen, während der Papa vorher noch zum Vizekönig von Neapel und zum Finanzminister Österreichs aufsteigt. Die Pracht der Harrachs leuchtet bis heute aus ihren Gemälden im Schlosse Rohrau, obschon ihr Glanz im Wiener Stadtpalais 1944 von amerikanischen Bomben zerrissen wurde. Nichtsdestoweniger war die Mariage mit dem Friedlander nicht der einzige taktische Fehler, der den barocken Harrachs unterlief. Maria Theresia wird einst den Stammhalter des Geschlechts mit großem Krach hinauswerfen, weil er ihre Verwaltungsreform bekrittelt. Er war so ziemlich der letzte Feudalherr, der solchen Mannesmut vor Fürstenthronen aufbrachte, und er verstarb tiefgekränkt schon zwei Jahre nach diesem Auftritt an den Blattern.

6. KAPITEL

Marlborough s'en va t'en guerre

Es würde zu weit führen, alle jene Vorgänge aufzuzeigen und einzeln zu erläutern, welche zum sogenannten „Spanischen Erbfolgekrieg" beigetragen haben, der die Expansion Österreichs im Südosten abrupt unterbrach. Wir wollen uns mit den plausibelsten Ursachen begnügen und danach den unmittelbaren Anlaß zum Einstieg für unsere Erzählung benützen. Aber die weltweite Bedeutung dieses Konflikts kann nicht genug unterstrichen werde, schon weil sie in Mitteleuropa von Generationen deutschnational oder fremdvölkisch exaltierter Lehrer ebenso wie von ihren marxistischen Kollegen andauernd heruntergespielt worden ist, während der katholisch orientierte Teil der Lehrerschaft die historischen Wahrheiten, wie so oft, nicht erkannte. Der Spanische Erbfolgekrieg hat nämlich den Lauf der Welt bis gegen Ende des zweiten Jahrtausends geregelt. Daran ändert auch das Hinstarren auf die amerikanische und die Französische Revolution mit ihren blutüberströmten Töchtern im 19. und 20. Jahrhundert nichts, die Episoden eines Napoleon oder Hitler schmolzen wie Schnee in jener Atmosphäre, die in den ersten Jahren des 18. Jahrhunderts geschaffen worden ist. Der Untergang des alten Österreich mochte für Zentral- und Osteuropa eine gleichrangige Zäsur darstellen, für den übrigen Globus blieb er jedoch ohne Belang. Nach dem österreichischen Zusammenbruch von 1918 gab es einen frivolen französischen und einen ebensolchen deutschen Erbversuch, dann übernahm jenes Rußland, dessen Machthaber wir soeben erstmals in Wien getroffen haben, das also um 1700 ins Licht abendländischer Geschichte getreten war, nahezu die ganze Verlassenschaft Habsburgs.

Nach dem Ende des Spanischen Erbfolgekrieges mußten sich Einsichtige mit Recht sagen, daß die Vergangenheit Europas samt seinem Einfluß in anderen Kontinenten endgültig erledigt oder in hoffnungslosem Absterben begriffen sei, daß die geistige Umwertung aller Werte von früher voll eingesetzt habe und eine neue Weltordnung Platz greife. In globaler Gesamtsicht bedeutete dies den Totenschein für das spanische Weltreich, aber auch das Armutszeugnis für das französische System, zumindest soweit Amerika und Indien davon betroffen waren. Die Entdeckungsreisenden La Salle, Marquette und Joliet waren gleichsam vergeblich den Mississippi von den Quellen bis zur Mündung hinabgefahren, die Jesuiten hatten ihre Blutzeugen dort wie hier scheinbar vergeblich verschwendet. Kaiser Joseph I. wird 1705 einen Wiener Hofprediger, der für diesen Orden eintritt und vor den Protestanten warnt, unverzüglich hinauswerfen lassen. Dabei fing alles so harmlos an, daß man in den Wiener Kaffeehäusern zunächst gar nicht an eine bevorstehende Großaktion glauben mochte.

Zunächst begann ein zweiter Nordischer Krieg, nachdem Rußland, Sachsen, Polen und Dänemark zusammengefunden hatten und der deutsch-schwedische König durch einen Überraschungsangriff die sich nun anbahnende Koalition seiner Gegner zu lähmen suchte. Trotz einer Erfolgssträhne der Schweden auf den Schlachtfeldern gelang ihm dies nicht dauerhaft genug, um ein endloses Hin-und-her-Gerangel bis in die Türkei hintanzuhalten. Alle daran Beteiligten waren jedenfalls am Mitspielen auf der westeuropäischen Szene verhindert, nur die Sachsen hätten beinahe eine Doppelrolle übernommen, wenn sie dazu imstande gewesen wären. Im Westen bewegten sich die internationalen Konferenzen bezüglich der Erbschaft des kränklichen, kinderlosen Habsburgerkönigs in Madrid um den toten Punkt. Eine Zeitlang hatte der kleine Sohn des Max Emanuel von Bayern und der Tochter des Kaisers Leopold die Möglichkeit geboten, als Kompromißkandidat das spanische Imperium mit Ausnahme der Besitzungen in Italien ungeteilt zu erhalten. Vater Max packte im Statthalterpalais zu Brüssel bereits für seinen Sprößling die Koffer, da starb der Jüngling im ungeeignetsten Moment an den Pocken. Dem 39jährigen kranken König in Madrid war das nicht enden wollende Spekulieren auf sein eigenes Ableben keine Freude, aber die Diplomaten verhandelten über den Besitz Mexikos, der Städte Landau oder Geldern, über die Wälder und Fische der Hudsonbai, über Neapel oder Mantua genau so, als trüge man ihn schon in die Gruft des Escorial hinab. Wien pochte darauf, daß mindestens ein Mitglied des hierortigen Familienzweiges auf die ganze Verlassenschaft Anspruch habe, stand aber auch der Abgabe von Legaten nicht negativ gegenüber.

Einer der in den letzten Jahren des 17. Säkulums ausgehandelten, aber nie effektuierten Teilungsverträge wäre gar nicht so abwegig gewesen, hätte er doch einem der Söhne Leopolds Spanien selbst samt seinen Kolonien, dem französischen Dauphin aber alle italienischen Besitzungen und Lothringen zugewiesen. Doch der Kaiser traute der Sache mit Italien nicht, hatte dem siechen Souverän in Madrid gegenüber Skrupel, zögerte mit der Einwilligung zu lange. Immer wieder unterschätzte man in der Geheimen Ratsstube der Wiener Hofburg pessimistische Hinweise des österreichischen Botschafters in Spanien, also des Grafen Harrach, bezüglich des Verwandtenneides der Madrider Sippschaft, aber auch die Erbschleicherei der Bourbonen. Am 1. November 1700 starb der umstrittene Monarch tatsächlich, nachdem er am Totenbett den Enkel Ludwigs XIV., den Herzog von Anjou, zum Universalnachfolger eingesetzt hatte. Bei Bekanntwerden dieser allerletzten testamentarischen Verfügung demonstrierte die halbe Bevölkerung Wiens voll Zorn in den Straßen, der römisch-deutsche König Joseph beschimpfte den französischen Gesandten, aber das Regierungsteam der Herren Mansfeld und Salaburg wollte mit Ludwig weiter über einen Vergleich in Italien reden. Die „Kriegspartei" bei Hofe, das heißt die Grafen Salm, Kaunitz, Prinz Eugen und der österreichische Botschafter in London, Graf Wratislaw, hielt dies für aussichtslos. Wirklich schickte Versailles sofort den halbwüchsigen Anjou nach Spanien hinunter, wo er feierlichst als Rey Catolica Filipe V. anerkannt wurde. Der greise Gouverneur von Mailand, Fürst Vaudemont, stellte sich auf seine Seite, die anderen Verweser spanischer Besitztümer auf der Apenninenhalbinsel folgten diesem Beispiel. Der Herzog von Savoyen reihte sich an, verheiratete eine Tochter mit dem Anjou und wollte irgendwo Oberbefehlshaber werden, der neue römische Papst ließ seinen Römischen Kaiser bereits zur guten Hälfte im Stich, Leopolds verwitweter Schwiegersohn, Kurfürst Max Emanuel, der auch spanischer Statthalter in den Niederlanden war und meist in Brüssel saß, sowie dessen kurfürstlich-erzbischöflicher Bruder in Köln schlossen Bündnisse mit Ludwig XIV., der ihnen dafür schon einiges aus seiner indirekten spanischen Beute anzubieten wagte. Kein Wunder, schien doch dem Sonnenkönig alles, worum er die letzten Jahrzehnte so bitter gekämpft hatte, also die Spanischen Niederlande und zwei Drittel Italiens, wie von selbst in den Schoß zu fallen.

Sogar in Wolfenbüttel drohte man in Richtung Wien. Jetzt begriff die kaiserliche Regierung, warum den Franzosen plötzlich die Hohe Pforte so gleichgültig geworden war, obwohl man noch nicht ahnte, wie sehr sich Paris anstelle dessen unter der Hand um Siebenbürgen und um Ungarn kümmerte. Aber der König von Frankreich übertrieb im ersten Glücksgefühl seine Gangart. Er anerkannte auf einmal die Exil-Stuarts wieder als rechtmäßige Herrscher Englands und schob seine Truppen in die Barriere der Spanischen Niederlande gegen Holland vor, nachdem eine französische Armee bereits das angebliche Interesse Madrids in Italien wahrnahm. In Paris und St. Malo wurden Gesellschaften für Mexiko und für Peru sowie für den Sklavenhandel in allen spanischen Kolonien gegründet, dem Anjou auch das legitime Erbrecht in Frankreich formell zuerkannt, allen englischen Manufakturen und Bergwerksprodukten der französische Markt gesperrt. Wilhelm von Oranien antwortete in einer Thronrede, daß England erstmals die Waage der Welt in Händen halte sowie Freiheit und Religion für jedermann verteidige.

Den Österreichern aber ging es um konkretere, wenn auch kleinere Dinge, nachdem sie eingesehen hatten, daß mit den Franzosen auch in Zukunft nicht gut Kirschen essen wäre. Sie wollten wenigstens Mailand, Belgien, Neapel und Sizilien haben und verständigten sich darüber mit London. Daß Holland mitmachte, stand bei der Nähe französischer Vorausabteilungen außer Frage. Trotzdem mußte sich Wien eingestehen, daß es der französischen Diplomatie bis dato unterlegen blieb. Die außerordentlichen Bemühungen Habsburgs um die Wittelsbacher hatten nichts gefruchtet, Portugal stand mit einem Fuß im französischen Lager, obwohl es insgeheim die andere Seite in Übersee förderte, Ungarns Edelleute, Bürger und Bauern wollten plötzlich keine Abgaben mehr entrichten, und im Reich selbst hielten nur Brandenburg und Hannover zum Kaiser. Weitere Landkreise und geistliche Fürsten mußten erst durch kostspielige Verträge für die Anliegen Wiens gewonnen werden. Zunächst war Italien fast zur Gänze abzuschreiben, wiewohl gerade dort der erste österreichische Hebel angesetzt werden sollte. Man beabsichtigte in konservativer Manier, nach und nach jene Städte der Poebene, die einmal zum Reich gehört hatten, sich aber jetzt den Franzosen in die Arme warfen, unter Aufsicht zu bringen und dann das spanische Mailand „heimzuholen".

Nur um Venedig glaubte man sich nicht kümmern zu müssen, weil die Republik allen Zahlungsfähigen Durchmarschrecht gewährte, also lediglich Geld verdienen sowie ein wachsames Auge auf die Türkei werfen wollte. Nichtsdestoweniger war die noch immer von vielen Gläubigen herbeigesehnte katholische Eintracht endgültig auf dem historischen Misthaufen gelandet, und am 7. September 1701 unterzeichneten Österreich, England und Holland im Haag ihre neuerliche Große Allianz, ohne auf konfessionelle Unterschiede Rücksicht zu nehmen. Freilich, das erwähnte Glücksgefühl Ludwigs XIV. entsprang nur einer zeitweisen Erleichterung, die von trüben Voraussichten umrahmt wurde. Wie Voltaire in seiner Darstellung des Spanischen Erbfolgekrieges berichtet, verließ der Sonnenkönig Ende 1700 gerade den Kronrat, als er mit den Prinzessinnen Conti und der Herzogin von Burgund zusammentraf. „Ach, welchem Standpunkt in dieser Verlassenschaftsangelegenheit werden sich die Damen wohl anschließen?" soll Ludwig gefragt haben. Und ohne auf Antwort zu warten, setzte der Allerchristlichste sinnend fort: „Nun, welcher Lösung der Dinge ich selbst auch immer beipflichten mag, ich werde mich dabei blamieren!"

Während Prinz Eugen am 20. Mai 1701 zu Rovereto den Oberbefehl über alle kaiserlichen Truppen des wieder eröffneten italienischen Kriegstheaters übernahm, schien der Bruch der Seemächte mit Frankreich nur noch eine Angelegenheit von Wochen zu sein. Allerdings, diesmal hatte der Prinz seinen Vetter in Turin von vornherein zum Feind, auch die spanischen Kommandeure waren mit den Franzosen diesseits und jenseits des Apennins handelseins geworden. Unter den engsten Mitarbeitern Eugens finden wir bekannte Namen wie Prinz Commercy und Prinz Vaudemont, dessen Vater als Administrator Mailands bekanntlich auf der Gegenseite stand, ferner Guido Starhemberg, Palffy sowie die Generäle Sereni, Dietrichstein, Bagni und Solari. Hinter den Genannten waren die Regimenter zu Fuß Alt- und Neustarhemberg, Herberstein, Guttenstein, Negrelli, Bagni, Jung-Daun und Mansfeld anmarschiert. An Kavallerieeinheiten rückte die Reitermasse der schon aufgezählten Commercy, Vaudemont, Palffy, Sereni und Dietrichstein ins italienische Feld, aber auch die Regimenter Lothringen, Visconti, Cusani, Vaubonne sowie die Savoyendragoner, ferner die Kürassiere Corbellis und Neuburgs. Infanterieabteilungen des Palffy und des Sereni waren ebenso wie mehrere Kompanien Neuburgs in Slawonien liegen geblieben, wo sich auch die Reiterei von Zant, Jung-Hannover, Steinville sowie die Dragoner Rabutins befanden. Die Macht Österreichs hatte mit etwas über 30000 Kriegern ihr Schwergewicht zunächst südlich der Alpen, drüben in Slawonien standen 11000, am Oberrhein 20000, im Königreich Ungarn fast ebenso viele und in den Erbländern etwa 8000 Mann. Zusammengerechnet ergibt dies ungefähr den Personalstand der Südostarmee bei Zenta, also viel zuwenig, um mit Ludwig XIV. anstelle des Sultans auch nur halbwegs fertigzuwerden.

Aber wir befinden uns erst am Beginn des 13jährigen Spanischen Erbfolgekrieges: Auf der anderen, der Pariser Seite sammelten sich 205000 französische Soldaten, dazu 25000 spanische Niederländer, 8000 Spanier aus Mailand, 15000 Mann des Herzogs von Savoyen und 25000 Bayern. Was die Iberische Halbinsel dem Ludwig sonst zu bieten hatte, war ungewiß. Sein eigentlicher großer Gegner in Westeuropa, Wilhelm von Oranien, konnte nicht mehr ins Feld reiten, seine Gesundheit war erschöpft, er wird im Frühjahr 1702 das Zeitliche segnen. Um diese Zeit dringt im Regensburger Reichstag endlich die vielumstrittene Ansicht durch, den Franzosen und ihren Helfern abermals den Reichskrieg zu erklären. Trotzdem wird gerade jetzt am Wiener Kaiserhof die französische Sprache als offizielles Verständigungsmittel anerkannt, vielleicht weil dem Leopold nach den jüngsten Erfahrungen das spanische Getue doch etwas auf die Nerven fällt. Die Jesuiten verlieren in der Stadt etwas Terrain, da die Piaristen ihre erste Schule eröffnen und die Volksbildung auf breiterer Basis betreiben.

In Britannien besteigt mittlerweile die Schwägerin des verblichenen Wilhelm, Anna, den Thron. Sie war als Schwester der schon dahingegangenen Gemahlin des Oraniers eine geborene Stuart, ließ sich jedoch auf keine katholischen Abweichungen vom Anglikanismus ein, hörte nicht auf ihre Verwandten im Ausland, ließ sich auch von ihrem dänischen Gatten nicht viel sagen, sondern liebte den guten Rat und den schönen Leib ihrer Hofdame Sarah, die ihrerseits mit dem hervorragenden John Churchill Herzog von Marlborough eine vernünftige Ehe unterhielt. Schwager Wilhelm hatte am Krankenlager den Beginn der Feindseligkeiten gemeldet erhalten und sich, wie er dem Grafen Portland zuflüsterte, „ohne Kummer" auf die letzte Reise gemacht. Ein deutscher Geschichtsschreiber des 19. Jahrhunderts bemerkt, daß dem Oranier seither als Retter Europas vor der bourbonischen Übermacht, als Erhalter des Protestantismus sowie als Durchbildner der englischen Verfassung wahrhaft europäischer Ruhm gebühre.

Bei dieser Wertung dürften die Taten der Österreicher gegen die Hegemonie Frankreichs zu sehr verdunkelt worden sein, was wohl mit der mangelnden Popularität unseres Erscheinungsbildes im Nordwesten zusammenhängt, also jenes Faktums, das wir bis heute nicht zur Kenntnis nehmen wollen. In Holland war der verstorbene Wilhelm als monarchisch aus der Ferne wirkender Generalstatthalter wenig beliebt gewesen. Immerhin, nach kurzen Wirren gehorchten dort hoch und niedrig dem Ratspensionär Heinsius, der die politische Linie des Oraniers fortsetzte und mit Marlborough und Prinz Eugen ein europäisches Triumvirat bildete. Die Kriegsziele Hollands bezogen sich nicht auf Stücke aus dem spanischen Kadaver, sondern auf Handelsvorteile und auf die militärische Dominanz der belgischen Grenzgebiete durch Besatzungsrechte in den wichtigsten Festungen der Spanischen Niederlande. Im fernen Wien hatte man noch andere Anliegen: Das Neulerchenfeld und der Strozzigrund wurden verbaut, Pozzo und Altamonte begannen zu arbeiten, Fux wurde Domkapellmeister von St. Stephan.

Aber die Kriegstrompeten wurden lauter: Wie zu erwarten war, stieß das österreichische Heer als erstes mit den Franzosen in Oberitalien zusammen. Eugen umging dort im Frühsommer 1701 den Gegner mehrmals in waghalsigen Märschen und zeigte, nachdem er zum Unterschied vom dritten Raubkrieg in nämlicher Gegend auf keine höhergestellte Person Rücksicht nehmen mußte, sein unnachahmliches Talent als Stratege in verschiedenen Variationen. Bis März 1702 hatte er eine Reihe von Treffen für sich entschieden, der glorreiche Tag von Carpi bescherte ihm freilich eine Schußwunde am Knie. Er eignete sich aber auch feindliche Positionen durch Bestechung an und nahm einen französischen Marschall mit List gefangen. Daraufhin erhielt ein Verwandter des Savoyers, ein sittenloser, obgleich militärisch sehr bedeutender Mensch, den feindlichen Oberbefehl, während den Österreichern Geld und Nachschubgüter ausgingen. Von daheim kam nichts mehr nach. Eugen entschloß sich, die Truppe zu verlassen, um den Wiener Hofkriegsrat aufzumöbeln; Guido Starhemberg übernahm die kampffähigen Reste und suchte mit ihnen wenigstens den Ostteil der Poebene zu behaupten. Die Bedrohung Tirols und der Aufstand in Ungarn standen jetzt vor den eingeschlagenen Toren Österreichs: Commercy war gefallen, ein Liechtenstein fünfmal verwundet, ein Trauttmansdorff blessiert, viele andere Offiziere zugrunde gegangen.

Auf der französischen Seite waren die Verlustlisten der Aristokraten noch länger und trübten die Freude über einen Besuch des spanischen Bourbonenkönigs an der Front. Dabei kam eine österreichische Kanonenkugel dem Anjou und seinem prächtigen Gefolge bedenklich nahe und veranlaßte beim Dekkungsuchen unwürdige Hast.

Aber die österreichischen Siege blieben nur noch eine Erinnerung ohne Folgen, so etwa der Nachmittag vor der venezianischen Grenzstadt Chiari, wo Eugen in kluger Abwehr die Franzosen bis zur Selbstvernichtung anrennen ließ und sich Graf Herberstein und Graf Daun dabei besondere Verdienste erwarben. Schließlich hatte der Prinz bei Luzzara dem angereisten spanischen Souverän noch einmal die Zähne gezeigt und dem Feind sieben Fahnen abgenommen, bevor die Fahrt nach Wien angetreten wurde.

Am niederländischen Kriegsschauplatz rückte man zunächst ergebnislos hin und her, zumal die meisten festen Plätze in der Hand der spanischen Parteigänger Ludwigs XIV. geblieben waren. Mitte 1702 begann Marlborough an den Fäden zu ziehen und eroberte Venloo, Lüttich und Bonn. Nachher ging er ärgerlich wieder davon, weil ihm die holländischen Felddeputierten erklärt hatten, daß sie nichts weiteres mehr riskieren wollten. Ungefähr zur selben Zeit suchte der in Westdeutschland herumkommandierende Römische König Joseph ins Elsaß einzudringen, als Max Emanuel seine Verhandlungsrunde mit Wien platzen ließ und die Reichsfestung Ulm mit seinen Leuten überrumpelte. Voll Betroffenheit konstatierten die kaiserlichen Militärs, daß die Franzosen nunmehr über den Rhein und durch den Schwarzwald kommen würden, um dem Kurfürsten offen Hilfe zu bringen. Tirol wäre damit auch von Norden her feindlichen Unternehmen nahegerückt, ganz Süddeutschland würde in ein Kriegstheater verwandelt werden. Eugen saß schon in Wien und erkannte, daß ihm Mansfeld-Fondi höchstselbst im Hofkriegsrat die Prügel in Oberitalien vor die Füße geworfen hatte. Dieser Franz Graf Mansfeld Fürst Fondi war im besten Sinn des Wortes für den Savoyer ein unangenehmer Nachbar. Der Graf hatte sich schon vor der Jahrhundertwende von dem damals noch unbekannten Lucas von Hildebrandt ein Palais am Beginn des Rennwegs bauen lassen, wo die dazugehörende Parkanlage an die Belvederegründe grenzte. Fürst Franz gehörte der sogenannten spanischen Gruppe bei Hofe an, deren Politik jetzt mehr als undurchsichtig geworden war. Der letzte, kranke Habsburger in Madrid hatte ihm kurz vor dem Ableben noch das Städtchen Fondi beim süditalienischen Caserta zum Geschenk für treue Dienste gemacht.

Am Rennweg vor Wien hingegen blieb der Palast des hispanophilen Hofkriegsrates wegen leidiger Geldverlegenheit und sonstiger Wirren um den Fürsten im Rohbau stecken, Mansfeld wird schon 1715 sterben. Seine Töchter verkaufen das halbfertige Objekt nachher an Adam Franz von Schwarzenberg. Während Eugen seinerseits den bald allseits begehrten Hildebrandt als Baumeister beschäftigt, wenden sich die Schwarzenbergs an den jüngeren Fischer von Erlach, der ihren Erwerb am Rennweg umgestaltet und vollendet. Fürst Adam erklärt zwar, daß Josef Emanuel Fischer „wenig seinesgleichen in diesen Landen habe und doch im Kopfe sichtbarlich einen Sparren zuviel" aufweise, aber was war das gegen die schweren Vorwürfe, die anno 1703 Prinz Eugen bei Übernahme des Hofkriegsratspräsidiums gegen den Erstbesitzer Mansfeld erhob. Der Savoyer hielt den Fondi für einen Agenten! Das Heer, dessen Fürsorge dem Prinzen nunmehr vom Kaiser empfohlen wurde, entstammte noch immer den Söldnerverbänden jenes Dreißigjährigen Krieges, in dem die Mansfelds zwischen den Fronten laviert hatten. Ihr

Generalvertreter mußte damals, als er seinen Tod nahen fühlte, wohl einsehen, welch schlechten Platz ihm das Schicksal zum Sterben aussuchte. Er war auf der Durchreise in einem elenden türkischen Dorf bei Sarajevo aufs Lager geworfen worden. Doch er hatte sich ankleiden sowie mit allen Kriegsabzeichen schmücken lassen und dann stehend, auf zwei Diener gestützt, die letzten Minuten zugebracht. In den Folgejahren traten beim österreichischen Heer, den Lehren jenes Großen Krieges in Deutschland gemäß, an die Stelle der Schlachthaufen lange, sechsgliedrige Formationen, von denen unmittelbar nach 1700 zwei Glieder wegfielen. Die dadurch entstandene viergliedrige Aufstellung bildete den Übergang zur Lineartaktik des neuen Jahrhunderts, die Picke verlor als Gefechtsinstrument ihren früheren Wert, und die Infanterie empfing als einzige Waffe die Flinte, welche in der französischen Armee entwikkelt worden war. Man ahmte diesen Typ nach, die schwerfälligen Musketen hatten ausgedient. Die verschwundene Picke fand im Bajonett Ersatz, wobei die Fortentwicklung dieses Stoßmessers allmählich das Feuern mit aufgepflanzter Seitenwaffe ermöglichte. Das Bataillon gewann als Teil jedes Regiments größere Beweglichkeit und Initiative, während andererseits die als Zusammenfassung mehrerer Regimenter konzipierte Brigade infolge der leichteren Befehlsübermittlung besondere Aktualität erreichte.

Trotzdem stellten die Regimenter mit ihren Inhabern als Kriegsunternehmer noch immer die stärkste soziale Potenz der Armee dar. Aber die Gleichmacherei unter diesen Einheiten ging ununterbrochen weiter, zumal das gesellschaftliche Leben aller Nationen Europas nicht mehr das Ergebnis zahlloser mit- und gegeneinanderwirkender Kräfte, sondern auf den jeweiligen absoluten Herrscher ausgerichtet war, dem das Waffenrecht allein zustehen sollte. Den sichtbarsten Ausdruck dieser Hinwendung stellte die um sich greifende Institution stehender Heere dar, die Uniformierung, der Gleichschritt, die einheitliche Armierung kamen hinzu. Die uns schon bekannt gewordenen Dienstvorschriften wurden deshalb von weiteren Anleitungen ergänzt, z. B. jenen des Oberstleutnants Freiherrn von Ogilvy sowie etwas später durch die „Observationspunkte" des Feldmarschalls Graf Khevenhüller.

Eugen selbst trat in höchstem Kreise weiterhin gegen jegliche Art höfischer Protektion bei der Verleihung militärischer Stellen energisch auf, wobei ihm allerdings nicht immer ein zufriedenstellendes Resultat gelang. Dagegen vermochte er die bisher übliche Verleihung militärischer Chargen sowie deren Sold an erlauchte Wiegenkinder gänzlich zu unterbinden. Die Hebung und Sicherung soldatischer Disziplin bei Offizieren und Mannschaften war ihm ein zusätzliches Anliegen, er befahl auch, daß die Kommandanten den an zivilem Gut von der Truppe mutwillig angerichteten Schaden aus eigenem zu ersetzen haben. Er schrieb dem Generalwachtmeister Graf Traun: „Man soll ohne Ursach den gemeinen Mann nicht zu sehr anstrengen und die Schärfe nur gebrauchen, wo die Güte, wie öfters geschieht, nichts verlanget." Jedenfalls – die Armee Österreichs wird in wenigen Jahren Eugens unverkennbaren Stempel tragen und eine Lehrwerkstatt für alle bilden, die in Europa militärischen Rang und Namen innehaben. Da die Gesamtstärke dieser bewaffneten Macht für Mehrfrontenkriege niemals ausreichte, wurde sie durch Miettruppen verstärkt. Wir treffen daher im kaiserlichen Heer immer wieder auf dänische, polnische, schweizerische und lothringische, selbstverständlich aber auf viele deutsche Einheiten, weil nahezu alle Reichsfürsten Mietregimenter in Habsburgs Sold stellten.

Die Situation wird durch jenen Ausspruch Marlboroughs charakterisiert, den er in Mindelheim machte, als er dort mit Eugen zum ersten Mal am 10. Juni 1704 zusammentraf. „Meine Leute sind immer voll Eifer für die gemeinsame Sache. Heute jedoch sind sie darüber hinaus von Ihrer Gegenwart begeistert. Dieser Ihrer Anwesenheit ist das Vorhandensein des genannten militärischen Geistes zu danken, welchen die Leute an Ihnen bewundern." Seitdem der Savoyer die österreichische Erfolgsreihe in Oberitalien aus Mangel an Etappengut abbrechen und nach Wien gehen mußte, nahm er den Kampf mit der Finanznot im österreichischen Heer wieder auf und richtete von da an unzählige Mahnbriefe an drei Kaiser, an die Hofkammer und an Kriegskameraden. Als er 1697 das ungarische Kommando übernommen hatte, war die dortige Kriegskasse leer, und er vermochte sich damals nur durch die persönliche Aufnahme eines Darlehens von 12000 Gulden zu helfen. 1701 mußte er das Sanitätswesen seiner oberitalienischen Armee durch Eigenmittel finanzieren, da es sonst einfach nicht existent gewesen wäre.

Solche Zustände trafen freilich auch andere Heerführer. Öfters glaubte Eugen, daß eine Katastrophe aus Geldmangel unmittelbar bevorstehe, und sah die Zügel des Staates hoffnungslos über den blutgetränkten Boden schleifen. Der Prinz und seine Generäle haben das Äußerste jedoch stets im letzten Augenblick verhindert.

Im Jahre 1703, als Leopold I. in der Favorita einige sehr bedeutungsvolle staatsrechtliche Schritte unternahm, standen am Oberrhein die Infanterieregimenter Markgraf von Baden, Lothringen, Thüringen, Fürstenberg und Reventlau im Einsatz. Die Kavallerie des Kaisers war mit Alt-Hannover, Thor sowie den Dragonerregimentern Styrum und Capelli vertreten, wozu die beiden ungarischen Husareneinheiten Kollonitz und Ebergenyi kamen. Es war dem Markgrafen von Baden als Oberbefehlshaber klar, daß man damit einen massiven Stoß Ludwigs XIV. ins Herz des Reiches kaum wesentlich behindern konnte, wiewohl einer der französischen Heerführer auf die Einladung von bayerischer Seite, doch durchs Höllental des Schwarzwaldes nach Osten zu marschieren, zunächst nur geantwortet hatte, daß er dazu nicht Teufel genug sei. Er wollte sich also partout nicht mit jenem türkischen „Menschenfreund“, den wir am Beginn unserer Erzählung in Südpolen angetroffen haben, gleichsetzen lassen.

Die feierlichen politischen Tanzfiguren des Kaisers in seinem Wiener Vorstadtschloß waren aber durchaus geeignet, den Sitzkrieg am Rhein und in Belgien in ein allgemeines Inferno Mitteleuropas zu verwandeln bzw. dort eine große Entscheidung herbeizuführen. Leopold zedierte nämlich seinem zweitgeborenen Sohn Karl am 12. September 1703 das gesamte spanische Imperium derart, als ob der Herzog von Anjou niemals auf dieser Welt, geschweige in Madrid gewesen wäre. Die Römische Majestät legte schriftlich nieder, daß alle Länder der hochberühmten Familie Habsburg unmöglich nur von einem Fürsten regiert werden könnten und deshalb anstelle der eigenen Person die Einsetzung Karls in Spanien von ganz Europa gewünscht werde. Der betreffende Sohn erließ gleichzeitig eine öffentliche Annahmeerklärung, in welcher festgehalten wurde, daß jede Art der Beanstandung, und käme sie selbst vom Heiligen Stuhl, zurückzuweisen sei. Außerdem schlossen Leopold, Karl und sein Bruder Joseph, der designierte Römische und ungarische König, im Gegenstand einen geheimen Familienvertrag, welcher jedoch 1713 der europäischen Öffentlichkeit preisgegeben werden sollte. Die Zeremonie für die erstgenannte Zession fand nicht nur vor den zuständigen österreichischen Würdenträgern, sondern auch vor dem englischen, holländischen, preußischen, mainzerischen sowie dem Gesandten von Modena statt. Die Gesandten von Venedig, Florenz, Parma, Dänemark und Polen hatten sich entschuldigen lassen, desgleichen der päpstliche Nuntius, der daraufhin als Gegenmaßnahme am weiteren Erscheinen in der kaiserlichen Kapelle bzw. bei Hofe durch die Behörde gehindert wurde.

Karl trat unmittelbar anschließend seine Reise über Hannover, England, Holland und Portugal nach Spanien an, verweilte aber in den genannten Ländern jeweils einige Zeit, wurde auch durch Meeresstürme behindert. Für die durch mehrere kostspielige Pausen unterbrochene Fahrt des Wiener Prätendenten kam ein Liegenschaftsbesitzer in Neuwaldegg namens Bartenfeld oder Bartolotti auf, dem man dafür das österreichische Salzmonopol zuschanzte. Später wird der jüngere Fischer von Erlach der Familie dieses Salzhauptmannes ein Wienerwald-Schlößchen errichten.

In Tirol war schon vor Karls Abreise einiges passiert, was den Kaiser seinerseits zu radikalem Vorgehen in der spanischen Frage mit bestimmt hatte. Der abtrünnige Kurfürst Bayerns und Exschwiegersohn hatte sich mit einigen durch die früheren österreichischen Zahlungen gestählten Regimentern auf das Land im Gebirge gestürzt und war bereits am 2. Juli 1703 mit 12000 Mann, darunter auch etwa 3000 Franzosen, in Innsbruck eingezogen. Max Emanuel vermochte dies um so leichter zu tun, als die Heeresgruppen Ludwigs XIV. über das Kinzigtal endlich die Donau angegangen und den Bayern die Hand gereicht hatten.

Österreich unterhielt entlang der Tiroler Nordseite keine ins Gewicht fallenden Kräfte, es gab sogar Loyalitätsgesten angsterfüllter Tiroler Lokalchefs an die bayerische Adresse, aber der Pfleger von Landeck, Michael Sterzinger, bot den Landsturm gegen die Eindringlinge auf. Südtiroler Kompanien warfen die feindliche Spitze am Brenner blutig zurück, die Oberinntaler vernichteten ein Kontingent an der Pontlatzer Brücke, die Unterinntaler eroberten Rattenberg und verlegten damit dem Kurfürsten die Nachschubstraße aus Richtung Kufstein. Die vielen Generäle in Innsbruck rieten deshalb dem Münchner Potentaten zum Rückzug über Scharnitz, und er sah sich zu unwürdiger Verkleidung gezwungen, damit er, inmitten seiner abziehenden Kolonnen wandelnd, den Tiroler Scharfschützen auf den Felsen entgehe. Seinen Adjutanten, der für Max Emanuel gehalten wurde, ereilte tatsächlich vor der Martinswand das tödliche Blei. Am 27. Juli zogen die Tiroler Landstürmer wieder in Innsbruck ein, und die frommen Stände beschlossen die Errichtung einer Anna-Säule, wiewohl die Bedrohung der gefürsteten Grafschaft durchaus nicht für immer gebannt zu sein schien.

Die Angelegenheit hatte viel von der späteren Problematik der Erhebung Andreas Hofers an sich. Prinz Eugen brachte mit Mühe den Kaiser dazu, die mit Bayern liebäugelnde Tiroler Landesregierung abzusetzen und den halben „Revolutionär" Sterzinger mit Nachschub und bewaffneter Hilfe zu bedenken.

Die französische Südarmee rasselte über die Straße am Gardasee nordwärts, überrollte die alten Mauern von Arco, blieb aber an den Festungswerken von Trient hängen, wo ihr Guido Starhemberg und Siegbert Heister den Weg verlegten. Dem Siegbert brummt öfters der Kopf, weil ihm vor 20 Jahren auf der Wiener Bastei ein türkischer Pfeil den Hut an die Schädeldecke geheftet hatte und er daraufhin nur zehn Tage im Bett geblieben war. Obwohl er schon auf den Sechziger geht, ist er weithin wegen seiner Strenge gefürchtet, wird wenige Wochen später nach Wien in den Kriegsrat und dann nach Ungarn müssen, wo er derart herumhaut, daß man ihn 1705 abberuft, aber drei Jahre später wieder hinschickt. Seine Frau, eine geborene Maria Anna Gräfin Sinzendorf, hatte gehofft, daß der Sohn einmal nicht so wie der Vater sein werde, aber ihr Rudolf wird 1717 vor den Augen des Alten als junger Regimentskommandant auf den Wällen Belgrads sterben. Siegbert überlebt das dann nur ein Jahr. Natürlich tut auch Guido Starhemberg die Schulter weh, weil dort eine osmanische Pfeilspitze steckt, die er erst 1706 herausoperieren läßt. Die französische Südarmee weiß von all dem nichts, sie erfährt nur vom Mißgeschick des bayerischen Kurfürsten in Nordtirol, wendet sich um und zieht unter schrecklichen Verwüstungen wieder ab.

Mittlerweile hat der Landsturm einen fast ebenso fürchterlichen Ausflug bis in die Nähe Münchens gemacht, auch reguläre österreichische Korps sind rund um Bayern aktiv geworden. Aber Max Emanuel schlägt überall erfolgreich zurück und erobert Passau, während die Truppen Ludwigs XIV. einige westliche Plätze Deutschlands nahmen. Der Reichsfeldherr Graf Styrum aus dem Ruhrgebiet mußte Augsburg aufgeben und bis an den Bodensee retirieren, selbst der Markgraf von Baden verlor Gelände. Wenn Max auch nicht imstande war, den immerwährenden Wittelsbachertraum von der Auslöschung Tirols zu verwirklichen, hatte er sich doch im Zentralgebiet gut behauptet und konnte deshalb darauf hoffen, mit französischem Sukkurs den Wiener Verwandten donauabwärts auf den Pelz zu rücken. Die Verbindung nach Süden fehlte ihm freilich hierfür, und der Abschied von Innsbruck blieb ein bitteres Erlebnis. Sein zweiter Sohn wird Tirol einmal geringschätzen, wenn er seinerseits gegen Wien und Prag zieht, aber bei St. Pölten umkehren muß. Auch Bonaparte wollte sich 1805 und 1809 beim Marsch auf Wien von Tirol nicht stören lassen, während Hitler 1938 darauf erpicht war, den Brenner noch knapp vor der Hauptstadt Österreichs zu besetzen. 225 Jahre früher stand die österreichische Regierung Bayern gegenüber in keiner beneidenswerten Position, weil simultan ein neuer ungarischer Aufstand mit aller Heftigkeit losbrach. Man arbeitete fieberhaft am Kuruzzenwall, verbot Holzdächer bei allen Neubauten in Wien und war erstaunt, wie viele Spanier hierzulande eintrafen.

Aber das Jahr 1703 hielt nicht nur Minuspunkte für die Große Allianz in seinem Nornenschoß bereit. Am italienischen Abschnitt vermeinte der Herzog von Savoyen die französische Bruderliebe nicht mehr ertragen zu können und traf mit dem österreichischen Diplomaten Auersperg Vorbereitungen zum Wechsel des Lagers gegen Landgewinn auf Kosten des spanischen Mailand. Das Unterfangen hing von der Fähigkeit der Österreicher ab, Turin militärische Hilfe zu leisten. Starhemberg stand zunächst mit geringen Kräften bei Ostiglia am Po und sah sich von Feinden umringt. Gegen Ende 1703 gelang es ihm, auszubrechen und über den nördlichen Ausläufer des Apennins mit dem Herzog in Verbindung zu kommen. Die Engländer schickten wieder eine Menge Geld, das den savoyardischen Hof fortan über Wasser hielt, wenn auch Turin selbst belagert wurde. Portugal hatte sich 1703 entschlossen, der Großen Allianz beizutreten und einen etwaigen Angriff auf Kastilien zu unterstützen. Wie gesagt, Braganza näherte sich Habsburg, ein Prinz aus Lissabon wird bald unter Eugen dienen.

Der vorjährige Seesieg eines englischen Geschwaders über die spanisch-französische Silberflotte an der Küste Galiziens mag hierfür die Gemüter am Tejo aufbereitet haben. Zur gleichen Stunde, da Starhembergs Soldaten über den frühwinterlichen Apennin marschierten, unterzeichnete Lord Methuen in einer königlichen Villa Portugals jenen nach ihm benannten Vertrag, der die Volkswirtschaft dieses Staates für Jahrhunderte an Britannien band. In Frankreich selbst hatten sich die letzten Hugenotten im Gebirge zusammengerottet und vom König dafür einen Vernichtungskrieg geliefert bekommen, der alle ungarischen Zustände in den Schatten stellte. 1704 wird man beiderseits auf Milde umschalten und die Erhebung in eine letzte große Auswanderungswelle überleiten.

Jedoch der ungarische Aufruhr gegen Österreich übertönte zu Wien alle diese Nachrichten, handelte es sich doch um Lärm vor der eigenen Türe. Die an sich notwendige Verwaltungsreform des magyarischen Königreiches hatte dort ebenso allgemeinen Unmut hervorgerufen wie die Herbeiholung des Prinzen Christian von Sachsen-Zeitz als Kollonitz-Nachfolger auf den Primas-Sessel im Bischofspalast von Gran. Nach dem Karlowitzer Frieden sollte Ungarn zur Sanierung seiner Finanzlage eine außerordentliche Steuer von 4 Millionen Gulden aufbringen, die fast zur Gänze den Bürgern und Bauern Pannoniens angelastet wurde, weil sich der Adel unter Führung des Erzbischofs von Kalocsa seiner Verpflichtungen weitgehend entzog. 1702 begannen Unruhen entlang der Theiß, ein Jahr darauf erschien Franz II. Rákóczi, der Enkel transsilvanischer Regenten aus längst vergangenen Tagen, und nahm sich der Zwistigkeiten an. Prinz Eugen vermittelte vergeblich, Feldmarschall Heister fuhr erbarmungslos dazwischen, und die Empörung erhielt bald national-magyarischen Gesamtcharakter. Auch die Völkerschaften Siebenbürgens riefen mit Ausnahme der Sachsen Franz anstelle des Wiener Kaisers zum Großfürsten aus. Acht lange Jahre sollte der Bürgerkrieg währen, wobei die Aufständischen zunächst eine Adelsherrschaft unter einem habsburgischen Scheinkönig nach polnischem Muster, dann die Wiedereinführung der Wahlmonarchie und schließlich, am Konföderationstage von Onod anno 1707, den bedingungslosen Hinauswurf der Habsburger-Dynastie, wie schon 1683 unter Tököly, forderten. Die Österreicher, welche bekanntlich mit dem Spanischen Erbfolgekrieg beschäftigt waren, setzten gegen die Neo-Kuruzzen nur jene Abteilungen ein, die gerade verfügbar schienen, gewannen jedoch durch gelegentliche Siege Herbevilles, Starhembergs und Heisters langsam die Oberhand.

Dazwischen gab es Verständigungsversuche verschiedenster Art und Duldsamkeit, aber Rákóczi wurde immer intoleranter und ließ sogar landeseigene Wortführer der gemäßigten Richtung niedermachen, bis ihm zuletzt nur noch die Melodie seines eigenen Marsches blieb, von der wir schon gehört haben. Die große Versöhnung und Verzeihung für alles Verbrochene oder Erlittene sollte im Konvent zu Szatmár ohne ihn stattfinden. Wohl anerkannten dort die Magyaren wieder ihre habsburgischen Erbkönige, aber diese hatten die Ideensphäre des Absolutismus mit ihrem Wunschbild vom einheitlichen Staat Österreich vorher endgültig verlassen müssen. Auch die katholische Kirche Pannoniens hatte als Instrument dieses Kurses versagt und darüber hinaus viel zum Unfrieden der Seelen beigetragen.

Den Wienern war schon anno 1704 der Schrecken in alle Glieder gefahren, als die ersten Reiter des aufständischen Magnaten Károly über die nahe Grenze kamen und in Sichtweite der Basteien abgelegene Weinhauerhütten anzündeten. Tagelang waren die Rauchfahnen aus dem Steinfeld und von jenseits der Donau zu sehen gewesen. Der beliebte Prinz von Savoyen hatte im Hofkriegsrat vorgeschlagen, Wälle und Gräben in weitem Rund zu errichten, auf daß die Klepper der wüsten Gesellen aus Ungarn nicht in die Vorstädte kämen, wo die Mägde vergewaltigt, die Geldbeutel weggerissen, der rote Hahn auf die Schindeln gesetzt und die Greise erstochen würden. Das hieß aber auch, daß sich die Autoritäten nicht imstande fühlten, an der Raab und bei Preßburg eine Postenkette zu ziehen, ja daß sie nicht einmal die Babenbergerlinie an der Leitha sichern konnten, weil die hierfür erforderliche Mannschaft anderweitig gebraucht wurde. So half alles beim Bau des Linienwalles mit, den man nach dem Zehnerjahr nur noch zur Einhebung der Verkehrssteuer brauchen wird, der jetzt aber Schutz vor den streifenden Kuruzzen bietet, und die Älteren erzählten dabei, wie es in jenem heißen Sommer 1683 gewesen war, als der Pascha von Damaskus die Perchtoldsdorfer ausrottete und der Tököly König von Wien werden wollte.

Auch das Volk hinter dem Semmering hatte zu leiden. Die Kuruzzen erreichten zweimal Luttenberg, das in Flammen aufging, und verwüsteten die Umgebung von Hartberg sowie von Fürstenfeld. Dabei wurden die offenen Dörfer eingeäschert, während sich die Städte hinter ihren Mauern duckten. Die Herrschaften Neudau, Hartberg und Stein galten nach der Neo-Kuruzzenzeit als ruiniert. Schon 1684 hatte der steirische Landtag beklagt, daß die meisten Märkte durch Steuern, Feuersbrünste, Durchmärsche und Einquartierungen ihrer mittelalterlichen Bedeutung verlustig gegangen seien und halb leer stünden. Nun mußten die gleichen Beschwerlichkeiten nochmals ertragen werden.

Schon zwei Jahrhunderte lang war die grüne Mark „Hofzaun" des Reiches gewesen. Der Grazer Historiker Pirchegger glaubt, daß dadurch die steirische Kultur gegenüber den deutschen Territorien zurückblieb, zumal alle Abgaben für die Kriegsbereitschaft und nicht für die Bildung aufgingen. Nach dem Magyarenaufstand wurden die Verhältnisse besser, weil Ungarn sich dem steirischen Handel und der Industrie öffnete. Selbstverständlich war auch die österreichische Südostarmee ein guter Abnehmer heimischer Produkte, vor allem wenn sie aus dem nahen Land von Mürz und Mur stammten.

Aber vorerst sollte das Jahr 1704 das schwere, entscheidende Jahr werden, das den ermüdeten Leopold mit seinen Sorgen in die Nachbarschaft hoher Ahnen rückt. Der Immerwährende Reichstag zu Regensburg zappelte in der Kriegsgefangenschaft Max Emanuels, der Herzog von Modena war vor den Franzosen geflohen, der Herzog von Savoyen in nicht viel besserer Position. Polen lag den Schweden zu Füßen, Venedig bewarb sich um die Gunst Ludwigs XIV. Spanien war französisch, Ungarn rebellisch, der schwäbische, der bayerische und der österreichische Kreis des Römischen Reiches Kriegsschauplatz geworden. Nicht ganz 250 Jahre später wird sich ein Londoner Kriegskabinett an diese Zeit erinnern und die Lage vergleichen. Das hat zur Folge, daß 1942 Premierminister Winston Churchill weitreichende Umbesetzungen in der Regierung vornimmt und am Blenheim-Day, also am Jubiläumstag der großen Schlacht von

Höchstädt, die neuen Heerführer Großbritanniens verlautbart. Tatsächlich wurde sein Vorfahr, John Churchill, ein Sohn des Kavallerieoffiziers Winston Churchill, anno 1704 wiederum mit dem Oberbefehl aller britischen Verbände in den Niederlanden betraut und diese Truppen gehörig aufgestockt. Der nämliche, der bekanntlich auch zum Herzog von Marlborough erhoben worden war, hatte schon gegen die Mauren in Tanger gefochten, dann gemeinsam mit den Franzosen im zweiten Raubkrieg gekämpft und war zuerst für, dann gegen Jakob II. Stuart aufgetreten.

Als extremer Parteigänger Wilhelms von Oranien zu besonderen Ehren gelangt, unterwarf Marlborough einige Städte in Irland, wurde der Konspiration verdächtigt und in den Tower geworfen, erreichte aber bald wieder allerhöchste Gunst und alte Machtfülle. Das weitere erledigte seine Gattin Sarah mit der Königin Anna im Bett. Während der Maitage 1704 verließen er und annähernd 50000 Soldaten, darunter 10000 Holländer unter Generalleutnant Goor, die Niederlande und marschierten in den Raum Heilbronn, wo im Schloß Mindelheim der Markgraf von Baden, der Herzog von Württemberg sowie Prinz Eugen auf den „Duce" warteten.

In diesem Frühling unterhielten die Franzosen an der deutschen Westfront zwei Armeen. Die eine beobachtete Marlborough und seine Leute, die andere stand in geringer Entfernung von Kurfürst Max Emanuel bereits an der oberen Donau. Insgesamt setzten die Franzosen in diesem Kriegstheater 100000 Mann ein, die bisher von etwa 60000 Alliierten mehr oder weniger in Schach gehalten wurden. Prinz Eugen hatte kurz vor seinem Zusammentreffen mit dem Engländer den Wiener Hofkriegsrat verlassen, um in Süddeutschland eine zusätzliche kaiserliche Armee aufzustellen, mit der man das ungleiche Kräfteverhältnis der Gegner einigermaßen ausgleichen wollte. Die Österreicher benötigten daher noch Vorbereitungszeit, die von den französischen Marschällen zur Vereinigung ihrer Armeen im nordwestlichen Bayern benützt wurde.

Marlborough und der Markgraf führten die verbündeten Streitkräfte je nach der Situation gemeinsam oder auf getrennten Wegen ebenfalls in dieses Kurfürstentum, während sich Eugen in der Nähe um sein Separatheer kümmerte, das er mit Mühe auf 30 Bataillone Infanterie und 20 Eskadronen Reiterei gebracht hatte. Wien verhandelte unterdessen fieberhaft mit dem ehemaligen Münchner Schwiegersohn, den eine Serie kleiner, aber für ihn verlustreicher Treffen belehrte, daß aus dem Drang nach Osten in den nächsten Wochen nichts werden würde. Er blieb trotzdem bei seinem Standpunkt. Die franko-bayerische Armee lagerte Anfang August 1704 vor Höchstädt sowie in den benachbarten Dörfern Blindheim oder Blenheim und Lutzingen zwischen der Donauniederung und dem nahen schwäbischen Hochplateau. Der Kurfürst und die französischen Marschälle hatten dort etwa 58000 Reiter und Fußsoldaten mit 90 Feldgeschützen zusammengezogen, eine Streitmacht, die an Kampfwert mindestens mit der doppelten Anzahl Osmanen gleichzusetzen war.

Ihr näherten sich im Frühnebel des 13. August 1704 ungefähr 54000 Alliierte, also ebenfalls etwas weniger, als im Südosten üblich war. Der Markgraf von Baden hatte sich mit einem Detachement samt 60 Kanonen zur Belagerung Ingolstadts begeben, denn Eugen war am 11. August mit seiner knapp 20000 Mann zählenden neuen Armee zu Marlborough gestoßen, der ihm noch etliche englische Bataillone unter einem verwandten General Churchill beigab. Beim Savoyer und seinem gegen die schwäbischen Hänge gelehnten Flügel befanden sich außerdem noch Maximilian von Hannover, Graf Latour, der Herzog von Württemberg und der Prinz von Anhalt-Dessau mit ihren Abteilungen. Von der nunmehr entbrennenden Schlacht von Höchstädt, die erst in den Abendstunden entschieden wurde und ihrer Bedeutung nach das deutsche Stalingrad Ludwigs XIV. genannt werden könnte, gibt es zahlreiche ausgezeichnete Schilderungen in der Fachliteratur, aber auch in romanhaften Erzählungen. Begnügen wir uns daher mit dem Ergebnis jener viktoriösen Bataille, die während der Nacht zum 14. August langsam zu Ende ging. In der Gesamtansicht des Erbfolgekrieges stellt sie den ersten und größten Sieg eines der Streitteile dar. Marlborough hat seiner Gattin Sarah noch von der dunkel werdenden Schlachtstätte eine Bleistiftnotiz gesandt, in der das Gelingen seines Donaufeldzuges lapidar gemeldet wurde. Churchills Stellung in London war damit gefestigt, desgleichen das Bündnis Britanniens mit Österreich. Kaiser Leopold ernannte Churchill zum Reichsfürsten und gab ihm Mindelheim zu Lehen. Die Franzosen hatten einen nahezu unüberbietbaren

Blutzoll geleistet, ihr halber Adel lag auf der Walstatt, ein kurzsichtiger Marschall war dem Gegner vor Blindheim lebend in die Hände gefallen.

Etwa 20000 Entkommene trotteten in sehr lockerer Einteilung durch den Schwarzwald zum Rhein hinüber. Kurfürst Max Emanuel verfügte im Augenblick über keine nennenswerten Streitkräfte mehr und mußte sich dem Rückzug anschließen. Auch die Alliierten zählten 12000 Tote und Verwundete, doch von einem neuen großen Krieg in Deutschland oder einer Bedrohung der Erblande Habsburgs konnte ab nun keine Rede sein. Marlborough wäre am liebsten gleich in Frankreich einmarschiert, aber die Österreicher mußten auch an Italien, Spanien und Ungarn denken. So begnügte man sich mit der Wegnahme von Landau, Trier sowie Trarbach, und die Engländer wandten sich Belgien zu, wo die Franzosen weiterhin ziemlich stark auftraten. Eugen hatte vor Höchstädt unverhältnismäßig hohe Verluste gehabt und zwei oder drei sehr kritische Situationen an seinem Abschnitt durchgestanden, in deren Verlauf er angeblich zwei fliehende Dragoner seiner eigenen Einheit erschoß. Marlborough hatte er eine Anzahl kaiserlicher Kürassiere unter Oberst Fugger zu Hilfe gesandt, aber auch seinerseits um Beistand der Engländer ansuchen müssen, als die österreichische Reiterei ausließ. An der Spitze der Infanterie marschierend, gelang es ihm schließlich, seinen hohen Vorgesetzten früherer Dienstjahre, den ehemaligen Generalissimus Max Emanuel, fürchterlich niederzuwerfen, nachdem dieser seine Kraft gegen die Brigaden Natzmer und Bielke vergeudet hatte.

Der europäische Abstand zum Türkenkrieg wird unter anderem dadurch verdeutlicht, daß die Alliierten während ihres Vorgehens ein zur Donau abfließendes Gewässer kreuzten und sogleich fünf Brücken darüberschlugen. Bei Zenta war dem Sultan, wie erzählt, für seine mindestens doppelt so große Armee eine importierte Kriegsbrücke über die Theiß zur Verfügung gestanden. Die Beute, die Marlborough und Eugen vor Höchstädt zufiel, war anderer Art als im Südosten, aber ebenfalls enorm umfangreich. Allerdings, ein Siegel des Sonnenkönigs befand sich nicht darunter. Vor sieben Jahren hatte man die Petschaft des Großherrn an der Leiche eines vornehmen Mannes gefunden, der auch sein eigenes Siegel bei sich trug und Ismail hieß. Dieser Mensch dürfte besagte Petschaft vom sterbenden Großwesir, der sonst allein das Anrecht zur Aufbewahrung am Halse besaß, im Kampfgewoge erhalten haben, wiewohl auch der Ismail im nächsten Augenblick nicht mehr zum Schutz derselben fähig gewesen war.

Bei Höchstädt gab es kein königliches Siegel, aber dafür standen gut drei Dutzend wundervolle Equipagen mit unternehmungslustiger Weiblichkeit herum sowie 5400 Proviantwagen, 330 beladene Maultiere, die ganze Kriegskasse, Parfümbehälter, 3600 Zelte, 127 Geschütze, 24 Mörser, unzählige Flaschenbatterien erlesener französischer Weine, Tafelgeschirr aus Gold, Schmuckstücke in wertvollen Truhen, modernste Faustwaffen, kunstvoll verziert, und Korrespondenzmappen, deren Inhalt mehr als einem mitteleuropäischen Prominenten unangenehm war. 16 Generäle, 10 Oberste und viele unterstellte Chargen waren gefangengenommen worden.

Daheim am französischen Hofe traute sich zunächst niemand, dem Sonnenkönig die Schreckensnachricht zu überbringen. Schließlich übernahm es Madame de Maintenon, ihrem allerhöchsten Bettgefährten ehrerbietigst mitzuteilen, daß er nicht mehr unüberwindlich sei. Wie F. Sieburg in seiner Geschichte Frankreichs festhält, ging mit Höchstädt die Glanzperiode Ludwigs XIV. zu Ende. Die großen Minister seiner ersten Regierungsjahre hatten schwache Nachfolger gefunden, denen England einen Marlborough und Österreich den Prinzen Eugen samt Kollegenschaft entgegenstellen konnten. Der Krieg wurde trotzdem noch ein Jahrzehnt mit großer Erbitterung sowie nach den Regeln einer neuen Kriegskunst geführt. Frankreichs Widerpart, der mit dem unvergleichlichen Festungsgürtel Vaubans rechnen mußte, verlegte sich auf den Bewegungskrieg mit Schlachten im offenen Gelände. Die Epoche der Lagerherrlichkeit des Allerchristlichsten, die einem Maskenzug glich und deren Transport mehr Pferde erforderte, als die gesamte Kavallerie Frankreichs aufwies, gehörte der Vergangenheit an. Ludwigs rasch ergänzte Armeen sollten bei Ramillies, Oudenaarde und Malplaquet erneut geschlagen, die Vorkriegsgrenzen überall erreicht werden.

Versailles suchte mit den Gegnern zu verhandeln und gewisse Abstriche seines Programms zu offerieren. Aber die austrobritische Koalition forderte, daß Frankreich auf den Besitzstand bei Abschluß des Westfälischen Friedens zurückgeschraubt werden müsse. Dies wollte Ludwig denn doch nicht zugeben, er entschloß sich zum „Sieg um jeden Preis", appellierte an den Opfermut seiner Untertanen, sprach von seiner „Liebe zum Volk", ließ die Edelmetalle seines Thronsitzes einschmelzen und schickte seinen eigenen Gold- und Silberschatz in die Münzerei.

Dessenungeachtet wütete das Ringen in Nordwestfrankreich weiter, und der König schrieb an einen seiner Durchhalte-Marschälle: „Ich werde nach Peronne oder St.-Quentin kommen, um mit Ihnen zugrunde zu gehen oder das Land zu retten." Der gallische Volkswitz machte sich angesichts der zunehmenden Not in Liedern voll beißender Ironie Luft. Man bedachte angebliche Siege in Italien mit verdecktem Spott, zweifelte die offizielle französische Kriegsberichterstattung an und trällerte die Ballade vom Herzog Marlborough fast im Stile schottischer Minstrels. Bei diesem Gesang, dem unsere Kapitelüberschrift entnommen ist, stand freilich die Angst vor den angelsächsischen Einmarschierern Pate, man ließ Churchill einfach sterben und begraben werden, nur um wenigstens in Gedanken von ihm loszukommen. Übrigens, der seinerseits todessüchtige Ludwig war dem Luzifer wahrscheinlich schon zu ledern, der Herr der Finsternis wandte sich von diesem König ab und gab so der heiligen Genoveva und der heiligen Johanna Gelegenheit, ihn wieder ein bisserl aufzurichten. Dafür durcheilte der Versucher die langen mittelalterlichen Gänge der Wiener Hofburg und flüsterte dem altersschwach gewordenen Kaiser Leopold ins Ohr: „Du kannst alles haben, ich lege dir die Welt zu Füßen! Dein Zweitgeborener wird Spanien zur alten Höhe führen, und seinem Bruder wird er dabei Italien und die Niederlande wohl gönnen. Du mußt nur um Brüssel noch viel Blut vergießen, zugegeben, auch manchen Tropfen aus Wien und Innerösterreich, aber man wird sich deiner Familie in Belgien noch lange freundlich erinnern. Und Italien soll jetzt ebenso dir gehören wie einst dem Barbarossa. Für das Land, wo die Zitronen blühen, werden deine Österreicher immer bereitwilligst ihr Leben lassen!

Sicher, mit dem Papst wirst du dich herumstreiten, aber das haben die Hohenstaufen auch getan, und du kannst es besser, weil du sonst ein braver Katholik gewesen bist! Aber den bösen Bayern soll es nicht anders als den schlimmen Ungarn ergehen.

Sie werden deiner Macht in Deutschland dienen müssen. Denk' nur daran, wie tief dein armer Vater gesunken war und welch' stolze Höhe du, römischer Imperator, in so kurzer Zeit erklommen hast!"

Als die Himmel dieser Einflüsterung gewahr wurden, beschlossen sie offensichtlich, den Leopold von der Erde zu nehmen, damit seine Seele nicht weiter Schaden leide. Während der Kaiser sein müdes Haupt neigte, bauten sie vor den Toren seiner Stadt den Ort Lichtental auf. Aber Leopold konnte nicht warten, bis dort Franz Schubert geboren wird, er mußte im Frühling 1705 auf die Liegestatt, wo er seinen Geist aufgab.

Die Engländer, bei denen andere, nichtkatholische Beelzebuben in regenumrauschten Schlössern zum Genuß indischen Tees und zur Unterdrückung der Iren bis zum Gehtnichtmehr rieten, hatten ihre eigenen Anliegen. Jetzt galt es, die Union mit Schottland derart zu betonieren, daß der Emigrantenfamilie Stuart die immer wiederkehrende Lust auf Landeunternehmen in den Bergbuchten da oben verging. Der Felsen am Eingang ins Mittelmeer mußte sich den britischen Drahtseilakt gefallen lassen, bei dem er von der franko-spanischen Seite unter Kanonengebrüll abgekoppelt, aber der austro-spanischen deswegen nicht angehängt wurde. Die Möglichkeit einer Verbindung Frankreichs mit den zunächst sieggeschwellten Schweden bereitete Whitehall solche Sorgen, daß der Herzog von Marlborough extra nach Altranstädt reiste, wo ein Friede zwischen Stockholm, Dresden und Warschau ausgehandelt werden sollte.

Aber die gefürchtete Annäherung erwies sich als Chimäre, der nordische Herrscher war viel zu sehr in sein eigenes krauses Gedankendickicht versponnen, um nach Paris hinüberzuschauen. Blieb noch das riesige französische Kolonialgebiet in Übersee, wo die Milizen der englischen Siedler oder die Mietlinge einer Londoner Handelsgesellschaft den Boden für die Übernahme durch Vorposten Ihrer britischen Majestät auflockerten. Schließlich lieferte die Thronfolge im Vereinigten Königreich den Teetrinkern immer wieder Gesprächsstoff, weil die Anna von der Sarah naturgemäß keine Nachkommen erwarten durfte und höchstselbst ihrem dänischen Gatten nicht lebensfähige Babys geboren hatte. Nunmehr wandte sich Ihre britische Majestät von der langsam welkenden und leicht aufbrausenden

Lady Marlborough ab und einer ihrer armen Verwandten, nämlich der jungen Abigail Hill, zu. Das Merkwürdige daran war, daß sich alles genau im Rahmen der Mehrheitsverhältnisse des britischen Parlaments vollzog.

Nach Höchstädt und einigen anderen Erfolgen saßen die liberalen Welthändler mit Churchill und seiner Gattin fest in den verschiedenen Sätteln, später bröckelte diese Gruppierung im gleichen Maß ab, in dem Staatsschulden und Korruption zunahmen. Die konservativen Großagrarier gewannen immer mehr Sitze, und die taufrische Abigail verdolmetschte die Tory-Wünsche der in den Kissen mit ihr ausruhenden Königin. Die neue Hofdame heiratete in Adelskreise ein und sorgte für die Entfernung der schnaubenden Sarah vom Hofe. Anna hätte eigentlich ganz gerne ihrem Stiefbruder Jakob III. Stuart das Erbrecht auf die Krone zugeschanzt, aber der gehörte zu den Landesfeinden, und die Kurfürstin Sophie von Hannover war der Verwandtschaft, der Religion und dem Willen der Lords nach die nächste in Frage kommende Anwärterin.

Dies alles geschah jedoch erst ab 1710, und wir müssen das vorangegangene Jahrfünft für Österreich nachholen. Hier gab es das erste Patent gegen den Mord an Neugeborenen, Kontumazanstalten gegen die Pest und das erste Brauhaus in St. Marx, das den Winzern mit seinem Gerstensaft Konkurrenz machte.

Am Rhein verhielten sich die Kaiserlichen defensiv. Der Markgraf von Baden baute mit den Stollhofer Linien eine Art Westwall entlang der Uferzone auf und hielt das Festungswerk bis zu seinem Tode. Nachher durchbrach ein französischer Marschall dieses Stellungssystem, nahm Stuttgart und stieß tief in den Schwarzwald hinein, ging aber einige Wochen darauf wieder über den Strom zurück. Mittlerweile reifte in Italien die große Entscheidung heran. Zunächst, also 1704, war hier dem regierenden Herzog von Savoyen weit weniger Kriegsglück beschieden als den Alliierten im bayerischen Raum. Die Franzosen umringten seine Hauptstadt Turin, das heißt, sie berannten damit so ziemlich die letzte Festung, die ihm noch geblieben war. Vergeblich suchte Eugen dem Vetter im nächsten Sommer Hilfe zu bringen. Aber in Turin selbst kommandierte ein beinharter Österreicher, der nichts vom Kapitulieren wissen wollte. Wirich Philipp Lorenz Graf Daun, später auch Graf von Tiano und Marchese von Rivoli, wurde 1669 in den habsburgischen Erblanden als Sohn eines Feldmarschalls und Wiener Stadtguardiakommandanten geboren und befehligte seit 1701 ein Korps in Oberitalien. Im Verlauf der Kampagne hatte er sich drei Jahre später nach Turin geworfen, wo er als Feldmarschallleutnant mit der Abwehr der Franzosen begann und als Feldzeugmeister dieselbe zu gutem Ende brachte. Denn 1706 verlegte der Feldmarschall Eugen nach einer Besprechung mit Joseph I. und Churchill in Wien sein Hauptquartier nach Verona, verstärkte die Kaiserlichen mit preußischen, sächsischen, pfälzischen und hessischen Regimentern und warf die französische Feldarmee, die jetzt von einem Sohn der geplagten Liselotte von der Pfalz angeführt wurde, über Mailand gegen Turin zurück. Die Abgedrängten vereinigten sich mit dem Belagerungskontingent und warteten in schleunigst errichteten Verschanzungen zwischen der Dora riparia und dem Dorfe Stura auf den Gegner.

Eugen vereinigte sich seinerseits mit den herzoglichen Verbänden, umging die Stellung der anderen und griff aus unerwarteter Richtung an. Es dürften auf jeder Seite ca. 30000 Männer gewesen sein, die Anfang September aufeinander losdroschen. Wirich inszenierte einen Ausfall, und der Herzog zeichnete sich im Zentrum der Alliierten aus, während auf französischer Seite verschiedene Kommandeure ebenso verschiedene Rückzieher anordneten. Nachdem auf diese Art Zeit und Raum verschwendet worden war, floh alles gemeinsam über Pinerolo an die Grenze. Der Sohn der Pfälzerin am Hofe zu Versailles erlitt eine schwere Verwundung, ein Marschall starb tags darauf an seinen Verletzungen, das ganze französische Lager wurde zur Beute der Österreicher und der Savoyarden. Man übernahm 158 Geschütze, 55 Mörser, 40 feindliche Fahnen sowie alle Pferde von 13 Dragonerregimentern, die zu Fuß gekämpft hatten und davongelaufen waren. Zu Tausenden ertranken französische Soldaten im Po, und Eugen sowie seine Verwandten zogen hoch zu Roß durch die Porta del Populo in Turin ein. Kurz darauf zerschlug der Prinz die Heeresgruppe des Gouverneurs Vaudemont und brachte Mailand sowie zahlreiche benachbarte Städte in österreichischen Besitz. In Novara und in Pavia überwältigten die Parteigänger der Großen Allianz die französisch-spanischen Besatzungen, die einst so stolze Italienarmee Ludwigs XIV. büßte allerorts ihren Kampfwillen ein. Gegen freien Abzug überlieferten die Franzosen sämtliche Festungen der großen Mittelmeerhalbinsel kaiserlichen Truppen; etliche Monate später marschierte Daun mit 14000 Mann bis Neapel und räumte auch dort den letzten Widerstand und den bisherigen spanischen Statthalter weg. Nur Gaëta fiel erst nach längerer Einschließung.

Dem Prinzen Eugen und seinem Stab war Dauns Marsch nach dem Süden nicht unbedingt willkommen. Sie hätten Dauns Streitkräfte lieber bei einer kombinierten Land-See-Operation dabeigehabt, die sich gegen die französische Mittelmeerküste richtete und eine feste Verbindung zwischen dem befreiten Italien und Katalonien möglich erscheinen ließ. Der britischen Admiralität stach in Zusammenhang mit der geplanten Landung wieder einmal Toulon als maritimer Stützpunkt ins Auge. Nicht zuletzt wegen Dauns Abwesenheit gelang weder den österreichischen Infanteristen noch den englischen Matrosen ein durchschlagender Erfolg, der Hafen von Toulon, ein Schlüssel zum Gelingen dieses Vorhabens, wehrte sich trotz heftiger Beschießung, aus dem Landesinneren eilten Abwehrkräfte herbei, und die Sache mußte abgebrochen werden.

Darüber hinaus vergaß die Pariser Führung nicht für immer auf Italien, auch wenn man zunächst froh sein mußte, daß mit Südfrankreich nichts Schlimmes passiert war. Sobald es die Umstände anderswo gestatteten, versuchte man ein Comeback bei den Italienern. Man setzte dabei auf den Kirchenstaat, mit dessen Führung Österreich inzwischen total gebrochen hatte. Wien beließ den Oberbefehl auf diesem Kriegsschauplatz beim Grafen Daun, zumal Eugen im deutschen und im niederländischen Raum dringend benötigt wurde. Der Graf wurde zunächst erwartungsgemäß mit den päpstlichen Schlüsselsoldaten sowie mit den Kräften eines französischen Marschalls fertig. Der zur Zeit als spanischer Gegenkönig auftretende zweite Sohn Leopolds, der Wirich schon 1706 zum Vizekönig von Neapel gemacht hatte, wiederholte diese Ernennung 1713, obwohl Daun damals gerade kriegerisches Mißgeschick unterlaufen war. Aber die Neapolitaner schwärmten für ihn. 1719 wird der Graf zum Wiener Stadtkommandanten erhoben, später Gouverneur im österreichischen Brüssel und schließlich das gleiche in Mailand werden, wo die Franzosen während des polnischen

Erbfolgekrieges dann den altgewordenen Militär ohne sonderliche Mühe vertreiben. Er wird dessentwegen daheim in Untersuchung gezogen, stirbt aber rehabilitiert anno 1741 in Wien. Nebenbei bemerkt wurde Daun, als er Turin verteidigte, daheim ein Sohn geboren, der die patriotischen Namen Leopold Josef erhielt und zu weit höherem Feldherrenruhm emporsteigen sollte, als es dem Vater möglich war. Der Papa hat andererseits 1713 Lucas von Hildebrandt das Daunsche Stadtpalais auf der Wiener Freyung erbauen lassen, das später von den Kinskys übernommen wird und bis heute wie ein mit aller Zauberei und Anmut des Hochbarocks erfülltes Gemälde wirkt. Die Deckenfresken ließ der neapolitanische Vizekönig von Marc Antonio Chiarini ausführen.

Was uns noch vom großen Erbfolgekrieg zu beschreiben bliebe, wären der bayerische Aufstand, Karls Glück und Unglück in Spanien sowie der Zwist mit dem Papst, also drei interessante Begebenheiten, die freilich dazu angetan sind, die furchtbaren Entscheidungsschlachten in Flandern zu verdekken. Bleiben wir daher zunächst im belgisch-französischen Raum, wo es für Wien um den Besitz der Spanischen Niederlande geht und Eugen, der Prinz von Nassau-Friesland, Generalmajor Rantzau, die Generäle Sottum und Schulenburg, der Prinz von Hessen-Kassel und viele andere dementsprechend mitwirken müssen.

Wichtiger war dort natürlich das britisch-französische Kräftemessen um die koloniale Weltherrschaft und den Welthandel, das zugunsten der Engländer ausging, welche jedoch dem Marlborough hierfür später keinen Dank wußten. Schon bei Ramillies im Jahre 1706 wurden die Teilnehmerzahlen Höchstädts überschritten, obwohl dort Churchill ohne größeren österreichischen Beistand den Franzosen entgegentrat. Nachher konnte Ludwig XIV. nicht einmal die Scheldelinie halten und mußte den Verlust fast aller Städte Belgiens hinnehmen. Die Niederlande huldigten Karl Habsburg als ihrem rechtmäßigen spanischen Herrn, und die moralischen Auswirkungen der französischen Schlappen zeigten sich gleich beim geschilderten Kampf um Turin.

Zwei Jahre später kämmten die Franzosen ihr Menschenreservoir noch einmal ordentlich durch und stellten fünf Heere auf, also je eine Armee für Flandern, für den Mittelrhein, für die Dauphiné, für Katalonien und für Kastilien. Marlborough befürchtete angesichts dieser ungeheuren Masse das Schlimmste, doch Prinz Eugen, der eigentlich Deutschland vor dem exilierten Kurfürsten Max Emanuel schützen sollte, verließ dieses Gebiet, um den Engländern in Belgien beizustehen. Man stieß an der Schelde mit dem Feind zusammen und lieferte einander eine Serie erbitterter Einzelgefechte, die unter der Bezeichnung Schlacht bei Oudenaarde von den Geschichtsschreibern zusammengefaßt werden. Durch diese Begegnung wurde der Weg nach Frankreich geöffnet, Eugens Kavallerie erschien bald vor Lille. Nicht ganz ein Jahr später fand unweit von Maubeuge ein mörderisches Ringen bei Malplaquet statt, wo nicht weniger als 100000 Alliierte etwa 80000 gut verschanzte Franzosen angriffen. Die Armee Ludwigs wurde zum Rückzug veranlaßt und mußte die Festung Mons aufgeben, aber die Alliierten hatten mit etwa 25000 Toten einen sehr hohen Preis gezahlt und faktisch die holländische Feldarmee geopfert. Bis man nach etwa eineinhalb Jahren wieder bereit gewesen wäre, aufs Ganze zu gehen, lagen die Interessen innerhalb der Großen Allianz schon zu weit auseinander. Die österreichischen Reiter streiften zwar bis Soissons, aber die Franzosen schlugen die erschöpften Holländer bei Denain und nahmen sogar einige französische Städte zurück. Die Engländer standen bereits in Reserve, der große Feldzug im Westen war praktisch zu Ende. Man könnte meinen, die Holländer wären infolge der hohen Verluste ihrer Streitkräfte, die ein Tilly kommandierte, dem Zusammenbruch nahe gewesen. Tatsächlich behaupteten sie ihre wirtschaftliche Vormacht in weiten Teilen Deutschlands noch mehrere Jahrzehnte, beherrschten den Rheinhandel, die deutschen Importe aus Übersee und den Geldmarkt im Lande.

Bezüglich des bayerischen Aufstandes im Jahr nach Höchstädt wäre zu sagen, daß ihn die Schulkinder in München und Umgebung auch heute sehr genau lernen und daraus sicher keinerlei Sympathien für ihre österreichischen Nachbarn beziehen. Ebenso sicher hat anno 1704 die erzürnte Wiener Verwandtschaft des Kurfürsten dessen Territorium als eroberte Zone behandelt und dort meist protestantische Reichstruppen untergebracht, die sich dementsprechend benahmen. Selbst der zweiten Gemahlin des Max, die sich um einen Ausgleich bemüht hatte, blieben nur bescheidene Einkünfte und eine kleinere Residenz in der Landeshauptstadt. Der junge Kronprinz Karl Albert saß, von seinen Geschwistern abgesondert, als vornehmer Kriegsgefangener in Klagenfurt oder in Graz, wo allerdings ganz hervorragende Jesuiten für seine Ausbildung sorgten. Als die Österreicher auch noch Rekruten in Bayern fürs kaiserliche Heer ausheben wollten, brach die Revolution aus, und selbst München wäre um ein Haar in die Hände der Empörer gefallen. Die Christnacht 1705 wurde in die sogenannte Sendlinger Mordnacht verwandelt, weil in dem so benannten Dorf vor der Stadt der kämpfende Rest der Aufrührer radikaler Vergeltung zum Opfer fiel. Mehrere Todesurteile und Exekutionen nach ungarischem Muster folgten, und Joseph I. verhängte unter dem Applaus der Regensburger Versammlung über den jenseits der Grenzen rumorenden Max die Reichsacht. Zum letzten Mal in der Geschichte vollzog sich dies in althergebrachter Weise: Joseph saß auf dem Thron, ließ sich die Lehensbriefabschriften der Wittelsbacher von Kanzlisten reichen und riß die Schriftstücke entzwei. Herolde zerfuzzelten die geduldigen Papierteile weiter und warfen die Schnitzel zum Fenster hinaus, damit sie wenigstens zeitweise vom Winde verweht würden.

Und doch hatte es das Schicksal anders bestimmt. Der kleine Karl Albert wird so wie sein Vater eine Habsburgerin heiraten und den ganzen Eifersuchtszirkus auf Wien von neuem beginnen. Denn es waren nur Kopien, die zerrissen worden sind. Von dem deutschen Historikerteam Spammer, Kaemel und Sturmhoefel stammt die treffende Formulierung, daß sich die bourbonischen Waffen, trotz des Zurückweichens der französischen Heere in allen Nebenlanden, im Kern der umstrittenen Monarchie Spanien andauernd behaupteten.

Seltsamerweise traten auf der iberischen Bühne außer Erzherzog Karl, der sich in Valencia zum König proklamieren ließ, sowie seinem Hofmeister und Berater Liechtenstein auf der anderen Seite ein natürlicher Sohn des Karl II. Stuart und ein Sohn Ludwigs XIV. mit der frommen Montespan als militärische Gegenspieler auf, während der Anjoukönig selbst nur im Hintergrund sichtbar wurde. Nach einem kriegerischen Ausflug bis Madrid stellte sich heraus, daß den Österreichern eine Verbreitung ihrer Macht über das ihnen treu ergebene Katalonien und einige aragonesische Landschaften hinaus auf Dauer unmöglich war. Kastilien wollte einfach keinen Habsburger mehr sehen. 1710 kamen Lord Stanhope und Guido Starhemberg, die Karl im Sommer nochmals nach Madrid führten. Aber auch diese Glorie währte nur bis zum November, dann hatten sich die Gegner erholt und trieben alle Expeditionsteilnehmer wieder gegen Barcelona zurück. Durch seinen Sieg bei Villaviciosa sicherte Starhemberg wenigstens bis auf weiteres die katalonische Provinzhauptstadt sowie Tarragona den Habsburgern. Immerhin harrten über 6000 Österreicher mit schwerem Gepäck unter der Sonne Spaniens jahrelang aus, ohne etwas von der Flugtouristik ihrer Landsleute nach den Badestränden Andalusiens oder der Balearen im 20. Jahrhundert zu ahnen!

Dafür gab es Freundschaften auf höchster Ebene, die in ihrer formvollendeten Art und gegenseitigen Zuvorkommenheit heute durchaus ungewöhnlich wirken. Die Gefühle der Dankbarkeit des glücklosen Karl III. von Spanien, also des Römischen Kaisers und Herrschers in Österreich Karl VI., gegenüber dem bedeutend älteren Guido Starhemberg verdeutlicht ein Brief, den der Habsburger von Preßburg aus im Juni 1713 an den Feldmarschall richtete, der seinerseits noch immer als Vizekönig in Barcelona die österreichische Ordnung aufrechterhielt und überdies die Gemahlin des Schreibers beschützen mußte. Man hatte die hohe Frau, die so wie Josephs Gattin einem braunschweigischen Hause entstammte, anscheinend aus Prestigegründen in Katalonien zurückgelassen, obwohl die dortige Situation mehr als heikel geworden war. Karl teilt Guido unter anderem folgendes mit: „... Ich recommandiere dem Papa meine Strohwitwe, die auch eine verlassene Waise ist, – daß Ihr sie als Tochter annehmet und sucht sie in ihrem Witwenstand zu trösten. An die übrigen Freunde wollt Ihr meinen Gruß ausrichten, wünsche, daß sie so fleißig an uns denken, wie wir an die Abwesenden ... Ich verlasse mich und meine Kaiserin völlig auf die väterliche Liebe, daß Ihr der Kaiserin in Allem treulich beystehen werdet ...“ Inständiger konnte wohl kaum ein barocker Imperator an die Gefühle eines seiner Feldherren appellieren! Er hat es, wie wir wissen, nicht vergeblich getan.

Für den geneigten Leser ist noch der Konflikt Österreichs mit Papst Clemens offen, zumal im Mai 1707 kaiserliche Truppen knapp an Rom vorbei nach Süditalien marschierten und das Herzogtum Parma-Piacenza die vom Kirchenoberhaupt beanspruchte Lehenshoheit fürderhin ablehnte. Für Clemens brach eine Welt zusammen, und er bemühte sich voll Grimm, den Kaiser Joseph hierfür verantwortlich zu machen. Andererseits ließ Eugen unter dem Klerus strittiger Gebiete Steuern eintreiben, und der Kaiser beanspruchte Commacchio als Reichslehen Österreichs. Wien versprach auch den Neapolitanern, daß ab nun ausschließlich dort seit eh und je seßhafte Bürger Kirchenpfründen erhalten sollten. 1708 wurde der Kriegszustand zwischen Seiner Heiligkeit und Habsburg in aller Form ausgerufen. Kaiser Joseph erließ ein Manifest, in dem der weltliche Herrschaftsanspruch des Papsttums bestritten wurde, und wies damit seinem Namensträger und Großneffen gegenüber dem obersten Seelenhirten der katholischen Christenheit die sattsam bekannte Bahn. Selbst Bonaparte und Bismarck werden sich davon etliches aneignen. Daun trieb die bunte 30000-Mann-Armee der Kurie vor sich her und okkupierte die Romagna sowie die päpstliche Stadt Ancona. Anfang 1709 kam ein Frieden zustande, doch die Verstimmung der illustren Streitteile blieb aufrecht, weil Clemens weiterhin in Neapel dreinreden wollte und auch alles andere den Wienern mißgönnte. Aber er mußte sich gemäßigt benehmen und sogar den aufsässigen Ungarn ins Gewissen reden. Sonst hätten ihm die Österreicher am Ende noch die Ewige Stadt weggenommen und dem Kirchenstaat vollends den Garaus gemacht.

Bezüglich der vorhin erwähnten Herzlichkeit in allerhöchsten Kreisen gibt es selbstverständlich auch sehr negative Beispiele: Nach dem Tode ihres Geliebten, des Kaisers Joseph I., stand die 20jährige Tochter des Feldmarschalls Palffy, Marianne, schutzlos da. Sowohl die Mutter wie die Witwe des Verstorbenen stürzten sich auf diese Person, bis der verzweifelte Vater des Mädchens Prinz Eugen und Graf Wratislaw alarmierte, die ihrerseits Josephs Bruder Karl für eine entsprechende Intervention gewannen. Marianne blieb das Äußerste erspart, genannte Kaiserinnen aber trugen den Einschreitern, insbesondere Wratislaw, die Sache so lange nach, bis ihn der Sensenmann einholte.

7. KAPITEL

Ein Verfassungsgesetz

Die Friedensschlüsse zu Utrecht und Rastatt, bei welch letzterem Eugen als talentierter Unterhändler agierte, brachten Österreich das, was Einsichtige schon vor dem 13jährigen Blutvergießen erwartet hatten, nämlich die spanischen Nebenländer. Die dazwischenliegenden Hoffnungen und Ansprüche zerflossen am politischen Firmament und waren bald ebenso wehmütige Erinnerung wie die männliche Schönheit und Eleganz des Kaisers Joseph, den 1711 die Blattern gefressen hatten. Nun, ohne den Donner der Kartaunen, offenbarte das heimatliche Barock sein lebendiges Geheimnis, das sich von innen her dem Mitempfindenden bis dato in Wort und Bild, in Gesang und Instrumentalmusik, in Baugestalt und Feststil erschließt. Wie im Österreichbuch des mageren Jahres 1948 nachgelesen werden kann, gibt es großartige französische und holländische Architektursysteme dieser Epoche, ein mindestens so großartiges italienisches Barock, ein weitausschwingendes fränkisches und böhmisches Barock, ja ein fast beklemmendes iberisches Barock diesseits und jenseits der Meere. Das österreichische Barock jedoch war das Mysterium einer Sternstunde des Vaterlandes, geboren aus der Überwindung von Todesnot, Seelenangst und der Gefahr einer Übermachtung durch das Fremde. Das große Offensein angesichts der Fülle des Lebens, die freiwillig-frohe Aufnahme alles Guten, Schönen, Starken, ja Gegensätzlichen, das zur Harmonie gebracht wird, formten Österreich damals in einen Spiegel des Abendlandes um. Mancher Ausländer, der heute in die Scherben blickt, fragt sich verwundert, woher denn der Schimmer kommt, der noch immer durch das zerbrochene Glas funkelt. Und die wenigsten Einheimischen können dies aufklären, denn wer denkt schon bis an die Wende des 17. zum 18. Jahrhundert zurück. Da steht uns die

Jausenverehrung der Maria Theresia näher, von der späteren Biedermeierkrabblerei ganz zu schweigen. Die franzisko-josephinische Ära ist demgegenüber nicht einmal eines Vergleiches wert, obwohl sie unserer Seele leider am nachbarlichsten erscheint.

Jedenfalls, das barocke Österreich verschloß sich keineswegs auswärtigen Einflüssen, wie dies so oft Siegermächte nach schwer errungenen Triumphen tun. Wien wurde Einwandererstadt. Damals arbeitete hier der später so oft gepriesene, aber durchaus nicht mehr funktionierende Schmelztiegel klaglos; Italiener und Franzosen, Spanier und Holländer, Deutsche und Ungarn, Böhmen und Südslawen fanden ihr Zusammensein selbstverständlich. Sie kamen als Maurergesellen und Hoftheateringenieure, Ärzte, Komponisten, Prediger, Fabrikanten und Schauspieler, als Soldaten, Sänger und Maler, als einfache Kolonisten und Professionisten oder als hochgeborenes Gefolge der Majestäten ins Land, um hier an der Verwandlung Österreichs in eine ungeheure Festarena mitzuwirken. Nun werden Freude und Leid, große und kleine Ängste, Todesschauer und Geburtswehen einer künstlerischen Bewältigung zugeführt, die letzte, geheimste Spannungen des menschlichen Herzens löst. Man verlegt den Zauberprunk und den Ruhm der kriegerischen Erfolge auf eine Bühne, wo das Schauspiel vor Gott und der Menschheit pausenlos abrollt, und teilt jedermann, ob Kaiser, ob Bettler, eine Rolle in diesem „Großen Welttheater" zu. Jetzt gelingt die moralische Überwindung der Gegensätze von europäischem Christentum und heidnischer Antike, an denen die Renaissance scheiterte. Der Souverän wird zum Sonnengott oder Herkules, und dem Fischer von Erlach fällt der Entwurf zur Karlskirche ein, als ihm bei einem abendlichen Rundblick vom Pincio in Rom die Konturen der Peterskirche und der Trajanssäule verschwimmen. In den neuen Klosterbauten symbolisieren Kirche, Mönchsklausur, Kaisersaal, Bibliothek, Theaterraum, Kunstsammlung und Naturalienkabinett die Konzentration der neuen Geisteshaltung. Der Chor der Tugenden, der Künste und der Wissenschaften erbraust, während die Laster, worunter die politischen und religiösen, also islamischen Feinde Österreichs zu verstehen sind, von den Deckengemälden in die Tiefe stürzen. Diese Art des Barocks bleibt nicht der Selbstverwirklichung von Herrenmenschen in ihren hoheitsvollen

Stadtpalais vorbehalten, sondern erfaßt das Volk mit seinen kunsthandwerklichen Fähigkeiten, drückt sich in Kuchenformen, gewöhnlichen Leuchten, eisernen Umfriedungen, Türbeschlägen, Tellern und Truhen aus.

Die Umgangsformen bleiben nicht in leerer Etikette stekken. Schon Kaiser Leopold I. hat, wie türkische Besucher Wiens berichten, sein Reitpferd in den Gassen der Stadt stets angehalten, wenn er einem Frauenzimmer begegnete, und diesem den Vortritt gelassen. Selbstverständlich war damit kein Zusammenhang mit dem Faktum hergestellt, daß dem neuen Jahrhundert eine weibliche Führungsschicht ungewohnten Ausmaßes erblühen sollte. Gewöhnliche Bürgerinnen waren von diesem Trend ins Feminine wenig berührt, aber die Gleichheit der Geschlechter vor Gott schien bei aller Verschiedenheit der Lebensaufgaben außer Frage zu stehen. Die großen Seuchen der jüngsten Vergangenheit hatten auffallend viele Opfer unter den heranreifenden Mädchen gefunden, und in den Pestgruben Österreichs waren vor dem Ende des letzten Säkulums Hunderte Schönheiten, die noch das Favor-Bändchen ihrer Liebhaber am Rosenkranz befestigt hielten, wie „eingeschlagenes Wildbret im Faß" gelagert worden. A. T. Leitich erzählt, daß nachher im ganzen Römischen Reich bekannt wurde, man würde junges Blut in Wien gut empfangen und bezahlen. Deshalb wanderten ständig Frauen in die Donaumetropole.

Abraham a Sancta Clara stellte fest, daß adelige Damen jeden Samstag erst nach Mitternacht von ihrer Sonnabend-Soiree heimkehrten und am nächsten Mittag in großer Toilette in ihren reservierten Kirchenstühlen schlummerten.: „Der Lakai trägt ihren rotsamtenen, mit Gold reich bordierten Büchersack und legt eine halbe Bibliothek von Betbüchern aus ... Die Politici und Staatsleut stehen da mit eingepuderten Paruquen, kehren dem Altar den Rücken, präsentieren einander Toback, lesen Briefe, erzählen Zeitungen usw." Die Mode gefiel sich in andauernden Verfeinerungen. Nach Sancta Clara „trug fast jede Stubenreiberin einen Pelz" und huldigte unerlaubter Eitelkeit. Durch neue Farbabstufungen entstanden Namen wie Blauhair, Citrin, Ecarlate, Isabell und Carmesin. „Mehr als einmal wurde ich", hält die reisende Lady Montagu 1717 hinsichtlich ihres Wiener Aufenthaltes fest, „mit fünfzig Gerichten, alle in Silber aufgetragen, und den Nachtisch in feinstem Porzellan bewirtet.“ Prinz Eugen verehrte vor aller Augen die „schöne Lore“, eine Tochter des Grafen Strattmann und verheiratete Gräfin Bátthyány, und wurde Stammgast ihres Salons. Den Architekten seiner Baulichkeiten folgten die Bildhauer nach, die nicht nur in abgeschlossenen Räumen wirkten, sondern ganze Freilichtgalerien in den Parks anlegten. Diese Entwicklung der Kunst sollte vom „Hofstatuarius“ Beyer bekrönt werden, der das Gartenparterre des neuen Schönbrunner Schlosses mit seinen Skulpturen ausschmückte und sich die Modelle hierfür aus der kaiserlichen Hofküche holte, obwohl er meinte, daß die Mädchen dort zu dick geraten seien. Kaiser Joseph ließ auch Schloß Laxenburg weiter verschönern; sein Bruder Karl wird als leidenschaftlicher Jäger und Falkner dem Laxenburger Park größte Aufmerksamkeit zuwenden. Später wird seine Tochter Maria Theresia vom Feldmarschall Graf Daun den „Blauen Hof“ erwerben, um endgültig von der mittelalterlichen Wohnmisere loszukommen. Denn die diesbezüglichen neuen Bedürfnisse hatten alle bisherigen Umbauten Laxenburgs als unzureichend abqualifiziert.

Die Bedeutung der Falknerei zum Vergnügen der obersten 500 und der zuschauenden Bevölkerung geht aus folgendem zeitgenössischem Bericht hervor: „... Das Vornehmste aber, allhier zu sehen, ist die angenehme Reiherbeitze, wozu dieses Schloß wegen der schönen Plaine, verschiedener Teiche und Lacken ungemein wohl gelegen ist ... verursacht daher diese höchst angenehme Falkenjagd, daß Laxenburg zur Frühjahrszeit von zahlreichen Leuten aus Wien zum öfteren besucht wird, theils von der Raggerbeitze zu profitieren, theils den kaiserlichen Hof a la Campagne zu sehen.“

Die Epoche der unbeschränkten Fürstenherrlichkeit, die neben sich keine anderen Machtfaktoren duldete und die Vertretungskörper der Länder, nämlich die Stände, ihrer Bedeutung weitgehend entkleidet hatte, stand auf dem Höhepunkt (K. Gutkas). Junge Männer leiteten Staat und Armee, alles machte die Allüren des Hofes nach, so auch die Geistlichkeit in seltener Hinwendung zum Staatsgedanken. Die jungen Prälaten der alten Landklöster waren dem Zeitgeist aufgetan und strebten in ihrem Bereich die absolute Herrschaft gleich weltlichen Vorbildern an, was zum Konflikt mit ihren Kapiteln führte, z. B. in St. Pölten und in Melk. Als Jakob Prandtauer seine

Alterswerke schuf, stand Österreich knapp vor seiner größten Ausdehnung. Kaiser Karl VI. hatte zwar nicht das Stammland seiner verblichenen Vettern bekommen können, aber doch die Spanischen Niederlande und in Italien Neapel, Sardinien, das 1720 gegen Sizilien getauscht wird, außerdem Mailand sowie die Häfen der Toskana vereinnahmt. Jene Generation, die den Staat zu Höhe und Macht geführt hatte, baute ihn auch in geistiger und zivilisatorischer Hinsicht aus und machte seine Barockkultur zur spezifischen österreichischen Leistung. Gutkas meint, daß damals die Geschichtsforschung besonders gepflegt worden ist, weil sich jedes Staatswesen und jede Organisation mit zukunftsweisender Richtung der eigenen Vergangenheit erinnern zu müssen glaubte. Nicht zuletzt deshalb wird Karl VI. als letzter Landesfürst auch in Graz die Erbhuldigung entgegennehmen. Mit ihm kommen seine Gattin, die elfjährige Maria Theresia, Prinz Eugen und etwa 1000 Gefolgsleute in die steirische Landeshauptstadt.

Die Stände ließen alle darauf bezüglichen Akten veröffentlichen und obendrein noch 13 Kupferstiche von diesem Staatsakt anfertigen, damit sich jedermann in Zukunft an dieses historische Ereignis erinnern könne. So wichtig schien ihnen die ganze Prozedur zu sein, wiewohl sie die Steuerforderungen der Regierung jetzt auf mehrere Jahre im voraus bewilligen mußten. Schon 1719 schrieb der Propst von Vorau, daß sich die innerösterreichische Regierung immer mehr in geistliche Angelegenheiten einmische und ihre Potestas über Bischöfe und Prälaten ausdehne. Andererseits ließ es die Regierung an Konsequenz bei der Verfolgung des Geheimprotestantismus im Ennstal und im oberen Murtal fehlen. Die Betroffenen führten dort ein religiöses Doppelleben: Sie waren den katholischen Pfarrherren bei Hochzeiten, Taufen, Beichte und Kommunion zu Willen, blieben im eigenen Hause aber evangelisch und gaben ihren Kindern lutherische Bücher. Römische Missionen und Vikariate sollten gemäß einer kaiserlichen Verfügung die Irrgläubigen gewinnen, doch heraus kam nur, daß die Kosten hierfür der katholischen Kirche aufgeladen und deren Aktivitäten vom Staate überwacht wurden. Manchmal schickte man besonders Unnachgiebige zum Militär bzw. nach Ungarn oder Siebenbürgen, wo Glaubensfreiheit herrschte. Die barocke Steiermark war vom Aberglauben weiterhin geplagt, Teufelsaustreibungen standen überall auf der Tagesordnung. Mit Beschuldigungen einschlägiger Art ging man gerne gegen die zahlreichen Landstreicher, Gauner und Bettler vor, welchen unter anderem das Bannen von Wölfen nachgesagt wurde. Anno 1673 soll ein Verwalter bei Luttenberg vor einer Untersuchungskommission angegeben haben, daß er 41 Hexen hinrichten ließ, während im Wiener Raum damals von Prozessen dieser Art nicht die Rede sein konnte. Erst gegen Mitte des 18. Jahrhunderts fand das letzte Verfahren in jener Gegend wegen Hexerei statt, das mit Freisprüchen endete, die Betroffenen aber wirtschaftlich ruinierte. Seither galt auch im Steirischen der Ausspruch Maria Theresias, daß Hexen nur dort zu finden seien, wo die Ignoranz zu Hause sei.

In einschlägigen Schriften existieren noch weitere interessante Einzelheiten aus dem Leben Innerösterreichs am Beginn des 18. Jahrhunderts. Vor ein, zwei Dezennien waren dort herrschaftliche Raufereien und Übergriffe ohne Ahndung noch durchaus die Regel; in Graz gab es zwischen 1670 und 1675 allein 40 Duelle; 1705 verlangte ein steirischer Moralist: „Zwingt die jungen Adeligen ins Feld, damit sie das Geld für das Vaterland anwenden, das sie hier so liderlich vertun." Auch Streitereien unter den Verwandten waren ungeniert ausgetragen worden. Im Jahre 1668 tötete z. B. Graf Johann den Freiherrn Albrecht von Stubenberg, 1708 Graf Anton den Leopold von Stubenberg, 1709 Graf Karl Adam den Ferdinand von Mersberg im Zweikampf. Aber daneben gab es schon Fortschrittsboten. 1694 entstand die erste Tabakfabrik in Fürstenfeld, 1720 begann die Textilkonjunktur in Graz wirksam zu werden, 1728 entstand die berühmte Semmeringstraße, von welcher der venezianische Gesandte der Signoria berichtete, die Verkehrsfläche sei ein wahrhaft kaiserliches Werk.

1717 erlosch das mächtige Reichsfürstengeschlecht der Eggenberger, die von den Herbersteins und den Schwarzenbergs beerbt wurden. Die Teuffenbacher aus dem Murtal, die in Schillers Dramen vorkommen, starben schon vor der Jahrhundertwende aus, die Wurmbrands aus Gloggnitz, welche in die Oststeiermark eingeheiratet hatten, stellten einen wissenschaftlichen Geheimrat Kaiser Karls VI. Die uns schon bekannten Trauttmansdorffs, das heißt, ihre steirische Linie, sind zunächst nur Einschildritter der Herren von Wildon gewesen.

Aber ihr Hans Friedrich wurde einst Hofkriegsratspräsident, seinen Sohn haben wir als Staatsmann Ferdinands III. kennengelernt. Besagter Politiker erwarb nebst Gütern in Böhmen das Schloß Trautenfels im Ennstal und Trautenburg bei Leutschach. An der großen Zahl norditalienischer Aristokraten, die während der Renaissance- und der Barockzeit nach Innerösterreich einwanderten und meist viel Geld aus ihrer bisherigen Heimat mitbrachten, kann man nicht vorübersehen. Aber auch Niederländer, Kroaten und Ungarn von Rang und Namen wurden eingebürgert, selbst die schottischen Leslies nahmen in Pettau Wohnung und kämpften unter Habsburgs Fahne. Dahinter verbergen sich die Tragödien des niedergehenden oder lutherisch gewordenen und daher abgewanderten Uradels, von dem sich nur die Liechtensteins, die Stubenberger, die Auerspergs der steirischen Linie, die Sauraus, die Gallers und wenige andere bis über das österreichische Heldenzeitalter fortsetzen konnten. Jener Liechtensteinsche Zweig, welchem der Minnesänger Ulrich angehört hatte, war schon zu Beginn des Großen Krieges in Deutschland verwelkt. Die übrigen, die sich von einem Ritter Hartmann herleiteten, kauften im 17. Jahrhundert die Ländereien von Vaduz und Schellenberg, die Karl VI. anno 1719 zu einem unmittelbaren Reichsfürstentum erhob. Der große österreichische Feldherr und Diplomat Josef Wenzel Fürst von Liechtenstein erblickte 1696 das Licht seiner steirischen Welt und bereitet sich schon als Halbwüchsiger auf die Teilnahme am nächsten Eugenschen Türkenkrieg vor. Die ursprünglich in Oberösterreich hausenden Starhembergs verdienen hier Erwähnung, weil sowohl Ernst Rüdiger wie auch Guido in Graz geboren wurden. Der Höhepunkt des Merkantilismus brachte zwar in entlegenen Tälern aristokratische Fabriken hervor, aber auch neue Abgaben, wie die Mehlsteuer, das Musikimpostgefälle und andere.

Die andauernden politischen Umwälzungen im europäischen Staatensystem fügten innerhalb der Geisteskultur ein Bündnis von Rechts- und Geschichtswissenschaften als ruhende Pole zusammen. Das konservative kaiserliche Prinzip der Reichserhaltung stand, wie es H. Hantsch im 20. Jahrhundert rückschauend ausdrückt, im Kampfe mit den an der Auflösung der Reichsverfassung arbeitenden Kräften. Am Wiener Hof legten die Historiker Du Mont und Spannagl in umfangreichen

Werken den Grund für eine Vergangenheitsbewältigung im österreichischen Sinn. Nach 1700 durchweht die gelehrte Literatur der Atem früher Aufklärung, ohne zunächst religionsfeindliche Stimmen vernehmen zu lassen. Die Grenzen der Forschung werden ständig ausgedehnt, und die natürliche Kraft vernünftigen Denkens wird hoch geschätzt. Viele Zeitgenossen suchen sich ein umfassendes Weltbild zu schaffen und verleiben ihren Bibliotheken die neuen, gewaltigen Gesamtausgaben über theologisches, historisches, naturwissenschaftiches, philosophisches und juridisches Wissen ein. Diesem Sammeleifer ist auch die Erhaltung literarischer und künstlerischer Schätze des Mittelalters zu danken. Der deutsche Philosoph G. W. Leibniz glaubt, daß sich nur in Wien eine zusammenfassende Bildungsorganisation des Reiches verwirklichen läßt, und strebt daher die Gründung einer Akademie in dieser Stadt als Zentrum einer Gelehrtenrepublik an. Angesichts der Bedeutung, die das österreichische Barockzeitalter allen Zeremonien beimißt, profitiert auch das Spirituelle vom allgemeinen Hang nach Gestik, Kostüm und feierlichen Handlungen. Religiöse Bruderschaften, Wallfahrtsvereine und Kirchenliedenthusiasten schießen aus dem Boden und tragen zur Verbesserung der äußeren Form des liturgischen Lebens bei. Die Hof-Büchersammlung zu Wien umfaßte schon unter Leopold 50000 handschriftliche und gedruckte Werke. Um 1700 wurde mit dem Bau eines eigenen Bibliothekstraktes der Hofburg begonnen, den Karl VI. mit jenem Prunksaal vollenden ließ, der heute noch die Werke des 16., 17., und 18. Jahrhunderts beherbergt. 1720 kaufte Karl die Bücherei des Generaladjutanten Eugens, des Freiherrn G. W. von Hohendorf, an, 1737 die berühmte Bibliotheca Eugeniana von der Erbin des Prinzen, der Nichte Victoria, also jener vermählten Prinzessin von Sachsen-Hildburghausen, die trotz französisch-italienischer Herkunft ganz dem österreichischen Heldenzeitalter verpflichtet ist. Allerdings nicht nur in positiver Hinsicht, war doch ihr Gatte, von dem sie sich später trennte, 20 Jahre jünger als die Dame, welche die Eugensche Erbschaft durchaus nicht in Ehren hielt.

Die Epoche der Flugschriften begann schon früher; die Zweite Türkenbelagerung Wiens war ein beliebtes Thema dieser gedruckten Kurzberichte. Um die Jahrhundertwende erscheinen kaiserlich privilegierte Zeitungen, die meist „posttäglich“, das heißt, so oft die Post abging, hergestellt wurden. 1703 gibt es das „Wienerische Diarium“, den Vorläufer der heutigen „Wiener Zeitung“, daneben mehrere Blätter und politische Zeitschriften sowie noch erstaunlich lange „Geschriebene Zeitungen“, die als lose Zettel von Hand zu Hand gingen. Die eigentliche österreichische Barockliteratur trägt die Merkmale eines Weltreiches, gibt den Austausch spanischer, italienischer und deutscher Geistesgüter wider und stellt das Produkt der Völkergemeinschaft unter dem Zepter Habsburgs dar. J. Nadler erklärt den Inhalt dieser Erzeugnisse als Kunst einer heldisch gesteigerten Seelenhaltung, die sich staatlich und kirchlich den Verlust eines Jahrhunderts zurückerobert sowie für weitere eineinhalb Jahrhunderte eine neue Ordnung um den alten Kern an der österreichischen Donau schafft. Die Schriftsteller formen die Welt zu einer großartigen Hierarchie der Dinge und der Pflichten um, deren Schemel breit und sicher inmitten der Realität dieser Erde postiert ist, während der poetische Gipfel unerforschlich in die Unendlichkeit des Firmaments hineinragt. Das Naturgesetz des diesseitigen Lebens und die Wunder der Gnade von drüben umschließen diese Ordnung wie göttliche Klammern.

Aber hinter barocken Wortkaskaden hockt die ewig gleiche, rauhe Wirklichkeit: Als Josef Emanuel Fischer von Erlach im Frühjahr 1722 von seinen europäischen Studienreisen wieder nach Wien kommt, ist sein Vater Johann Bernhard schon sehr krank. Nichts scheint den Unterschied zweier Zeitalter besser anzuzeigen als die Tatsache, daß der Alte einst seinen Ruf durch zwei gigantische Festdekorationen begründete, der Sohn aber durch den Bau einer Feuermaschine berühmt werden sollte, durch deren Dampfkraft die Silber- und Goldbergwerke rentabler gemacht wurden. Johann Bernhard konnte seinem Josef Emanuel noch einen Posten im Hofarchitektenbüro verschaffen. Der 30jährige zieht dort dem Ersten Hofarchitekten Hildebrandt den Teppich unter den Füßen weg, wertet die unvollendeten Entwürfe seines inzwischen verstorbenen Papas aus und macht sich dann wohlvorbereitet und illusionslos an das Projekt jenes fabelhaften Palais Althann, das die Nachwelt ebenso wie die Gartenschlösser der Harrachs und der Paars rüde ausgetilgt hat. 1728 wird das alte Paradeisgartl gesprengt und mit dem Bau der Winterreitschule begonnen, während zur gleichen Zeit die Reichskanzlei vollendet und die Hofbibliothek den höchsten Bücherwürmern geöffnet wird.

Jetzt führt Josef Emanuels Weg durch die Chefetage des Hofarchitektenamtes, von wo aus er die baumeisterliche Minestrone des Donato Felice d'Allio versalzt, der sich manche Zutat an Korrekturen seitens des Josef Emanuel bei der Errichtung des österreichischen Escorials in Klosterneuburg gefallen lassen muß. So zwickt einer den anderen, bis beide von einem Dritten gezwackt werden, aber die samtenen Mäntel wallen über slawonische Parkettböden, die Spitzen der Degenscheiden klirren auf Marmor, Orgeln röhren, und Fanfarenstöße kündigen das Eintreffen weiterer Exzellenzen an. Bucklige Ärzte mit riesigen Klistieren beraten allerhöchste Weiber, kleine Mohren bringen silberne Becken voll Duftwasser, und es wird nur noch zwei, drei Jahrzehnte dauern, bis man die ersten Aristokratenkinder gegen die Pocken impft und danach diese Sprößlinge in Schloß Hetzendorf mit seinen warmen Quellen unter dem Wohlwollen Maria Theresias Erholung finden läßt. Schon existiert eine nächtliche Stellfuhrlinie von der Kaiserstadt nach Triest, Siegellack und Blechwarenwerke nehmen den Betrieb auf, aber das „Fensterln" wird innerhalb Wiens untersagt.

Während der Periode von 1938 bis 1945 haben sich im damals „aufgelassenen" Österreich kompetente Stellen bemüht, Prinz Eugen von Savoyen als Vorkämpfer eines deutschen Proletenreiches darzustellen. Hierzu schrieb A. Lernet-Holenia kurze Zeit später, daß in Eugen, obwohl er nach dem Tode des Kurfürsten von Hannover Reichsfeldmarschall geworden war, weder ein solcher Reichsgedanke lebte, noch daß er bestimmte, etwa die Ungarndeutschen betreffende Konzepte hatte. Es sei völlig von der Hand zu weisen, daß Eugen mit den ihm anvertrauten Kaiserlichen oder mit den Reichstruppen etwas anderes beabsichtigt habe, als ganz einfach den Sieg über Franzosen und Türken davonzutragen. Der Gedanke an ein recht eigentlich deutsches Reich lag dem savoyischen Prinzen bestimmt ganz ferne. Denn das Reich war eine politische und juristische, keinesfalls aber eine nationale Einrichtung. Überhaupt existiert der Begriff des Nationalen erst seit der Französischen Revolution und ist das genaue Gegenteil von dem, was Eugen sein Leben lang verfochten hat, nämlich der demokratische Ersatz für die abgeschafften Ideale einer aristokratischen Welt. Soweit

Lernet-Holenia, wobei man hinzufügen müßte, daß der Savoyer niemals eine wesentlich andere Linie verfolgte, als sie den Wiener Kaisern vorschwebte. Deswegen wurde er ja im Vergleich zu den deutschen hochfürstlichen Heerführern bei Hofe so geschätzt, während seine Neider immer wieder nach Indizien dafür suchten, daß er sich irgendwo illoyal verhalte.

Freilich gilt diese Einstellung auch für andere Ostraumpläne, etwa für den Marsch der Österreicher nach Stambul. Den Habsburgern und ihrem Feldherrn ging es primär um das Königreich Ungarn samt dem Großherzogtum Siebenbürgen, wobei sie sich stets ihrer jahrhundertealten Bemühungen und Rechte in Pannonien erinnerten. Die Befreiung des „griechischen" Balkans und des alten Byzanz tauchte nur in der Freude nach großen Siegen empor und dürfte wohl immer so lange hin und her überlegt worden sein, bis man solche Gedanken bei den ersten auftauchenden Schwierigkeiten als nicht zum eigentlichen Konzept gehörig ablegte. Echter Wille zur weitergehenden Expansion und zur Zerstörung des Osmanischen Reiches ist nicht nachweisbar. Unglücklicherweise scheint Karl VI. in dieser Hinsicht erst dann konkretere Ambitionen gezeigt zu haben, als er seinen letzten erfolglosen Türkenkrieg wagte, und sein Enkel Josef II. dürfte sich ebenso verhalten haben. Bei den Russen mit ihrer religiösen Bindung an Ostrom und wegen der türkischen Dardanellensperre war das ganz anders, wiewohl es ihnen letztlich ebenfalls mißlang.

Das Königreich Ungarn samt den angrenzenden Landschaften – wo Eugen die Besiedlung der kroatischen Militärgrenze einleitete, damit man bei Beginn einer Krise im Schutz dieser Leute mobilisieren könne – vermochte freilich schon etwas Erstrebenswertes für sich allein darzustellen. Hören wir dazu Altmeister L. von Ranke, der sich als Berliner Professor in der ersten Hälfte des vorigen Jahrhunderts sehr intensiv mit der barocken Habsburgerepoche beschäftigt hat. Er erklärt: „Während des Mittelalters hätte Österreich ohne das Kaisertum nur wenig zu sagen gehabt. Dann wurde es von der spanischen Monarchie zugleich mitfortgezogen und in den Schatten gestellt, am Ende des 16. Jahrhunderts war es durch den Zwiespalt der Religion und der erblichen Berechtigungen der Stände in seinen verschiedenen Landschaften alles auswärtigen Ansehens entkleidet worden ... Wie oft wurden seitdem die Hauptstädte österreichischer Provinzen von den schwedischen Heeren bedroht! Jedoch gelang es eben damals dem Haus Österreich, seine Macht im Innern auf immer zu begründen, und dies war der erste Schritt zu dem Ansehen, das es sich in neuerer Zeit erworben hat. Zu einer selbständigen und bedeutenden Macht wurde aber Österreich erst durch die Wiederoberung von Ungarn! Solange Ofen in den Händen der Türken war, konnten die Franzosen Österreich bedrohen, ja außerordentlich gefährden, so oft es ihnen gefiel, ihren Einfluß auf den Diwan dahin zu verwenden. Ihre Absicht war dabei nicht, Deutschland oder die Christenheit zu verderben, aber Wien wollten sie nehmen, die Türken wollten sie selbst bis an den Rhein vordringen lassen. Dann wäre Ludwig selbst als der einzige Schirm der Christenheit hervorgetreten. In der Verwirrung würde es ihm nicht haben fehlen können, über die deutsche Krone zu verfügen ..."

Damit sind wir vom großen Problem, nämlich einer Zerschlagung des osmanischen Imperiums, vollends abgelenkt, obwohl sich diese Versuchung zwei Jahrhunderte lang immer wieder bei fast allen europäischen Außenministern meldete. Denken wir nur an die Pläne Rußlands in der Napoleonischen Ära, die für Wien viel Verlockendes hatten und selbst von Paris ins diplomatische Angebot- und Nachfragespiel mit Österreich gebracht wurden. Aber hierzulande war man letztlich noch immer in den Bräuchen des Spanischen Erbfolgekrieges gefangen, wollte daher in Italien und Deutschland und nicht an der Maritza oder im Vadartal siegen. Man zog die österreichische Erhebung des Jahres 1809 mit ihrem bitteren Ende im Marchfeld und in Tirol vor, obwohl sich wenige Monate früher eine Teilung der Türkei mit Rußland ziemlich konkret angeboten und der Generalissimus Erzherzog Karl schon diesbezügliche Fähnchen in die Wandkarten des heutigen Bundeskanzleramtes gesteckt hatte. Österreich war also niemals die Speerspitze für den Stoß ins Herz des Sultanats, wohl weil man stets anderweitig beschäftigt war.

Ein Wissenschaftler der ersten Republik Österreich fügte dem Thema hinzu, daß der Kampf um Ungarn, aus dessen Schicksalswendungen die Donaumonarchie entstand, nur deshalb möglich wurde, weil Wien gleichzeitig im Westen der französischen Politik entgegentrat. Er weist außerdem darauf hin, daß Karl VI. die schließlich erhaltenen europäischen Nebenlande Madrids als ein zweites spanisches Reich betrachtete, das er von Wien aus durch spanische Emigranten, die im Spanischen Rat vereinigt waren, administrieren ließ. Später nur noch als Außenwerk des österreichischen Staates angesehen, sind die betreffenden italienischen Provinzen doch ein wichtiges Element für Österreich im 18. und in der ersten Hälfte des 19. Jahrhunderts geworden. Auf der dreifachen Machtstellung in den deutschen Territorien des Römischen Reiches, in Italien und in Ungarn beruhte Österreichs Größe, und der Verlust der beiden erstgenannten Positionen nach 1850 hat den inneren Zusammenhalt des Kaiserstaates zutiefst erschüttert.

Um die Wende des Jahres 1700 ging unbeschadet späterer Wandlungen die Casa d'Austria im Westen unter, während die Monarchia Austriaca im Zentralraum und in Südosteuropa entstand. Der Begriff der Casa fließt in den Ausdruck „Kaiserhaus" ein, das Wort Österreich erhält wieder mehr volksgebundenen und örtlichen Sinn. Es entstand kein neues „Reich, in dem die Sonne nicht unterging", sondern ein abendländischer Staatenverband mit dem Herrscher in Wien als einigendem Vorzeichen: Überall wurde trotz der Tendenz zur Fürstenmacht Habsburgs an den geschichtlichen Rechten der einzelnen Gegenden festgehalten. Stärker als anderswo war bei den Wiener Monarchen, die seit Jahrhunderten an das Tragen einer römisch-deutschen Krone herangeführt worden sind, die mittelalterliche Anschauung verankert, wonach das Recht nicht eine staatliche Zwangsordnung, sondern eine über dem Menschenwillen stehende religiös-sittliche Ordnung darstellt. Zur Betonung dessen darf der am Wiener Hof im 16. Jahrhundert publizierte Fürstenspiegel „Princeps in compendio" dienen, der noch die mittelalterliche Form politischer Literatur nachahmt. Gegenüber dieser überlieferten Geisteshaltung konnten sich die modernen Richtungen von Absolutismus, Zentralismus, Staatskirchentum, Merkantilismus, Naturrecht und andere nur unvollständig profilieren.

Immerhin beanspruchte der Wiener Souverän die Außenpolitik, das Heerwesen und die Finanzpolitik seiner Völker auf jeden Fall für sich, das heißt, er lehnte jede Mitwirkung der Stände ab und sorgte damit über alle regionalen Traditionen hinweg für die einheitliche Vorgangsweise. Andererseits fand man sich durch die verschiedenartige Justiz und politische Verwaltung auf dem Weg zum Einheitsstaat aufgehalten, während der sprachliche Stacheldraht rund um die einzelnen Volksgruppen erst geraume Zeit später als solcher empfunden wurde. Es kam also darauf an, aus vielen Nöten ebenso viele Tugenden zu machen. Das sogenannte Einrichtungswerk von 1698, worunter der Entwurf einer kaiserlichen Kommission zur Neuordnung Ungarns im zentralistischen Sinn zu verstehen ist, wurde obengenannter Aufgabe ebensowenig gerecht wie die Syntagma Politico-Camerale des hohen Bürokraten Christian Julius von Schierendorf, der damit ein Projekt staatlicher Neuorganisation unter den Aspekten des eben begonnenen 18. Jahrhunderts vorlegte. Nicht einmal den Revolten der Wiener Schuster, die um 1715 und auch später aus Geschäftsinteresse randalierten, war damit beizukommen.

In Österreich hatten die Uhren anders zu gehen, daran mußte man sich gewöhnen; mit dem Theoretisieren kam man nicht viel weiter. In dieser etwas komplizierten innenpolitischen Lage vollendet Karl VI. anno 1724 die Pragmatische Sanktion, die ihrerseits auf dem geheimen Familienvertrag von 1703 bzw. auf dessen feierlicher Publizierung im April 1713 basiert, und sucht hierfür den Beifall der auswärtigen Mächte. Zweifellos gehört das Dokument von 1713 bzw. 1724 in den Kreis jenes Dutzends von Urkunden, auf denen Österreichs Existenz seit dem Privilegium minus aufgebaut ist. Wir können uns hier nur oberflächlich mit diesem kaiserlichen Akt befassen und festhalten, daß Karl damit selbstverständlich nicht nur die Thronfolge für seine Theres sichern wollte, sondern daß es ein Versuch war, die Personalunion der verschiedenen Königreiche und Länder durch Habsburg in eine Realunion der involvierten Völker überzuleiten. Übrigens hat der ungarische Landtag, sehr zum Unterschied gegenüber seiner bisherigen, mißtrauischen Haltung, dieser Absicht von Anfang an großes Verständnis entgegengebracht. Wenn er sich auch als letzter zur formellen Annahme entschloß, hat er doch die ganze Angelegenheit vorangetrieben und zum Erfolg werden lassen. Denn wichtiger als die Zustimmung fremder Regierungen war zweifellos die Annahme der Sanktion durch die Repräsentanten der österreichischen Völker. Maria Theresia ist in diese Sache gleichsam hineingeboren worden, sie erblickte 1717, als die

Dinge längst in Fluß gekommen waren und ihr Vater noch auf weitere Leibeserben hoffen durfte, das Licht der Wiener Welt. Es war der Mai vor Belgrad ...!

Unter einer Sanctio pragmatica versteht man ein Edikt des Herrschers, das eine wichtige Angelegenheit durch ein Grundgesetz ordnet, welches unverletzlich und ewig gültig sein soll. Es gibt daher andere pragmatische Sanktionen, etwa von Ludwig dem Heiligen im 13. Jahrhundert oder vom deutschen Reichstag zu Mainz anno 1439. Viele Geschichtsschreiber datieren die Pragmatische Sanktion mit dem Jahr 1713, weil ihr Entwurf damals sehr feierlich auf den Tisch gelegt worden ist. Doch bis zu ihrer endgültigen Gestalt anno 1724 ist sie auf eine für die Übergangsperiode vom höfischen zum aufgeklärten Absolutismus sehr demokratische Art so lange hin und her gewendet und korrigiert worden, daß man diesen Vorgang anerkennen und den Abschluß desselben hervorheben muß.

Dabei machten sich auch Unterbrechungen durch kriegerische Ereignisse bemerkbar, wie folgende Zusammenstellung veranschaulicht: Erst knapp nach 1720 hatten sich alle innerösterreichischen Länder und Tirol entschieden, die Besitzungen im Alpen-Adria-Raum folgten, der Breisgau, Vorarlberg, die schwäbischen Teile Böhmens und Siebenbürgen nahmen um 1722 Stellung, und der ungarische Landtag beschloß 1723 das diesbezügliche Gesetz. Jetzt reihten sich die niederländischen Stände an, und erst am 6. Dezember letztgenannten Jahres wurde der legistische Schlußstein gelegt.

Der vorher erwähnte Staatsakt, das heißt die Veröffentlichung vom April 1713, war wenige Tage, nachdem die Seemächte den Frieden zu Utrecht mit Frankreich geschlossen hatten, vorgenommen worden und sollte damals eines der Stärkezeichen Karls VI., der unter Umständen weiterkämpfen bzw. seine Maximalansprüche durchsetzen wollte, darstellen. Ludwig XIV. ließ sich davon aber weit weniger als durch die kriegsbedingte Zerrüttung seines eigenen Landes beeindrucken und zeigte sich nur bereit, auf einen Mittelweg einzugehen. Eugen war bald nach seiner Wiener Präsenz bei der Verkündigungszeremonie dessen, was Karl mit seinem Vater und seinem Bruder zwecks einheitlicher Erhaltung des Besitzstandes der Habsburger ausgemacht hatte, nach Rastatt zu weiteren Friedensverhandlungen abgereist. Unwichtig ist jene jetzt publizierte grundsätzliche Absprache des Jahres 1703 freilich nicht gewesen, hatte sie doch einen Schlußstrich unter die mittelalterlichen Grundsätze österreichischer Erbteilungen gezogen, die sich zuletzt sogar noch in einem Testament Leopolds I. wiederfanden. Demnach sollte der zweitgeborene Sohn Karl mit Tirol und den Vorlanden abgefunden werden, wenn er sich in Spanien nicht halten könne, und Joseph weiterhin alle übrigen Kronen, Herzoghüte, Fürstenkapperln und dergleichen trüge. Durch den Familienvertrag von 1703 und dessen Publizierung 1713 sowie durch die darauf fußende Pragmatische Sanktion von 1724 erledigten sich für immer solche Möglichkeiten. Habsburgs neue Wappenworte „Unteilbar und untrennbar" galten vollinhaltlich und sollten auch in auswärtigen Konferenzen von den Partnern respektiert werden. Bezüglich Spaniens kam diese Absicht nicht zum Tragen, zumal niemand ableugnen konnte, daß man selbst anno 1703 in einem anderen Kontrakt die Vereinigung des habsburgischen West- und Ostreiches unter einem Wiener Souverän von sich gewiesen hatte.

Allerdings, Karl VI. weinte seinem verlorenen iberischen Königreich lange nach und drang deshalb auf den Erwerb eines pseudospanischen Königreichs der Nebenlande weit mehr als sein Prinzipalminister Eugen. Der Savoyer wollte, bar jedes überkommenen dynastisch-deutschen Gefühls, die Herzogtümer Bayern und Lothringen einfach den Wienern anschließen, während ihm die weit entfernten Erbstücke aus dem Besitz der erloschenen Hauptlinie weniger brauchbar vorkamen. Er sollte bei ähnlichen Überlegungen bleiben, selbst als er merken mußte, wie sehr sie dem Kaiser weh taten, und daher aus anderem Gesichtswinkel an der Kräftigung des österreichischen Gesamtstaates arbeiten. Das Protokoll einer unter Eugens Vorsitz abgehaltenen Sitzung der Geheimen Konferenz Anfang 1726 trägt seine Notiz, „daß man so viel als möglich ein Totum aus Eurer kaiserlichen und catholischen Majestät weitläufiger und herrlicher Monarchie mache", was Karl eigenhändig abzeichnete. Es war das Jahr des Fortschritts, als die Randverbauung der Wiener Vorstädte ihren Höhepunkt erreichte, aber zu St. Stephan 200 Messen täglich gelesen wurden.

Schon unter Joseph I. hatte sich für Österreich eine gesamtstaatliche Redensart herausgebildet, die vor allem im Hofkriegsrat gepflegt wurde und die gefühlsmäßige Verpflichtung zum „Nachbarlichen Succurs“ der einzelnen Länder im Gefahrenfall wiedererweckte. Ein derartiges Verhalten war schon während der Türkennot aufgekommen, als Steiermark und Krain den kroatischen und südungarischen Gegenden, Böhmen und Niederösterreich dem nordungarischen Gebiet zu Hilfe kamen. Die Steirer stellten einmal die militärische Verteidigungskraft für die Festung Kanischa, Niederösterreich suchte Raab zu halten, und Böhmen versorgte Komorn. Nun aber sollte alles seine rechtliche Bewandtnis haben, obwohl Joseph mit seinem Versuch einer Defensionsordnung der „verbrüderten Lande“ noch an verschiedenen regionalen Souveränitäten gescheitert war. Dieser kurzlebige Feuergeist hatte die Verfassungsernte allerdings freigebig ausgesät, da er den Böhmen versprach, ihre alte Kurfürstenwürde wiederherzustellen, und über ihr Unglück am Weißen Berg kein Wort mehr verlor.

Die kroatisch-slawonischen Stände sprachen ihr Problem 1712 offen aus: „Wir sind wohlgegliederte Teile Ungarns, aber nicht dessen Unterthanen ... wir haben uns dem ungarischen König, aber nicht dessen ungarischem Reich übergeben, und wir anerkennen den ungarischen König, solange er Österreicher ist.“ Der Agramer Landtag erklärte außerdem einschränkend, daß er nur einen Herrscher haben wolle, der in Wien residiere und Herr von Ober- und Niederösterreich, Steiermark, Kärnten und der Krain sei. Die ungarischen Stände stellten etwas später vorsichtig, aber wohlwollend fest, der unlösbare Zusammenhang sei desto sicherer, wenn die Erblande in Form eines untereinander zu schließenden Bündnisses vertragsmäßig feststellen würden, daß sie sämtlich nur unter einem Herrscher regiert werden wollen. Die niederösterreichischen Stände nahmen wieder etwas später die Regierungsvorlage der Pragmatischen Sanktion an und erklärten sich darüber hinaus bereit, ihr Gelöbnis auch allen anderen Ländern zur brüderlichen Garantie zu wiederholen. Die Stände ob der Enns waren ebenfalls nebst der Annahme zu einer Bekräftigung der übernommenen Verbindlichkeiten bereit. Offensichtlich hatte man entlang der Donau die Ohnmacht und Zerrissenheit nach dem Aussterben der männlichen Babenbergerlinie noch immer im Gedächtnis. Der Kärntner Landeshauptmann machte die Annahme der Sanktion durch den Landtag mit dem Hinweis bekannt, „welches Unglück es wäre, wenn die Monarchie im Abgang einer genau geregelten Erbfolge zerrissen werden könnte".

Freilich betonten die Kärntner ebenso wie die Ungarn, daß die Sanktion niemals die Landesprivilegien schmälern dürfe. Die Steirer wiederum sahen gerade durch die Annahme der Sanktion ihre althergebrachten Gewohnheiten und Freiheiten verbürgt und versprachen im Hinblick auf die neue Verpflichtung „zur Beobachtung und Festhaltung auch Guet und Bluet vorzustrecken". Der Tiroler Landtag war ebenfalls zur Annahme entschlossen, untersuchte aber die einzelnen Punkte genauer, als man dies sonstwo tat. Er kritisierte daraufhin treu-gehorsamst unter anderem, daß man jetzt leider auf einen in Innsbruck anwesenden Landeschef verzichten müsse, daß Wien sich vorher nicht mit den Ständen der gefürsteten Grafschaft beraten hätte und daß zuwenig von den alten Rechten der Tiroler die Rede sei.

Die böhmischen Stände erinnerten an ihre Goldene Bulle und knüpften an die Annahme der Sanktion auch die Erwartung, wonach die Beibehaltung der alleinseligmachenden katholischen Religion als gegeben angenommen werden könne.

Diesbezügliche Hoffnungen tauchten ebenso bei anderen Akzeptanten auf, zumal man damit rechnete, daß sich irgendeine künftige Regentin einen antipapistischen Gemahl nehmen würde. Die kaiserlichen Minister fragten auch die Grafschaft Görz mit Gradiska, das Egerland und die Städte Triest und Fiume um ihre Meinung zu dieser Sanktion, die überall positiv ausfiel.

Wie aus den Annahmeerklärungen hervorgeht, glaubte man im allgemeinen, mit der staatlichen Einigung die Macht des Hauses Österreich, die Verbreitung des Glaubens, die Reputation des römisch-deutschen Reiches, den Frieden in Deutschland und die liebliche Ausschmückung des Erdkreises gewährleistet zu haben. Nach den Gesetzen der Natur würden jetzt die zusammengeballten Kräfte wachsen und das österreichische Imperium unüberwindlich machen. Wer konnte schon ermessen, wie bald der nächste Abgrund für Österreich seine Schlünde öffnen würde! Im Juli 1722 brachte eine magyarische Deputation dem Kaiser die Nachricht, daß der ungarische Landtag die Pragmatische Sanktion jetzt, nachdem die anderen ständischen Vertretungen zum Bündnis untereinander ja gesagt und damit dem besonderen Wunsch der Ungarn willfahrt hatten, feierlich annehme. Der Wortführer der Delegation, ein Graf Csaky, war in seiner Ausdrucksweise sehr gewandt: Er betonte die Vorteile, die Ungarn nunmehr hinsichtlich seiner äußeren Sicherheit sowie seiner inneren Ruhe von dem gefaßten Beschluß erwarten dürfe, und führte aus: „Ungarn wird so unter der dauernd festgesetzten Regierung des Erbhauses auch in dessen weiblicher Fortsetzung ganz sicher die prämeditierte Union mit den anderen Ländern genießen." Also ein optimistischer Blick in die Zukunft! Tatsächlich wurde das Erbrecht der Dynastie Habsburg-Lothringen durch den Beschluß der Magyaren in eine Allianz bisher selbständiger staatlicher Gebilde umfunktioniert und die Gesamtheit des habsburgischen Territoriums in eine Monarchie, bestehend aus zwei Teilen, umgewandelt. Der Artikel 7 des betreffenden pannonischen Landesgesetzes besagte nämlich, daß das Königreich Ungarn mit den anderen von Leopolds Nachkommen beherrschten, unteilbaren Königreichen und Ländern untrennbar verbunden sein sollte. Erst nach dem gänzlichen Aussterben aller von Leopold abstammenden Linien trete das uralte Wahlrecht der ungarischen Stände wieder in Kraft.

Karl erklärte demgegenüber, daß Gottes Fügung die Länder zusammengebracht habe und nunmehr Gewißheit bestehe, daß sie sich sowohl im Falle eines Angriffs von außen wie auch bei inneren Unruhen gegenseitig Hilfe gewähren würden. Den ungarischen Magnaten war es jedenfalls eine Genugtuung, daß ihr geliebtes Pannonien nicht nur mit dem viel kleineren, wenn auch sehr agilen Erzherzogtum Österreich, sondern auch mit allen anderen Erbländern Habsburgs eine Union gebildet habe und selbstverständlich die Fundamentalgesetze der innewohnenden Magyaren gewahrt worden seien. Schon wegen seiner exponierten Lage hatte Siebenbürgen ebenso eine „Verschmelzung und ein untrennbares Aneinanderhängen aller Erbkönigreiche und Länder zum Zweck wechselseitiger Verteidigung" bestätigt. Nun kam auch dieses Fürstentum genauso wie die anderen eroberten Gebiete im Südosten in den Genuß moderner Freizügigkeiten, denen alle Untertanen des Wiener Kaisers durch die Sanktion teilhaftig wurden. Freier Vermögenstransfer im ganzen Unionsgebiet, Vereinheitlichung des Postwesens, des Sanitätsdienstes, der Währungen, der Zollbestimmungen, der Justiz- und Gewerbeangelegenheiten, des Tabak- und Salzmonopols usw. Auf Ersuchen des ungarischen Landtages hob der Kaiser alle Restriktionen für Magyaren im österreichischen Heer auf, und Überlegungen, auch den Normalverbraucher ins politische Leben einzubeziehen, dieses also nicht nur dem Adel und der Geistlichkeit vorzubehalten, machten wieder einmal die Runde. Man dachte, da sich der sogenannte kleine Mann infolge seiner mangelnden Bildung nicht so recht ausdrücken könne, an die Berufung von Volksanwälten, welche seine politische Vertretung zu übernehmen imstande wären. Schon 1714 waren Delegierte aller Landtage nach Wien berufen worden, um über die Finanzen des Gesamtstaates zu beraten. Dabei wurde offiziell unterstrichen, daß es immer ein Hauptgrundsatz des Hauses Österreich gewesen sei, die Völker nur in den Formen der Freiheit zu regieren. Damals lag das Projekt eines ständigen Gesamtkongresses aller Untertanen Habsburgs nahe, für das man an höchster Stelle auch niedrigste Volksteile ganz gerne zur Mitarbeit herangezogen hätte. Das geplante Experiment fiel mit der Undurchführbarkeit des Gedankens, auf alle gleichzeitig einzureden, ins Wasser. Das Robotpatent, das Karl am Ende seiner Lebenszeit zugunsten der ländlichen Unterdrückten erließ, mußte diese Leute dem Schutz von Kreishauptmännern usw. anvertrauen, die ihrerseits von den regionalen Grundherrschaften, also den Ausbeutern, eingesetzt wurden und daher alles andere als unabhängig waren.

Die Regierung Karls mußte sich immer wieder auf den Standpunkt zurückziehen, mit jedem Landtag einzeln zu verhandeln, und konnte diesen Partnern nicht vorschreiben, wie volksverbunden sie bei sich zu Hause sein sollten. Dies galt leider auch 1724, und so erhielt der dritte Stand sein Begräbnis, bevor er noch geboren wurde. Seine Befürsorgung übernahm gewissermaßen das Herrscherhaus, wo die obersten Staatsdiener, die für alle dasein wollten, herumsaßen und debattierten.

Noch während des Spanischen Erbfolgekrieges hatte Karl VI. trotz aller familiären Übereinkünfte keine genaue Vorstellung gehabt, wie aus der Summe von Königreichen und Ländern der im Zug der Zeit so vordringlich gewordene Organismus entstehen könnte. Der habsburgische Besitz in Europa hatte für ihn zunächst keinen anderen Zweck, als die Machtstellung des Erzhauses auf die größtmögliche Stufe zu heben. Das Kaisertum, das an sich keine Macht gewährte, war nur Ausdruck jener hohen Würde, die von Österreich untermauert wurde. Schon die Minister Chemnitz und Pufendorf hatten kundgetan, daß Habsburg des römisch-deutschen Reiches nicht bedürfe, daß jedoch die übrigen Stände des Reiches höchstwahrscheinlich ihre Unabhängigkeit verlieren würden, wenn Wien die Hand von ihnen abzöge. Die lose Vereinigung souveräner deutscher Landesherren, die sich im Westfälischen Frieden eine sehr luftige Verfassung zusammengeschneidert hatten, wäre nicht einmal fähig gewesen, irgendeinem mächtigen Reichsteil den Austritt zu verwehren, geschweige den König von Böhmen und Ungarn daran zu hindern, für seine deutschsprachigen Erblande eine ähnliche Rangerhöhung anzunehmen, wie es in Preußen geschah.

Daß Habsburg anstelle dessen jahrhundertelang weiter um die völkische Einheit besorgt war, fand bei den späteren Nationalisten relativ wenig Anerkennung, obwohl mehrmals auf deutschem Boden keine andere Macht vorhanden gewesen ist, die ihrerseits den Zusammenhalt der Reichsteile hätte erzwingen können. Heute bedauern viele Andersgesinnte die Tatsache, daß Habsburg-Lothringen nach der Pragmatischen Sanktion noch fast ein ganzes Jahrhundert mit der Proklamierung des Titularkaisertums Österreich gewartet hat. Wertvolle Zeit ging damit verloren, wobei nicht einmal behauptet werden kann, daß es bei einer in Frage stehenden Entwicklungsänderung zur Abkehr von den Pflichten Deutschland gegenüber gekommen wäre. Beides hätte sich vereinbaren lassen.

Hier tritt wahrscheinlich wieder das Schiller-Wort von „mit halben Mitteln zauderhaft erstrebt“ in den Kreis der Ausdeutungen. Freilich, bei einer Verselbständigung der deutschsprachigen Gebiete Österreichs wäre auch mancher Widerstand zu überwinden gewesen. Karl VI. sollte eine Kostprobe davon erhalten, als er mit seiner Sanktion in den Regensburger Reichstag ging und sich dort harte Kritik anhören mußte, weil er jene österreichischen Erblande, die zum Römischen Reich zählten, mit den anderen Gebieten Habsburgs so sehr verbunden hätte, daß sie praktisch einer neuartigen Einheit angehörten. Also nicht einmal das wollten ihm jene zugestehen, die in Wirklichkeit schon auf die Zerstückelung und Neuverteilung eben dieser Erblande hinarbeiteten.

Trotz allem, der Abschluß des Spanischen Erbfolgekrieges

hatte die allgemeine Anerkennung der Idee des europäischen Gleichgewichts und die Einordnung des deutsch-böhmisch-ungarischen Habsburgerreiches in das System der europäischen Großmächte ergeben. Der Gewinn, den dieses Österreich mit Mailand, Neapel und den Niederlanden erzielte, darf trotz Karls Herzbeschwerden hierfür nicht überschätzt werden. Allein Böhmen lieferte mehr Geld und mehr Soldaten als die ganze italienisch-burgundische Herrschaft. Auf Dauer konnte sich selbst Karl VI. trotz seiner jugendlichen Liebhaberei für spanische Grandezza nicht verhehlen, daß die Quellen seiner Stärke in den Donau- und Sudetenländern lagen. Bezüglich dieser Gegenden dürfen wir bei aller Vorliebe für ihre verfassungsgemäße Wohlfahrt an einem völlig anders gearteten Unglück nicht vorübergehen, das sie knapp nach dem Erbfolgekrieg betraf und als letzte Pestepidemie Österreichs bezeichnet wird. Merkwürdigerweise hatte das von der Kriegsfurie so zerzauste italienische Festland Anfang 1690 seine letzte, örtlich schon sehr beschränkte Pest gehabt, 1708 wütete die Seuche in Polen, Schweden und Ostdeutschland, 1713 überfiel sie einen großen Teil Rußlands und Österreichs. In Wien starben daran etwa 2500 Menschen, was im Rückblick auf vergangene Pestepidemien eine sehr deutliche Minderung der Todesquote darstellt. An der türkischen Grenze wurden bereits sogenannte Pestfronten, das heißt militärische Absperr- und Untersuchungsmöglichkeiten, aufgebaut, mit deren Hilfe das weitere Einschleppen der Krankheit aus dem afro-asiatischen Raum verhindert werden sollte, wenn auch örtliches Aufflackern in Pannonien noch jahrzehntelang nicht völlig auszuschließen war. Pestepidemien wie in den zwanziger Jahren des 18. Säkulums in Südfrankreich und in Sizilien kamen hierzulande jedoch nicht mehr vor.

Die hoch und niedrig gleichermaßen anfallenden Krankheiten trugen sicher unter den Überlebenden zu jener Kaltblütigkeit und Todesverachtung bei, die wir im Verein mit der Hingabe an Gottes Willen bei den Barockmenschen häufig vorfinden. Das von späteren Zeiten völlig verschiedene Ehrgefühl der Führungsschicht anno 1700 wie auch die Fähigkeit, Leiden jeglicher Art zu erdulden, kann an den Einzelschicksalen der großen Geschlechter von damals immer wieder abgelesen werden. Guido Starhemberg etwa wollte seinerzeit unbedingt als gemeiner Soldat anfangen und trug tatsächlich ein halbes Jahr lang die

Muskete, bevor er Unteroffizier wurde. Als Feldmarschalleutnant trotzte er während der Angriffsoperationen um 1690 an der Morawa und bei Nisch getrost den feindlichen Waffen, obwohl er sich vorher in der ersten Belgrader Kampagne leiblich schon genug hervorgetan hatte. Bei Salankamen bekam er bald nach Beginn der Schlacht einen Schuß in den Oberkörper, übte jedoch weiterhin die Kommandogewalt aus, während er Tücher, die man ihm reichte, auf die Wunde preßte. Noch mehr müßte man freilich jene Familienmitglieder würdigen, die schon vor Erreichen der beleuchteten Szenerie des historischen Theaters hinsanken. Beide Söhne des Wien-Verteidigers Ernst Rüdiger Starhemberg, sowohl Reichard wie Heinrich Balthasar, fielen im Gefecht, der eine noch in Ungarn, der andere in der gerade erwähnten Schlacht von Salankamen. Auch bei der Belagerung Temesvars im Jahre 1716 starb ein Starhemberg.

Der Ruhm des Prinzen Eugen bei Vorgesetzten wie Untergebenen nahm hauptsächlich in einem tiefen Verteidigungsgraben bei Mohács seinen Anfang, an dessen Rand die anstürmende Infanterie damals innehielt. Der körperlich zarte Prinz ließ sich vor aller Augen in die Tiefe kollern und kroch, den Degen zwischen den Zähnen, auf der anderen Seite empor, was die Truppe zu sofortiger Nachahmung veranlaßte. Die Palffys waren nicht nur Erbobergespane des Komitats Preßburg, sondern eine sehr kinderreiche Sippschaft, die ihren männlichen Teil haufenweise dem Feld der Ehre opferte. So fiel ein Oberst Palffy bei Peterwardein, ein anderer vor Belgrad, ein dritter Palffy später in Italien und so fort. Feldmarschall Johann Karl kämpfte als junger Mann in der Schlacht am Kahlenberg unter einem anderen hochrangigen Palffy gleichen Namens, tötete dann einen Württemberger im Duell, wurde kroatischer Banus und brachte 1709 den uns schon bekannten ungarischen Ausgleich im Konvent von Szatmár zustande. Er hatte eben Glück, wenn man sein Fatum so nennen will. Die Nadasdys wurden ihrerseits allen Schauerdramen und Ritterstücken gerecht. Während der große Verschwörer der Familie gegen Habsburg mit dem eigenen Kopf unterm Arm im steinernen Sarkophag zu Lockenhaus ruhte, kämpften nahe Angehörige des Enthaupteten unter den Fahnen des Erzhauses gegen die Türken. Die schreckliche Tante Elisabeth Bathory, die zu den jüngeren Ahnfrauen der Nadasdys zählt und schon an anderer Stelle Erwähnung fand, störte den heroischen Sinn der Nachkommen keineswegs, zumal diese am Stammbaum ihre diversen Haudegen bis tief ins Mittelalter hinab verfolgen konnten.

Leopold Philipp Arenberg, der anno 1717 in der Belgrader Nacht die Infanterie des rechten österreichischen Flügels zum Siege führt, war schon bei Malplaquet schwer verwundet worden. Sein Vater, der Herzog Philipp Karl Franz von Arenberg, Arschat und Croy, hatte in der Türkenschlacht von Salankamen sein Leben gelassen, als Leopold noch ein Baby war. Vor Belgrad kommandiert Leopold Philipp im Rang eines österreichischen Generalmajors, der Wiener Kaiser wird ihn zwei Jahre später zum Gouverneur von Hennegau und Mons sowie zum niederländischen Staatsrat machen. Noch einmal wird er unter dem greisen Prinzen Eugen am Rhein fechten sowie 1737 Feldmarschall und Oberbefehlshaber der dort befindlichen Armeen Habsburgs werden und wieder eine Allianz mit England und Holland vermitteln. Auf Schloß Heverle bei Löwen sollte er 1754 den letzten Atemzug tun und sich dann mit seinen Ahnen, die seit den Tagen der Staufenkaiser in den zertrümmerten Sälen ihres Stammschlosses auf einem Basaltfelsen zwischen Jülich und Köln geistern, standesgemäß vereinigen.

Kaspar Fernando Cordova, welcher bei Belgrad mitwirkt bzw. ebenso wie sein Papa in halb Europa das Schwert niedersausen läßt, wird vom Sensenmann glatt übersehen, obwohl er sich demselben mehrmals tapfer in Erinnerung bringt. Er folgt Leopold Philipp Arenberg einmal im Kommando der kaiserlichen Trabantenleibgarde nach und befehligt noch mehrere ähnliche Ehrenkompanien, bevor er 82jährig stirbt. Selbstverständlich gab es auch Aristokraten, die nicht dauernd auf dem Schlachtfeld Lorbeer pflückten, sondern lieber Zivildienst taten oder für ein, zwei Generationen beim Zuschlagen aussetzten. Die Sternbergs, die Clary-Aldringens und viele andere dieser Sorte müssen aber trotzdem bei Hofe angenehm aufgefallen sein, weil sie von den Habsburgern gegen Ende des 17. Jahrhunderts im Adelsrang angehoben worden sind. Ganz waren alle Familienmitglieder nicht aus dem kriegerischen Spiel, aber so wie der österreichische Heerführer Aldringen, dem eine Kanonenkugel brutal den eigenen Kopf ersetzt hatte, wollte man nicht gerade enden. Die Sternbergs, die bereits im 13. Jahrhundert von Franken her in Böhmen aufgetaucht waren, werden bald einen recht bedeutenden Wissenschaftler in ihren Reihen zählen.

Man könnte meinen, daß für Niedriggeborene in diesem Barockkosmos keinerlei Entfaltungsmöglichkeiten gegeben waren. Das stimmt aber nicht, denn erstens sorgte der Frühkapitalismus für Aufstiegsmöglichkeiten, und zweitens war infolge des hohen Blutzolls der besseren Gesellschaft die kaiserliche Ernennungsmaschine in dauernde Bewegung versetzt. Vorfahren, die schon dem Vogelweider oder einem Troubadour gelauscht hatten, brachte freilich nicht jeder Tüchtige zusammen und sah sich damit durch gewisse gesellschaftliche Schranken aufgehalten. Auf den ersten Sprossen der Erfolgsleiter starb man unter den Streichen der Feinde, ohne die Nachwelt über Gebühr damit zu belästigen. Erinnern wir uns des jungen Heister, oder nehmen wir als Beispiel den Grenadierhauptmann Sigmund Graf Engel von Wagrain, der im Trautsonschen Regiment am 16. August 1717 fällt. Von ihm gibt es ein Ölbild, worauf zu lesen ist, daß derselbige „bey dem geschlagenen türckhischen Entsacz vor Belgrad ritterlich vor dem Erbfeind gepliben, seines Alters 32 Jahre ein Sohn Hr. Hrn. Franz David“. Als geheimnisvoller Widerschein unter dem Eis mitteleuropäischer Tümpel im Sinn der Lyrik Stefan Georges mögen die jungen Aristokraten in jenen k.u.k. Kavallerieregimentern dienen, die 1914 säbelschwingend gegen die Maschinengewehre sibirischer Schützen, welche schon im Russisch-Japanischen Krieg ihre Lektion gelernt hatten, ansprengten. Unbekannt oder längst vergessen wurde damals die Blüte alten österreichischen Adels samt nachfolgenden Proletariern auf den Pferden niedergemäht und dem Gesicht unserer Heimat ein feiner Zug für immer genommen. Dem letzten österreichischen Monarchen hat man in bitterer Ironie nachgesagt, er sei ein „Sehadler“ gewesen, das heißt, fast jeden, den er erblickte, habe er zum Freiherrn usw. erkoren. Eigentlich war diese Handlungsweise nichts anderes als ein Versuch, für die mörderischen Ausfälle der Oberschicht am Beginn des Ersten Weltkrieges Ersatz zu schaffen und damit Vorgänge im Barockzeitalter, wenn auch diesmal ohne positives Resultat, nachzuvollziehen.

Natürlich gab es zu Beginn des 18. Jahrhunderts auch unblutige Ausnahmen: Anno 1703 ist der alte Seuchenheld, Wohltäter und Big Spender Schwarzenberg gestorben, drei Jahre später schloß F. Bonaventura Harrach, den die Gräfin Novarella vor 70 Jahren geboren hatte, für immer die Augen. Der Markgraf E. G. von Bayreuth, welcher 1683 ebenso wie Eugen als vornehmer Volontär gefochten und dann 35 Jahre lang dem Kaiser gedient hatte, verschied 1712 in Erlangen. Etwas früher, 1706, starb jener Daun, von dessen Sohn und Enkel schon berichtet wurde. Einst hatte er als Stellvertreter Starhembergs gemeinsam mit einem der Grafen de Souches den berühmten Wiener Ausfall in der Nacht des 8. August 1683 angeführt, bei Lebensende war er Stadtkommandant von Prag.

8. KAPITEL

„Ihr Constabler auf den Schanzen …“

Unter der eingestürzten Turmstiege europäischer Vorherrschaft und persönlichen Wohlergehens durchlitt 1715 Ludwig XIV. seinen kummerumflorten Tod. Der Enkel Anjou in Madrid war ihm entfremdet worden, alle Freunde und Nachkommen waren verblichen, nur ein kleiner Waise des verewigten Herzogs von Burgund kam für die Thronfolge am Hof zu Versailles in Frage. Die Wiener Bürgerschaft spottete über einen Trauerkatafalk, den habsburgische Pietät bei St. Augustin für den französischen Kollegen aufstellen ließ. Die Untertanen Ludwigs jubelten überall bei der Sterbenachricht, weil sie nun das Ende ihrer Verarmung, der Hungersnöte und Kriegsgreuel gekommen glaubten. Jenseits des Atlantiks wurde das Ausmorden englischer Grenzfarmen durch tomahawkschwingende Indianer unter französischer Anleitung in geringerem Umfang wie vor dem Spanischen Erbfolgestreit betrieben. Die Briten waren bedeutend stärker geworden und schlugen zurück. Seit den achtziger Jahren funktionierte die Verbindung der südlichen Kolonien mit Neuengland durch die Quäker-Niederlassung Pennsylvania, in deren Kohlengruben die erste industrielle Revolution Amerikas ausbrechen wird. Das freundliche Carolina hatte von dem Philosophen John Locke eine ideal-aristokratische und daher völlig unbrauchbare Verfassung erhalten. Nachdem 1690 der erste, fast ergebnislose Kampf um Kanadas Arkadien zwischen Engländern und Franzosen zu Ende gegangen war, eroberten im Königin-Anna-Krieg britische Rifles um 1710 das genannte Land. Im Utrechter Frieden kamen Neufundland und benachbarte Gebiete hinzu, der Pelzhandel rund um die Hudsonbai wurde ein Privileg britischer Untertanen. So kündigte sich die große Wende vom franko-katholischen zum englisch-protestantischen Nordamerika an, wofür im ersten und im zweiten König-Georg-Krieg um die Mitte des 18. Jahrhunderts die Weichen endgültig gestellt werden sollten. Die bisherigen Wunschbilder des Jesuitenordens und der französischen Auslandskavaliere von einem Kontinent ihres Zuschnitts zerflossen schon jetzt auf den trüb gewordenen Schloßteichen des Abendlandes. Südlich der puritanischen Neuenglandstaaten, also im sonnigen Virginia, in Maryland und in Carolina, schwollen die Sklavenrudel dessenungeachtet zu riesigen schwarzen Menschenherden an.

Anno 1700 schuf die weiße Oberschicht das College in Williamsburg dem Oranier zu Ehren sowie die Yale-Universität in New Haven. Im gleichen Jahr unterwarf sich Rhode Island nach langer Empörung wegen verschiedener britischer Zollbestimmungen wieder der Krone. Auf der anderen Erdseite, im Subkontinent Indien, revoltierten die Sikhs gegen die islamischen Mogulherrscher und verbanden sich mit den hinduistischen Maharaten gegen die zittrig gewordenen Lobhudler Allahs in Delhi. Perser und Afghanen standen einmarschbereit an den Grenzen. Die Engländer in ihren Faktoreien entlang der Küste konnten nicht viel mehr tun, als gute Miene zum bösen Spiel aufsetzen, mußten sie sich doch ihrerseits mit einer bewaffneten französischen Aggression herumbalgen, die dem Uhrzeigersinn des Zeitalters zuwiderlief und ausgerechnet jetzt ein franko-indisches Reich aufrichten wollte.

Am Senegal im tropischen Afrika hielten sich weiterhin jene Franzosen, die dort noch vor der Jahrhundertwende ihre Stationen aufgebaut und mit Hölzern, Edelmetallen und schwarzen Gefangenen zu handeln begonnen hatten. In Westindien begann der Aufstieg von Französisch-San Domingo. Auch in Stambul schien der Zeitenlauf aufgehalten zu sein. Nach der Erniedrigung von Karlowitz und recht unzulänglichen russischen Stänkereien an der Nordküste des Schwarzen Meeres kam es wieder einmal zum Erstarken des bereits tot geglaubten osmanischen Offensivgeistes. Der Wladika von Montenegro, Danilo Petrowitsch, hatte schon vor über einem Jahrzehnt seine Tschernagoren dazu verleitet, alle ortsansässigen Moslems zu liquidieren, und nachher insofern weitgehende Unabhängigkeit gewahrt, als er keine Christensteuern bezahlen oder Frondienste bei den türkischen Grundherren, den Spahis und den Timarliks, leisten ließ. 1712 hatte der Wladika, weil Peter der Große die Balkanslawen zum Aufstand rief, sogar eine beträchtliche türkische Gruppe samt Pascha bei Podgoriza vernichtet. Zwei Jahre später waren die Osmanen ihrerseits zur Vergeltung bzw. zum Völkermord an den Montenegrinern bereit, die daraufhin in alle Winde und Felsecken zerstoben bzw. zum Teil im venezianischen Cattaro Zuflucht suchten, also zur Bocca Cotorska hinabstiegen. Grund genug für die Pforte, Venedig den Krieg zu erklären, zumal damit auch den Kaperfahrten jener Malteser, die mit San Marco unter einer Decke steckten, ein türkischer Blockaderiegel vorgeschoben werden konnte. Eiligst reiste ein Aga Ibrahim vom Bosporus nach Wien, um den Habsburger Hof und die Signoria auseinanderzudividieren, was zunächst angesichts zahlreicher Unstimmigkeiten gar nicht so schwer zu sein schien.

100000 Osmanen mit 100 Galeeren und Galeassen fielen über Morea her. Seit Morosini und Königsmark war dort viel getan worden, was dem allgemeinen Wohlstand zugute kam und griechische Einwanderer aus dem Norden anzog. Auch Festungswerke waren überall im Bau, aber zur Stunde noch nicht vollendet. Der innere Zwiespalt von griechisch-orthodoxer Bevölkerung und katholischen Schutztrupplern tat sein übriges, Risse in der peloponnesischen Heimatfront zu erzeugen. Im Todesjahr des Sonnenkönigs eroberten die Türken Ägina und Korinth und legten sich dann vor Nauplia, wo der Proveditore Alessandro Bono kommandierte. Die Janitscharen erstürmten dieses Bollwerk, ohne den Überwältigten Gnade zu gewähren. Alles in allem hatte die Serenissima – die um 1714 noch im Bann des Erbfolgekrieges bzw. der österreichischen Überflutung Italiens stand – auf ihre Verteidigungsbereitschaft in Griechenland vergessen. Den türkischen Heeresabteilungen bzw. der Marineinfanterie war es nicht schwergefallen, die schwachen venezianischen Garnisonen auf Morea zu überwältigen, die ganze blutige Angelegenheit war eigentlich schon entschieden, ehe der Doge in Wien um Hilfe beim Karlowitzer Vertragsfreund anklopfen konnte. Im Hinblick auf Venedigs schwankende Neutralität im Erbfolgekrieg hätte er wahrscheinlich keine sehr befriedigende Antwort erhalten, wenn nicht zur selben Zeit der Großwesir des Padischah im Donau-Save-Gebiet aufgetaucht und eine Armee mitgebracht hätte, die der Straßenwalze Kara Mustaphas vor 33 Jahren entsprach. Dieser Damad

Ali versammelte jetzt bei Belgrad einen Kern von 50000 Janitscharen sowie über 25000 Spahireiter, wozu ebenso viele Tataren erwartet wurden, desgleichen Hilfsvölker aus allen Ländern des Großherrn. Der kaiserliche Generalleutnant und Generalkapitän der Niederlande, Reichsfeldmarschall und Hofkriegsratspräsident sowie Staats- und Konferenzminister Eugen von Savoyen gab daraufhin der Befürchtung Ausdruck, daß die Pforte schließlich mit einem 200000-Mann-Heer an die österreichische Grenze kommen würde, während man herüben in der ersten Friedensfreude nach dem Ende des Spanischen Erbfolgekrieges recht bedenkenlos abgerüstet habe und deshalb für Ungarn bestenfalls 80000 Soldaten zusammentrommeln könnte. Dazu kamen noch Grenzschutztruppen und ein paar Regimenter aus dem spanischen Heer Karls VI., als dieser noch in Katalonien das Sagen hatte. Im Geiste des Herzogs von Abrantes, der vordem Wortführer Österreichs in Madrid gewesen war, gab es in Wien viele Provinzgranden, welche die Emigration der ungewissen Nachsicht einer Zentralregierung vorzogen. Der Marquis von Rialp löste die müde werdenden Althanns als oberster Ohrenbläser bei Karl VI. ab, Don Erendaru kleisterte die spanische Partei in Wien zusammen. Alle waren verschworene Feinde des Savoyers, dem sie – vielleicht von ihrem Standpunkt aus berechtigt – vorwarfen, daß er sich um Spanien nie wirklich gekümmert habe.

Der spanische Restbestand gemahnte an die Zustände entlang der westlichen Mittelmeerküsten, die man österreichischerseits so ähnlich verlassen hatte wie die Amerikaner 250 Jahre später die Gestade Vietnams. Karl VI. war schon 1711 von dort nach Wien übersiedelt, hatte aber seine Frau, Elisabeth Christine von Braunschweig, und den Grafen Guido Starhemberg in Barcelona kurzfristig zurückgelassen. Ein Jahr später schiffte sich dort das englische Expeditionskorps ein, 1713 ging das österreichische Kontingent an Bord der im Hafen ankernden britischen Transporter und segelte in Richtung Genua davon. Zurück blieben nur die Katalanen, welche die Sache des Habsburgerkönigs zu ihrer eigenen gemacht hatten und nun der Rache des Philipp Anjou ausgesetzt waren. Doch unerschrokken verteidigten sie ihre Landeshauptstadt so lange, bis sich am 11. September 1714 zentralspanische Sturmkolonnen Einlaß verschafften. Ein hartes Strafgericht streckte alle Beteiligten am Widerstand Barcelonas wie auch in Aragonien und Valencia nieder, überall wurden die alten Freiheiten abgeschafft und die kastilianische Verfassung eingeführt. Ob Karl VI. später beim Anblick seiner ebenso anmutigen wie tüchtigen Gattin, die er so oft mit noch schöneren Aristokratinnen Wiens betrog, an die Kunigin von Aragun des späten Südtiroler Minnesängers Wolkenstein gedacht hat, ist unbekannt. Sicher erscheint jedenfalls, daß ihm die Erinnerung an die iberischen Tage und ihr ruhmloser Abschluß stets schmerzvolle Sehnsüchte und selbstquälerische Gedanken bereitete.

Aber angesichts der Massen des Damad Ali an Donau und Save mußte gehandelt werden. Prinz Eugen brachte deshalb im April 1716 ein Bündnis zwischen der Lagunenrepublik und Österreich unter Dach und Fach, und der Kaiser ließ in Konstantinopel die Wiederherstellung des Friedens von Karlowitz einfordern. Die türkische Antwort war eine Kriegserklärung an Österreich. Unabhängig vom Hauptheer erschien der Kapudan Pascha, also der osmanische Flottenchef, auf der Insel Korfu, wohin die Venezianer auf Anraten Österreichs bereits den General Graf Schulenburg mit 18000 Deutschen verlegt hatten. Wenige Monate später mußten die Türken unter Zurücklassung ihrer Geschütze die Landeplätze Korfus wieder preisgeben, Schulenburg stieß ihnen über See nach und eroberte mehrere Orte an der gegenüberliegenden Küste des Festlandes. Das starke britische Mittelmeergeschwader schaute der Sache von der Ferne zu. Die Engländer saßen in Gibraltar, zeitweise auch in Port Mahon, also auf den Balearen, hatten durch den Assiento, das heißt durch einen Sondervertrag mit Spanien, den gesamten Sklavenhandel nach den Kolonien Madrids an sich gerissen und schickten sich an, das venezianische Mare Mediterraneo in eine British Sea zu verwandeln. In Bälde werden sie den Spaniern, weil diese wieder Appetit auf Süditalien bekommen, vor der sizilianischen Küste eine entsetzliche Lehre darüber erteilen, wer jetzt die Wogen des mittelländischen Meeres beherrscht. Vielleicht hat man schon anno 1714 im Serail zu sehr auf den Gegensatz London – Venedig gesetzt und vergeblich darauf gewartet, daß besondere Gunstbezeigungen Stambuls für den Nahosthandel von der britischen Admiralität mit mehr Zusammenarbeit als bloßer Fernbeobachtung honoriert würden. Im Gegenteil, die Engländer hielten die Spanier, die sich während des Eugenschen Türkenkrieges wie weiland Ludwig XIV. aufführen wollten, halbwegs in Grenzen.

Die Wiener schlürften in der ihnen zugemessenen, kargen Friedenszeit noch reichlich „Thee, Caffee, Schokolade und dererlei Sorbeten", bevor es wieder losging (sorbe = türkisches Erfrischungsgetränk). Auch Karl E. Leopoldstätter, der früher Mehmed Efendi hieß und Eugen von Savoyen zum Taufpaten hatte, wird mit dem Ausschank beginnen, die Zahl der so christianisierten Mohammedaner Wiens liegt schon bei 700. Unter jenen, die bereits zur alten Garde der Cafetiers gehören, befindet sich P. R. Kämberg, der anno 1686 von den Grafen P. I. Breuner und R. R. Rabatta als junger Osmane in St. Stephan zur Taufe geführt worden war. Der Lucasian, der sich leicht romanisch De Luca nennt, hat seinen endgültigen Wirkungskreis im Lokal »Zur blauen Flasche« im heute längst verschwundenen Schlossergässel gefunden, wo er Bohnensäfte verabreicht, wenn er nicht gerade irgendwo staatswichtige Kurierdienste leistet. Im April 1716 übernimmt er jene Post für den kaiserlichen Residenten in Konstantinopel, mit der Karl VI. mehrere ultimative Anfragen wegen des türkisch-venezianischen Konflikts an die Pforte richtet. Am Ostermontag passiert Luca die osmanischen Grenzwachen in Belgrad und gerät bald darauf mit seinem Pferd in unübersehbare türkische Truppenbewegungen, die ihn zu Umwegen über pfadloses Gelände zwingen. An der Bannmeile Konstantinopels wird er festgenommen, von einem Standortkommando ins andere eskortiert und zwecks Übersetzung der chiffrierten Kurierbriefe einer brutalen Gehirnwäsche unterzogen. Er bleibt jedoch zugeknöpft, und man läßt ihn schließlich laufen, weil Angst wegen völkerrechtlicher Konsequenzen aufkommt. Der freigelassene Luca reiht sich ins Gefolge des Residenten ein, der mit dem Sultan und dem Großwesir nach Adrianopel reisen muß, wo den Österreichern Ende Mai das Kriegsmanifest ausgehändigt wird.

Am 12. Juni erklimmt die diplomatische Schar die Trajanspforte, die das Maritzatal vom Becken Sofias trennt. Nach etlichen Abenteuern gelangen alle in die Nähe Belgrads, bei dessen Anblick sie von einer heransprengenden Reiterabteilung verhaftet und auf sechs Wochen in das unterirdische Gewölbe der Festung Semendria geschleppt werden. Aber die Spione des österreichischen Grenzgenerals Feldmarschalleutnant Löffelholz haben bereits ein Auge auf die Unglücklichen gerichtet. Nach der Schlacht von Peterwardein läßt man sie endlich die feindlichen Linien überschreiten, damit sie Waffenstillstandsgespräche vermitteln können, doch Prinz Eugen steht schon vor Temesvar und will davon nichts wissen. Der vielerfahrene Luca schenkt infolgedessen ab Oktober 1716 wieder persönlich Kaffee in der „Blauen Flasche" aus. Sogar sein Gepäck taucht während des Winters im Posthaus von Szegedin auf, und im März des darauffolgenden Jahres kann er es zu Wien im Empfang nehmen.

Inzwischen hatte sich das grausige Schicksal des Grafen Breuner erfüllt. Dieser Feldmarschalleutnant war unter Palffys Befehl Anfang August 1716 samt seinen vier Kavallerieregimentern im Karlowitzer Gebiet mit 10000 Spahis zusammengetroffen, die sofort Attacke ritten und die Österreicher so lange zurückdrängten, bis die Batterien von Peterwardein die Verfolger mit schwerem Geschoß erreichten. Aber vorher hatte Breuner mehrere Wunden empfangen, war gestürzt und von den nachstoßenden Osmanen gefangen worden. Die blutrünstigen Feinde schmiedeten den Grafen an eine Eiche, marterten ihn zu Tode und schlugen seinen Kopf ab. Heute erinnert nur noch ein halb vergessenes Palais in der Singerstraße an die Breunersche Sippe, die auch einen bedeutenden Kirchenfürsten hervorbrachte.

Am Tag nach dem Tod des Reiterführers kam die gewaltige Armee des Großwesirs Damad Ali in einiger Entfernung vor Peterwardein zum Stehen, nachdem die Türken endlich die Save überschritten und ihre Tatarenhorden das Land Slawonien ringsum verheert hatten. Staunend wurden die Bassas eines verschanzten Lagers gewahr, das die Österreicher unmittelbar vor den Stadtmauern errichtet hatten und das durch zwei Donaubrücken mit dem jenseitigen ungarischen Ufer verbunden zu sein schien. Diese Brücken sollten durch die Tataren im Verlauf der bevorstehenden Affäre schwer beschädigt, aber von Feldmarschalleutnant Löffelholz wieder instand gesetzt werden. Der Großwesir dachte sowohl das Lager wie auch die dahinterliegende Stadt zu berennen, ließ Gräben ausheben und vergaß darauf, daß selbst Sultan Mustapha vor 20 Jahren einen Angriff auf Großwardein unterlassen hatte, als Prinz Eugen in der Nähe aufpaßte.

Besagter Prinz war schon im Juli bei Futak eingetroffen, wo sich die Österreicher auf den bevorstehenden Kampf einrichteten. Das jetzige Aufeinanderprallen schien sich so sehr zur Herzensangelegenheit des Savoyers auszuwachsen, daß manche meinten, der Friede von Karlowitz hätte ihn bitter enttäuscht oder die Verhältnisse im Westen wären ihm damals sehr unwillkommen gewesen, weil sie sein weiteres Vordringen im Südosten gestoppt hatten. Jetzt wolle er das Versäumte nachholen, und die lange der Beute entbehrende Armee Österreichs wäre gleichen Sinnes mit ihm.

Jedenfalls hatte der Wesir geirrt, wenn er an eine längere Belagerung des Platzes Peterwardein und der davor aufgeworfenen Stellungen Eugens glaubte. Sein Gegner war zu einem raschen, entscheidenden Waffengang entschlossen und fiel von seinen Erdwällen am Morgen des 5. August 1716 nach allen der Festung abgewandten Seiten aus. Etwa 40000 Janitscharen stürzten daraufhin gegen das sich formierende Zentrum Österreichs und erzielten Geländegewinn, allerdings nur, um dafür an den Flanken umfaßt und im Gegenstoß aufgerieben zu werden. Während die Tataren bereits am späten Vormittag gegen Semlin zu flohen, überwanden die Kaiserlichen nach diesem Kesseltreiben einige mäßige Anhöhen, bis sie den türkischen Feldherrnhügel, den sogenannten Visirak, erreichten. Nun gab es kein Halten mehr, Damad Ali ging mit der Hälfte seines Heeres fechtend zugrunde, das ungleiche Kräfteverhältnis im Südosten wurde durch den Sieg Eugens ausgeglichen, der türkische Angriffswille gebrochen.

Vor Peterwardein stand jener Karl Alexander von Württemberg im Kampf, den wir schon in Mindelheim getroffen haben und dessen Cousin jetzt in Stuttgart regierte. Karl Alexander hatte, ebenso wie dies die Badenser im vergangenen Jahrhundert taten, österreichische Kriegsdienste genommen und war sogar zum Katholizismus übergetreten. Gemäß des Wiener Witzwortes, wonach man, was immer man mache, es falsch mache, sollte ihm diese Konfession einmal zu Hause grobe Unannehmlichkeiten bescheren. Aber am 5. August 1716 hat er mit anderen mißlichen Dingen zu tun, seine Reiterregimenter müssen als erste morgens am rechten kaiserlichen Flügel die osmanische Wut über das unerwartete Gefecht brechen, bis er über niedergetrampelte Batterien hinweg den Feind umfassen und der eigenen Infanterie den Weg weisen kann. Welcher Vergleich zur Zusammenarbeit mit Marlborough vor Höchstädt, welcher Kontrast zum schwelgerischen Leben daheim, wo nach den Kriegsakten des spanischen Erbfolgestreites Liebesakte erregenden Ausmaßes einsetzen und der Vetter das Fräulein von Grävenitz für allseits intensive Mischungen sorgen läßt! Karl Alexander wird einmal als Erinnerung daran das reizend-verspielte Ludwigsburg vorfinden, ein spätbarockes Baujuwel, das ihn freilich nicht über die Tumulte um Jud Süß oder über jene Wachablöse im polnischen Erbfolgekrieg hinwegtrösten wird, da ihm Prinz Eugen das Oberkommando in einer recht aussichtslosen Angelegenheit auflädt.

Nun, dem Savoyer selbst kam im nämlichen Augenblick des Morgens vor Peterwardein nur in den Sinn, leise „Mein Gott" zu sagen und auf französisch „Gemma, gemma" zu rufen, was allgemein als das Zeichen zum Sturm verstanden wurde. Jetzt drängen freilich hinter ihm andere nach vorne, wie jener Johann Leopold Donat Fürst Trautson, der gleich nach dem Prinzen als zweiter Würdenträger des Römischen Reiches am 19. April 1713 gemessenen Schritts in die Geheime Ratsstube der Hofburg getreten war, wo die Kaiserliche Majestät unter dem Baldachin ihrer wartete. Der Fürst hatte damals gerade jenen märchenhaften Palast bezogen, den ihm Fischer von Erlach am Bach bei St. Ulrich erbaut und ihn so zum Nachbarn der Auerspergs gemacht hatte. Die gräfliche Linie der Trautsons hatte sich bekanntlich mit einem etwas bescheideneren Palais hinter dem Löbel zu begnügen, in das später die ungarische Hofkanzlei einquartiert wird.

Aber jetzt, am 5. August, blieb keine Zeit für großartiges Einherwandeln oder unsterblichen Baueifer, jetzt mußte vom Leder gezogen werden! Die Husarenführer Ebergenyi und Nadasdy waren zunächst in keiner beneidenswerten Lage, weil sich die in einer Senke des Geländes zusammengepreßte Kavallerie des linken Flügels längere Zeit nicht voll entwickeln konnte. Doch von der anderen Seite kamen der Feldzeugmeister Negrelli und Reiterchef Johann Palffy, also wieder der Enkel des alten Türkenschreckens Stephan und Bruder des königlich ungarischen Judex Curiae Nikolaus, mit Verbänden zu Fuß und zu Pferd ins Gefecht. Prinz Eugen hatte mittlerweile das zweite Treffen geführt und das angeschlagene Zentrum damit hergestellt, wobei sich die Infanterie Siegbert Heisters sehr bewährte. Am späten Nachmittag begann alles mit dem Sortieren der vom Feind zurückgelassenen Wertgegenstände, die ungeheures Ausmaß erreichten, da sich die türkischen Herrschaften auf längeres Bleiben vor Peterwardein vorbereitet hatten. Auch die Tochter des Wesirs ergab sich den Siegern.

Schon am 7. August marschierte Eugen über die beiden Schiffsbrücken ans linke Donauufer zurück und führte seinen Heerwurm fast drei Wochen lang über Zenta bis vor die Feste Temesvar. 144 Jahre lang war diese Stadt ein Sinnbild türkischer Macht in Pannonien gewesen, auch der Zweite Leopoldinische Krieg hatte vor ihren Werken stets innegehalten. Jetzt kam ihr letzter September heran; weder kühne Ausfälle noch ein Entsatzversuch von 20000 Türken unter Kurd Pascha konnten dagegen helfen. Am 1. Oktober 1716 begann der große Sturm Österreichs, am 13. unterschrieb der Stadtkommandant Mustapha Pascha für seine 12000 überlebenden Osmanen gegen freien Abzug nach Belgrad die Kapitulation.

Damit wäre der Eugensche Türkenkrieg eigentlich zu Ende gewesen, denn die Pforte war nun bereit, einen neuen Verzichtfrieden zu schließen, das heißt, alles Bisherige anzuerkennen und vielleicht sogar über den künftigen Verbleib Temesvars mit den Kaiserlichen zu reden. Aber dem Prinzen bzw. der von ihm geleiteten Regierung schien dies nicht genug zu sein, denn der Schlüssel Ostroms fehlte in der habsburgischen Schatzkammer. Man wünschte sich dieses schon einmal erhaschte Schaustück imperialen Glanzes und war gegenüber jenen Gewitterwolken, die sich abermals im äußersten Westen Europas zusammenbrauten, etwas unaufmerksam: Belgrad sollte österreichisch werden, koste es, was es wolle.

Es hätte allerdings in diesen Wintermonaten 1716/17 auch ein Wechsel im Armeeoberkommando vorgenommen werden können. Dem Savoyer, der sowieso ins Hoflager reiste, als das Heer in die Quartiere rückte, wäre dann die straffe Leitung der obersten österreichischen Politik zugefallen, ein anderer hätte statt ihm den Feldzug des nächsten Jahres abgeschlossen. Aber die Barockerscheinung Eugen verzichtete weder auf Ehre noch auf Gefahr und glaubte nicht, daß man deswegen in der Donaumetropole ähnlich zu verfahren imstande sei wie mit dem Marlborough in London. Er irrte, denn in zwei Jahren werden etliche Schmutziane gegen ihn bei Hof fast die Oberhand gewinnen, allerdings dem kleinen Grandseigneur aus Savoyen im letzten Augenblick doch nicht gewachsen sein. Es gab freilich in Wien auch keinen Moralisten vom Schlage eines Jonathan Swift, der Marlborough in London literarisch fertiggemacht hatte. Wie dem auch immer gewesen sein mag, anno 1716 läßt Eugen den Mercy, der jetzt General der Kavallerie geworden ist, einen alten Verbindungskanal ausbessern, durch den die neugeschaffene österreichische Donauflottille und die Truppentransportboote vor dem nächsten Sommer in das Südostgebiet Belgrads geschafft werden sollen, ohne deshalb im großen Strom an den Kanonen der Festung vorbeizutreiben. Im Frühling 1717 ergibt sich allerdings die Notwendigkeit, daß ein Oberstleutnant der Schönborn-Kürassiere namens Ernst Freiherr von Petrasch mit mehreren Schiffen unmittelbar an der Burg vorbei muß, das heißt, das Hauptgerinne der Donau zu benützen gezwungen ist.

Die österreichischen Wasserstreitkräfte, die schon in die Schlacht bei Peterwardein mit ihren Rohren brüllend eingegriffen hatten, waren eine Idee des Savoyers gewesen, der als junger Offizier bei Tulln gesehen hatte, daß man dort an die 100 Boote recht gut gebrauchen konnte. Die neuen, großen Fahrzeuge, die – nicht ganz den Strombedingungen entsprechend – richtigen Hochseeschiffen nachgebildet und meist von adriatischen Küstenbewohnern navigiert wurden, führten sowohl Ruder- wie Segelausrüstung. Sie waren hochbordiger und stärker armiert als die türkischen Boote, aber nicht so wendig wie diese. Das vornehm ausgestattete österreichische Flaggschiff des Vizeadmirals Peter Anderson auf der Donau hieß Capitanea oder Imperalia; Fahrzeuge mit einem Rammsporn am Bug wurden Barbata genannt. Andere Schiffe, die sämtlich nach Kirchenheiligen getauft waren, bezeichnete man ganz wie am offenen Meer als Brigantinen, Schiffe ungarischer Bauart nannte man Nassaden oder Tschaiken. Am Bau letztgenannter Fahrzeuge, die wegen ihrer Kriegstüchtigkeit von Österreich übernommen wurden, beteiligten sich kleinere Werften am Unterlauf der Traun in Oberösterreich. Die meisten Exemplare dieser Schiffsklasse stammten vom Wiener Zimmermann Leonhard sowie von Engländern und Hamburgern, die in Österreich arbeiteten. Da aller Anfang schwer ist, hatte die kaiserliche

Donauflottille am 16. August 1696 bei der Theißmündung eine Niederlage hinnehmen müssen, seither aber stets Minisiege eingeheimst.

Als nun über 20 Jahre nach diesem schwachen Beginn Petrasch zweimal an der Belgrader Burg vorbeisteuert, erhält seine Tschaike Beschuß und fliegt in die Luft, er wird verwundet und gerät in osmanische Gefangenschaft. Die Türken expedieren ihn nach einigen Tagen der Genesung von Belgrad bis Adrianopel. Der neue Großwesir Halil Pascha verhört Petrasch dort höchstselbst und bietet ihm an, in ein deutsches Regiment einzutreten, das jetzt im Namen Rákóczis vom magyarischen Renegaten Berczeny auf türkischer Seite aufgestellt wird. Der Freiherr weigert sich, sagt auch sonst zu wenig aus und wird demnach gemeinsam mit einem gefangenen Soldaten des Prinzen Emanuel von Portugal in ein fürchterliches Verlies gesteckt. Später vegetiert Petrasch so kümmerlich wie seinerzeit Heissler in den Türmen des Schweigens zu Konstantinopel herum, wo ihn wenigstens ein Geschäftsträger beobachten und langwierige Schritte zu seiner Auswechslung einleiten kann. Im fernen Wien gründen sie währenddessen das Handelsgericht, die Porzellanmanufaktur und die Ingenieurakademie. In Rom dämmert es Gian Francesco Albani, der sich als Papst Clemens XI. nennt, daß er sich mit seiner Feindschaft den Österreichern gegenüber sehr ins eigene Fleisch geschnitten hat. Wohl sollte sein Konflikt mit Joseph I. den letzten Krieg zwischen einem Kaiser und dem Pontifex in der Geschichte darstellen, aber der Verlust des kurialen Ansehens war dadurch nicht aufgehalten worden. Bei der nicht zur Ruhe kommenden Umverteilung der Länder Italiens fragten weder Wien noch Paris oder Madrid nach den Wünschen des Papstes. Die Anerkennung des Königs von Preußen durch Frankreich und Spanien, die zeitweilige Übergabe Siziliens an den Herzog von Savoyen sowie jener Reichsfriede, der 1714 im schweizerischen Baden abgeschlossen worden war, fanden sämtlich ohne Zutun des Heiligen Vaters statt. Mit Entsetzen bemerkten Clemens und seine Kardinäle, wie ungestüm die neugerüstete Türkei gegen Venedig vorging und dabei Süditalien in den Gefahrenbereich rückte. Der Kampf um Korfu fand gleichsam an der Türschwelle des Kirchenstaates statt.

Jetzt war es höchste Zeit, bei den Österreichern freundliche

Töne anklingen zu lassen und dem Prinzen Eugen einen kostbaren Hut nebst geweihter Seitenwaffe zu schicken, wenn sich auch Karl VI. darüber lustig machte. Desgleichen half man den Venezianern finanziell und schrieb das im Jahr 1571 zum Dank für den Sieg des Johann von Österreich bei Lepanto gestiftete Rosenkranzfest nunmehr der ganzen katholischen Christenheit als verbindliche Feier vor.

Aber der nächste Tiefschlag läßt nicht lange auf sich warten! Die Österreicher bezichtigen Clemens der geheimen Intrige, als Spanien erneut in Italien Fuß zu fassen sucht, die Quadrupelallianz zwischen Wien, London, Paris und Amsterdam wird nicht nur das Ende der Politik des Sonnenkönigs, sondern eine ganz neue Mächtekonstellation anzeigen, mit der Clemens überhaupt keinen Kontakt hat. Ungeachtet alter päpstlicher Lehensrechte erhält Karl VI. Sizilien, erhält Savoyen die Insel Sardinien und steigt zum eigenen Königreich auf. Die Jesuiten Ostasiens opponieren gegen den obersten Hirten in Rom, der seinerseits gegen französische Sektierer wettert und sonst alle Vorwürfe in stiller Würde trägt. Er baut die letzte Barockkirche der Ewigen Stadt und kümmert sich um menschenwürdige Zustände in den Gefängnissen, lehnt die übliche Nepotenwirtschaft ab, übergibt nur zögernd dem Neffen Annibale Albani 1711 den Kardinalshut.

Dieser Hannibal war ein weitgereister Diplomat und korrespondierte häufig mit dem Prinzen von Savoyen in Wien. Sein Onkel aber sagt, daß nur jene menschlichen Leistungen etwas wert seien, die vor Gottes Antlitz bestehen könnten. Die österreichischen Reiter, die anno 1716/17 bis vor Jassy und Bukarest aufklärten, haben zweifellos in ihrer Art eine Bewährungsprobe unter dem Blick des Allmächtigen abgelegt. Die Nachricht vom Sieg bei Peterwardein, die ein Graf Khevenhüller auf schweißbedecktem Pferd dem Kaiser überbrachte, wurde in Wien fast gleichzeitig mit den Erfolgsmeldungen Schulenburgs aus Korfu bekannt. Bald wußte man auch, daß die österreichische Sache vor Temesvar günstig stand. Ein Lied, das daraufhin landauf, landab im Ton von „Te deum laudamus“ gesungen wurde, rief zum Vormarsch über Kleinasien bis nach Jerusalem auf. Zum Andreasfest Ende November erfolgte die Jahresfeier der Ritter des Goldenen Vlieses, bei der Eugen zur Rechten des Kaisers marschierte, während links von Karl der Fürst Avellino einherwallte. Dahinter reihten sich Graf Oropesa, Fürst Schwarzenberg, die Herren Sylva, Althann, Sinzendorf, Paar, Starhemberg, Emanuel von Savoyen, Arenberg, Windischgrätz, Trautson, Liechtenstein und Harrach an. Der Baukünstler d'Allio vollendete die Salesianerkirche, man gestattete die Einfuhr protestantischen Schrifttums, arbeitete aber unverdrossen auf die Erhebung Wiens zum Erzbistum hin.

Allgemein wurde der laufende Feldzug im Südosten als christliche Argonautenfahrt nach dem Vlies des kriegerischen Ruhms interpretiert. Trotz Jubel und großartiger Zeremonien war weder in Wien noch in den anderen Schwerpunkten Europas alles Gold, was glänzt, und dem Prinzen Eugen wäre bei Hofe genug zu tun geblieben, wenn er einem seiner hohen Kameraden die Angelegenheit Belgrad überlassen hätte. Aber er sucht das Abenteuer und will sich sogar in Griechisch-Weißenburg einen Palast errichten lassen.

Belgien hätte z. B. damals der österreichischen Aufmerksamkeit nachhaltig bedurft: Schon die spanischen Statthalter waren dort alles andere als berühmt gewesen, man hatte halb Flandern bzw. die Küstenstriche um Ypern und St. Omer verloren, und die österreichischen Beamten, die jetzt ans Werk gingen, suchten vorerst den vom Krieg mitgenommenen Gegenden aufzuhelfen. Aber in Steuerfragen zeigten sie keine gute Hand bzw. traditionell wenig Fingerspitzengefühl. Dem Buchstaben nach war Prinz Eugen kaiserlicher Statthalter bzw. Generalkapitän zu Brüssel, in seinem Namen führte jedoch der Marquis de Prie die Regierung der Österreichischen Niederlande. Ein blutiger Aufstand wird 1719 die allgemeine Unzufriedenheit dokumentieren, habsburgische Bataillone werden die Ruhe wiederherstellen, aber ein biederer Zunftmeister wird aufs Schafott steigen müssen. Erst Jahrzehnte später sollte Maria Theresias Statthalter Karl von Lothringen für allgemeine Wohlfahrt und Zufriedenheit in Österreichisch-Belgien sorgen.

Nun aber zurück zum Jahr 1717, das Eugen und seine Mitarbeiter in die Gesellschaft antiker Sagengestalten entrücken sollte, obwohl Guido Starhemberg vom Präsidentenstuhl des Hofkriegsrates aufspringt und erklärt, daß man so keinesfalls Schlachten gewinnen, sondern nur Selbstmord begehen könne. Tatsächlich ließ sich der mächtigste Mann Österreichs mit seinem Auftritt im balkanesischen Kriegstheater zunächst erstaunlich viel Zeit. Erst am 21. Mai 1717 trifft er wieder in Futak ein und mustert 80000 Mann, zu denen noch die weiter östlich stehenden Einheiten des Kanalverbesserers Mercy, die Abteilungen des Grafen Virmond in Siebenbürgen und der Grenzschutz aus Kroatien kommen. Diesmal liegt Österreich deutlich über der 100000-Mann-Marke, und es zeugt von den schicksalsschweren Ereignissen des kommenden Feldzuges, von Lagerseuchen und von der bereits erheblich gesunkenen Moral, wenn am entscheidenden Augusttag 1717 nur knappe 50000 gegen die türkische Entsatzarmee vor Belgrad in Aktion treten. Unabhängig davon war die Donaustreitmacht des Prinzen auf zehn Fregatten mit jeweils 30 bis 50 Stücken angestiegen, wozu Hunderte Brückenboote und Tschaiken für die Beförderung von Kriegern, Kanonen und Pferden kamen.

Auf der anderen Seite hatte die Pforte Belgrad in Eile ausgebaut und entsprechend versorgt, während Halil Pascha bei Nisch ein osmanisches Heer von 200000 Mann und 300 Geschützen sammelte, also die Kampfstärken der Wesire von Anfang 1683 und 1716 erreichte. Ähnlich wie bei der Schlacht am Kahlenberg befanden sich auch diesmal im Gefolge des österreichischen Strategen zahlreiche Freiwillige aus höchsten Adelskreisen Europas, die bei ihm das Kriegshandwerk lernen wollten. Zum Unterschied von den meisten bisherigen Unternehmungen gegen Stadt und Festung rückte die kaiserliche Macht nicht durch Slawonien an die Save und über diesen Fluß vor das in Rede stehende Bollwerk. Die Armee marschierte vielmehr weiter nördlich über Titel entlang des linken Donauufers bis einige Meilen unterhalb Belgrads, wo der Stromübergang vorgenommen und gegen schwachen Widerstand die hintere Ebene jener Halbinsel erreicht wurde, auf deren Landspitze das Ziel zu erblicken war. Zu diesem Zweck waren die österreichischen Donauschiffe, vom Feinde unerreicht, durch den im Winter benützbar gemachten Umfahrungskanal zur Übersetzungsstelle des Heeres gebracht worden. Tausenden von Serben, die sich in die kaiserliche Armee eingereiht hatten, schauderte beim Ruf des Muezzins, der zur Stunde des Gebets von Belgrad herüberklang. Wie anläßlich der Schlacht von Höchstädt gibt es über diese zweite Belagerung, in deren Verlauf immerhin diesmal 30000 Mann Besatzung niedergekämpft werden mußten, viele Darstellungen in Prosa sowie Gedichte,

Lieder und fachmännische Analysen. Deshalb wollen wir uns auf eine oder zwei Momentaufnahmen dieses insgesamt achtwöchigen Ringens beschränken und Einzelschicksale aus der Führungsmannschaft Eugens dazu in Beziehung setzen.

Übergehen wir also zunächst alle Gefechte während des österreichischen Aufmarsches, die nicht nur von der regulären Armee, sondern auch von siebenbürgischen Bürgerwehren und walachischen Freischärlern absolviert wurden, und vermerken lediglich, daß Eugen Mitte Juni ein Brief des englischen Botschafters Sir Wortley Montagu aus der Türkei erreichte, in welchem dieser die Friedensbereitschaft des Großherrn unterstrich, sofern Temesvar der Pforte zurückgegeben würde. Eugens strikt ablehnende Haltung hierzu deutet auf etwaige ausgreifende Balkanpläne hin, aber auch auf schrankenlosen Optimismus hinsichtlich des bevorstehenden Kräftemessens, obwohl man in Wien bereits Zeichen der Besorgnis von sich gab. Doch der Prinz hatte das letzte Wort. Im Juli bauten sich demnach die Österreicher vor Belgrad quer durch die Halbinsel eine eigene Festung auf, die bis zu beiden Ufern, also bis zur Donau und bis zur Save, derart verlängert wurde, daß die große Strombrücke von Oberst Neipperg gesichert und auf der anderen Seite eine neue Brücke über den Saufluß geschlagen werden konnte. Feldmarschalleutnant von der Hauben beschützte dort drüben sowohl den Weg nach Peterwardein wie auch einige Artilleriestellungen am Ufer, aus denen Belgrad zusätzlich unter Feuer genommen wurde.

Oberst Wilhelm Reinhard Graf von Neipperg aus altem schwäbischem Adel, selbst Sohn eines habsburgischen Feldmarschalls, schiebt währenddessen mit seinen fünf Bataillonen und etwas Kavallerie an der Donau Brückenwache und schlägt sich mit feindlichen Reitertrupps herum, die ebenso schnell auftauchen, wie sie wieder verschwinden. Der 37jährige Wilhelm hatte sich schon vor Temesvar hervorgetan und wird dies wieder tun, sobald sie ihn wegen des Hauptangriffs ins Lager zurückrufen. In absehbarer Zeit wird er Generalmajor und Erzieher des jungen Franz Stephan von Lothringen in Wien sein, dann wieder in diese Schlammgegend zurückkommen und Gouverneur von Temesvar werden. Wenn er gewußt hätte, daß er dereinst einen übereilten Schandfrieden mit der Türkei abschließen sowie die Schlacht von Mollwitz gegen den Preußenkönig Friedrich den Großen verlieren und deshalb Festungshaft und Verfemung erleiden wird, wäre er wohl nicht so sehr auf Schwabenstreiche erpicht gewesen. Aber er ahnt natürlich nichts, auch keineswegs etwas davon, daß er trotzdem als würdevoller Hofkriegsratspräsident sterben, sein Enkel aber mit einer französischen Kaiserin zusammenleben sollte.

Wie gesagt, im Juli 1717 schützte Neipperg die Verbindung über den Strom, wogegen der Großwesir, der noch weit hinter Veliko lagerte, immer wieder Berittene ausschickte. Eugen bezog deswegen zunächst bei Vispatia eine starke Position, ging jedoch in der Folge auf das befestigte Lager vor Belgrad zurück, während sich Halil entlang der Hügel um Rakovitza in die nähere Umgebung der belagerten Stadt hineintastete.

Ende Juli 1717 trafen Hilfstruppen aus Hessen-Kassel sowie jenes bayerische Korps, das der inzwischen wieder gnädig pardonierte Kurfürst Max Emanuel geschickt hatte, nach Eilmärschen durch Ungarn vor Belgrad ein, und die Donauflotte bestand in heftigen Scharmützeln ihre Bewährungsprobe gegen die islamischen Wasserfahrzeuge.

Anfang August wälzte sich das Entsatzheer des Großwesirs malerisch und furchtgebietend die Hänge jener Berge herab, welche die wassergetränkte Ebene Belgrads im Süden überragen. Eugens improvisierte Festungsanlage war damit in eine unangenehme Zange geraten, wenngleich Belgrad selbst infolge der andauernden Beschießung nur noch einem glosenden Meiler glich. Unablässig fielen die Geschosse Österreichs in Keller und Kasematten ein, am 14. August explodierte ein zehnpfündiger Böller, der 1714 in Wien gegossen worden war, in den Munitionsvorräten der Festung und tötete dadurch 3000 Osmanen. Der Großwesir des Sultans vergalt die nahezu völlige Zerstörung aller Bauwerke des Platzes mit einem lang anhaltenden Bombardement des habsburgischen Lagers von der anderen Seite her, das an den Nerven der Kaiserlichen zerrte und empfindliche Verluste hervorrief. Der Wesir plante, die Österreicher von Belgrad wegzulotsen und sich selbst dabei einen Weg nach Ungarn zu bahnen.

Tatsächlich war seine martialische Gestik so eindrucksvoll, daß Wien die Belagerungsfortschritte Eugens mißachtete und auf den Rückzug der Truppen des Savoyers über die Donau drang. Halil vermochte sich mit dem Befehlshaber Belgrads,

Mustapha Pascha aus Temesvar, dahingehend zu verständigen, daß gleich nach der Augustmitte ein gemeinsamer Angriff auf die Kaiserlichen gewagt werden sollte, wovon dem Prinzen allerdings durch Späher Warnungen zukamen. So entschloß er sich, das feindliche Vorhaben einige Stunden früher zu durchkreuzen und eröffnete im berühmten Kriegsrat am Nachmittag des 15. August 1717 seinen Generälen die erforderlichen Maßnahmen.

Es gab für Eugen noch andere Gründe, plötzlich die Initiative zu ergreifen. Wohl hatte man die Einschließungsarbeit vor Belgrad so weit vorangetrieben, daß diese Trümmerstätte in den nächsten Tagen als sturmreif gelten konnte, aber dem türkischen Heer im Rücken war eine Ausweitung am Saveufer gelungen, die von nun ab Eugens Verbindung nach Slawonien bedrohte. Ferner hatte die Nervosität der Truppe ein Maß erreicht, das dem Prinzen nicht mehr ratsam erscheinen ließ, weitere Geduldsproben zu verlangen. Der prominenteste Kundschafter Eugens, also der „Spion bei Sturm und Regen“ des Belgrader Liedes, hieß János Vékony. Er war bei Temesvar von den aufständischen Ungarn zu den Kaiserlichen übergegangen, besorgte sehr wichtige Nachrichten und wurde Rittmeister im österreichischen Heer. Seine Informationen lagen der Besprechung am 15. zugrunde.

Bei dieser Befehlsausgabe fehlten bereits etliche Kommandeure, weil sie gefallen, verwundet oder an der Ruhr erkrankt waren. Der Feldzeugmeister Regal und der Graf d'Estrades, der auf den jungen Prinzen von Daubes achtgeben sollte, waren bereits ihren Verletzungen erlegen. Der Grünschnabel Daubes entstammte jenem kleinen Fürstentum gleichen Namens in der Bourgogne, das wegen seines feuchtkalten Klimas, seiner ungesunden Gewässer sowie seiner unfreundlichen Bewohner gleichermaßen unrühmlich bekannt geworden war. Wie wenig Wert die französischen Könige auf diesen unwirtlichen Landstrich legten, zeigt der Umstand, daß sie Daubes erst 1762 mit der Krone vereinigten.

Jetzt, vor Belgrad, übernahm der Württemberger das Zentrum und Feldmarschall Palffy die Kavallerie des rechten Flügels, Feldmarschalleutnant von Seckendorff kümmerte sich mit den Generalwachtmeistern Diesbach und Marulli um das Reservekorps, wird damit aber gleich dem vorprellenden Feind die Stirn bieten müssen. Dieser Friedrich Heinrich Reichsgraf von Seckendorff, der später von den beiden Kupferstechern Bind und Haid in einem kolossalen Bildnis verewigt worden ist, war ein jüngerer Kriegskamerad Eugens, mit dem er schon am Ende des Zweiten Leopoldinischen Türkenkrieges gefochten hatte. Vor Höchstädt konnte Friedrich 16 französische Fahnen erobern. Auch als Eugen seine belgischen Schlachten schlug, war der Reichsgraf Seckendorff dabei, er trat kurz darauf in polnisch-sächsische Dienste, kam aus dem Nordischen Krieg wieder zu den Österreichern, wurde kaiserlicher Feldmarschalleutnant und brachte zwei Regimenter aus Ansbach bis vor Belgrad zur Belagerungsarmee.

Seckendorff übersteht ruhmbedeckt den kommenden Tag, wir finden ihn einige Zeit später als Feldzeugmeister mit der kaiserlichen Intervention auf Sizilien beschäftigt. Dann wechselt er in den diplomatischen Dienst Österreichs und amtiert sehr erfolgreich als Botschafter in Berlin. Nur das Projekt, Maria Theresia mit dem späteren Friedrich II. zu verheiraten, mißlingt ihm, obwohl der steirische Wurmbrand extra deswegen nach Berlin kutschiert. Jedenfalls, eine derartige Laufbahn war für Barockhelden vom Format Seckendorffs noch lange nicht ausreichend. Als römischer Reichsgeneral wird er noch einmal die Franzosen aufs Haupt schlagen und von Eugen in dessen letzten Stunden zum Oberbefehlshaber für den nächsten Türkenkrieg nominiert werden. Dieser Einfall kam allerdings nicht von der Glücksgöttin persönlich, der Unstern des bevorstehenden Feldzuges leuchtete sehr bald kräftig auf Friedrich und Genossen herab.

Nach einigen Anfangserfolgen bleibt das Feldherrenpech zähe an Seckendorff kleben, er wird deshalb vor ein Kriegsgericht gestellt werden, frei gehen, aber kein Geld erhalten und wütend davonrennen. Friedrich übernimmt anschließend das bayerische Heer und bringt zur Abwechslung seinen bisherigen Wiener Auftraggebern eine Schlappe bei. Doch alle versöhnen sich wieder, Seckendorff wird sogar in Wien hoch geehrt und zieht sich auf sein feudales Gut in Deutschland zurück, wo ihn die Preußen wegen seiner Schwächeanfälle für Österreich fast ein Jahr lang in Magdeburg einsperren. Schließlich und endlich wird er auf seinen Ritterhof heimkehren und 1763 reichlich betagt dortselbst im Herrn entschlummern. Die Erinnerung an

Belgrad begleitete ihn tröstend bis in seine letzten Lebenstage.

In der Nacht vom 15. auf den 16. August 1717 floh der Schlaf von den Lidern der hochgeborenen Freiwilligen, die in den immer dicker werdenden Nebel hinausstarrten. Die beiden Wittelsbacherprinzen putzten an ihren Degen herum, zwei Söhne des alten Dessauers, von denen sich einer daheim in heimlicher Ehe mit einer bäuerlichen Schönheit verbunden wußte, machten sich kampfbereit. Der portugiesische Emanuel, der Graf von Charolais, ein Ehrenkavalier von Lothringen, zwei Prinzen von Ligne und drei Herzöge aus dem Haus jener Holsteins, die sich in ihrer Heimat dauernd mit den dänischen Königen herumraufen mußten, der polnische Prinz Konstantin Sobieski, jener Prinz von Daubes, dessen Vater Herzog von Maine genannt wurde, zwei Prinzen von Sachsen-Saalfeld, drei Prinzen Hessen-Kassel, drei Württemberger, ferner Prinzen von Kulmbach, Sulzbach, Schwarzburg, Bevern, Hohenzollern, Liechtenstein und Pignatelli traten von einem Bein aufs andere. Auch zwei russische Prinzen von Moskau, ein Prinz Cursic und einer aus der Familie Lubomirski, die schon anno 1683 im Marchfeld vertreten war, warteten auf das Einsatzzeichen, ein Prinz Marcillac war schon etwas früher auf der Anreise in Ofen verstorben.

Sozusagen in letzter Minute kamen auch noch zwei Prinzen Lobkowitz aus Semlin herüber, von denen einer bald tödlich verwundet werden sollte. Er könnte der Prinz Ludewig des Eugen-Liedes gewesen sein! Aber auch ein Prinz von Thurn und Taxis, der als Oberstleutnant des 7. österreichischen Dragonerregiments vor Belgrad fällt, käme als Musterfigur im Sinne des Liedes in Frage, zumal er auf den Vornamen Lamoral gehört hat, was man bei ungenauer Überlieferung vielleicht als Ludwig verstehen könnte.

Jedenfalls – die Creme halb Europas wartete auf die zweite Morgenstunde. Man war fast erleichtert, als die Affäre schon etwas früher begann, weil österreichische Kürassierregimenter beim Einrücken in die Bereitstellungsräume infolge extrem schlechter Sicht den vordersten Gräben des Feindes zu nahe kamen. Die nachfolgende Infanterie unter Max Adam Starhemberg, Arenberg, Lenglet, Leimbruck und Wachtendonck trat ebenfalls schon vor zwei Uhr morgens in Aktion, desgleichen die Einheiten Daun, Harrach, Maffai, Dalberg, Bonneval und

Mercy. Bertram Anton Freiherr von Wachtendonck diente als Deutschmeisteroffizier. Vor 13 Jahren war er zum ersten Mal allgemein aufgefallen, als er im Kampf gegen die Neo-Kuruzzen mit seinem Bataillon bei Jablonitz gegen die zehnfache Zahl ungarischer Reiter standhielt und deshalb zum Oberst ernannt wurde.

Mit Harrachs Namen werden wir abermals an das gegenwärtige Familienoberhaupt Aloys erinnert, der 1715 zum Landmarschall und Generaloberst in Niederösterreich aufgerückt ist. Maffai zählte einen bekannten zeitgenössischen Dichter, Pressemann, Kritiker und Theaterspezialisten zu seinem Geschlecht. Jener Francesco Scipione Marchese di Maffai hatte sogar an der Seite des Kurfürsten Max Emanuel bei Höchstädt mitgekämpft, sich aus dem Debakel retten und dann in Turin einen neuen Wirkungskreis aufbauen können, wo er 21 Bände vollschrieb. Freilich, mit den Dalbergs konnten sich die Maffais, zumindest was Ahnenkult betraf, nicht messen. Erstgenannte leiteten sich nämlich vom Römer Gaius Marcellus ab, der irgendwie mit Jesus Christus verwandt gewesen sein soll. Ob sie deshalb in etwa 100 Jahren dem Imperator Napoleon so innig zugetan sein werden, erscheint zweifelhaft, sicher ist hingegen, daß ein Heribert Dalberg schon anno 990 Erzbischof von Köln wurde. „Ist denn kein Dalberg da?" hatten auf Kaiser Maximilians I. Geheiß die Herolde nach 1500 bei jeder römisch-deutschen Krönung lauthals zu fragen. Franz Eckenberg, der 1674 geboren wurde, begründete als kurmainzischer Oberamtmann und Ritterhauptmann am Oberrhein die ältere Dalbergsche Linie, Wolfgang Eberhard, der 1737 in ähnlichem Rang erblassen wird, die jüngere.

Feldmarschalleutnant Claude Alexandre Graf Bonneval, nachmals auch Achmed Pascha genannt, wird im Eugenschen Türkenkrieg ziemlich schwer blessiert. Dessenungeachtet sprengt er wohl den Barockrahmen phantastischer Halbgötterdarstellung wie kein zweiter. Einer vornehmen, französischen Sippe entstammend, wurde er seinerzeit Kadett Ludwigs XIV. und kämpfte unter dem Lilienzeichen sowohl in Italien wie auch in den Niederlanden gegen Österreich. Wegen Erpressung und Beleidigung höchster Persönlichkeiten am Hofe zu Versailles dem Henkerstod ausgesetzt, entfloh er ins römisch-deutsche Reich, wo eine merkwürdige Freundschaft mit Prinz Eugen ruchbar wurde. Der Savoyer protegiert ihn, und Claude Alexandre wird kaiserlicher Generalmajor, der nunmehr tapfer gegen Frankreich vorgeht. Trotzdem wird sein früherer Prozeß in Paris nach dem Rastätter Frieden niedergeschlagen. Karl VI. ernennt ihn zum österreichischen Feldmarschalleutnant, und Bonneval zeichnet sich vor Peterwardein und Temesvar besonders aus. Nach dem Krieg wird er zunächst unangefochten in Paris und später in Wien leben, wo er jedoch dem Prinzen Eugen auf die Nerven fällt. Der große Freund schiebt Claude als Generalfeldzeugmeister in die Österreichischen Niederlande ab. Dort spielt Bonneval inmitten der Wirren um de Prie eine so zwielichtige Rolle, daß ein neues Todesurteil seitens des Hofkriegsrates gefällt wird. Karl VI. läßt den Inhaftierten statt der Hinrichtung für ein Jahr im Spielberggefängnis schmachten, von wo Bonneval danach über Venedig nach Stambul ausreist. Dort wird er zum Islam übertreten, dann Pascha mit drei Roßschweifen und türkischer Artilleriegeneral werden, in welcher Eigenschaft er wirkungsvoll gegen Russen und Perser kämpft. Der Sultan wird ihn zum Statthalter von Chios machen, doch auch hierbei sollte es Krach um Bonneval geben, in dessen Verlauf er als Verbannter in ein entlegenes Paschalik am Schwarzen Meer kommt. 1747 wird er die Rückkehr nach Europa in die Wege leiten, wobei ihm zu Konstantinopel jedoch die Lebensuhr abläuft.

Vom Prinzen Mercy, der in jener bewußten Augustnacht 30 Jahre früher seine kriegerische Schuldigkeit ableistet, wurde schon öfters berichtet. Ergänzend darf vielleicht noch darauf hingewiesen werden, daß Claudius Florimund Mercy bald nach Belgrad in sizilianische Kampfgefilde wechselt, dort die Spanier vertreibt und erst etwas später im Banat als Gouverneur viel zur Niveauanhebung von Land und Leuten beiträgt. Aber immer wieder ruft ihn Italien, bis er vor einem feindlichen Schloß bei Parma den Soldatentod findet.

Die Schlacht des Eugen von Savoyen um Belgrad, auf die wir stets zurückkommen müssen, wogte am frühen 16. August zunächst in Nebel und Finsternis dem Bajdinahügel zu, auf dem die ersten Zelte des türkischen Lagers standen. Um das Vorankommen der Sturmabteilungen, insbesondere aber der Reiterei machten sich die Generäle Montecuccoli, Hautois, Cordova, Rotenhahn, Arrigoni und Windischgrätz sehr verdient. General Cordova gehörte zu den spanischen Gefolgsleuten des Kaisers, die mit erlauchten Vorfahren gesegnet waren. Ein Familienmitglied war schon bei der Einnahme Granadas hervorgetreten, als Isabella von Kastilien ihr Hemd nicht ausziehen wollte, bevor der letzte Maurenkönig die Stadtschlüssel gebracht hätte. Ein späterer Cordova, nun schon zum Fürsten von Maratra erhoben, zählte zu den berühmten spanischen Generälen des Großen Krieges in Deutschland. Er siegte gemeinsam mit dem alten Tilly und einem badensischen Markgrafen anno 1622 bei Wimpfen, schlug auch einmal den Mansfeld und wurde 1628 Generalgouverneur von Mailand.

Die Windischgrätz konnten solche Vorväter nicht beeindrucken, da sie sich für ein viel älteres steirisches Geschlecht ansahen, das noch vom Markgrafen Ulrich von Kärnten abstammte. Vor 150 Jahren hatten die Ahnen des in der Belgrader Nacht kommandierenden Offiziers das Obersterblandstallmeisteramt und die Magnatenwürde Ungarns erworben, aber erst 1682 die Reichsgrafenwürde erreicht. Der Fürstenstand sollte ein weiteres Jahrhundert auf sich warten lassen.

Jedenfalls, am 16. August 1717 durchbrach die Sonne knapp vor sieben Uhr den Nebel um Belgrad, und Prinz Karl Alexander von Württemberg erstürmte die Anhöhe des Ekmekluk, wo viele türkische Batterien aufgefahren waren und das prächtige Zelt des Großwesirs herabdräute. Nun war die Stunde der österreichischen Kanoniere gekommen, die im Frühlicht von der Zirkumvallationslinie des kaiserlichen Lagers die jetzt erkennbaren Ziele der feindlichen Entsatzkräfte unter Feuer nahmen. Nur die 15 Mörser und 26 Geschütze Österreichs am anderen Saveufer mußten sich mit Schüssen auf die Festung selbst begnügen, aus der ein Atem totaler Erschöpfung wehte.

Ungeachtet dessen übernahm Prinz Eugen von Savoyen mit großem Gefolge die Führung der gesamten Kavallerie des linken österreichischen Flügels und zermalmte in einer Riesenattacke die vor ihm aufgestellte Spahireiterei. Wie schwarze Perlen an einer Schnur, um die Büchse der Pandora gewunden, reihten sich noch einmal die Generäle des Prinzen im Angriff aneinander: Neben den Leuten des Karl Alexander stieß Palffy vor, anschließend Mercy, daneben attackierte der jüngere Montecuccoli; auf der anderen Flanke Alexanders ritt Eugen selbst ins Gefecht. Dabei erhielt der Savoyer durch eine Kugel in den Arm seine dreizehnte Verwundung. Kurz darauf faßte der Prinz jene Depesche an den Wiener Hofkriegsrat ab, in welcher der „Sieg gegen den Erbfeind mit Eroberung der völligen Artillerie, des gantzen laagers und Cantzley“ bekannt gemacht wurde. In einem Postscriptum betonte Eugen „die ohngemeine Bravoure und Standhaftigkeit der Sambtlichen Kay. Armee“ und gab der Meinung Ausdruck, daß „der feind sich über seinen sonst gewöhnlichen gebrauch wohl gewehret“ habe. Ein bald darauf angefertigter Plan der „Bataille bey Belgrad zwischen einem Detachement der Kayserl. Armee und türkisch in 200000 Mann starcken stehenden Armee“ verzeichnet an Teilnehmern auf österreichischer Seite 50 Bataillone, 51 Grenadierkompanien und 24 Regimenter zu Pferd. Dieser Menschenmasse fiel noch am Vormittag die ganze feindliche Zeltstadt in die blutverschmierten Hände, dazu 131 Kanonen, 30 überdimensionierte Mörser, 52 Fahnen, 9 Roßschweife und alle Vorräte an Kamelen, Munition und Lebensmitteln. Das Heer Halils löste sich meuternd auf, die Belgrader räumten die den Strom beherrschende Insel.

Am darauffolgenden Tag ergab sich Mustapha Pascha und öffnete das Festungstor. Die türkische Donauflotte, der durch den stromabwärts erfolgten Brückenschlag Eugens jede Möglichkeit des Entkommens zu eigenen Stützpunkten abgeschnitten war, hißte weiße Wimpel. Die Zahl der erbeuteten Geschütze stieg um mehrere hundert, die Gefangenenziffern beliefen sich damit auf fast 50000 Mann.

In den beiden Jahrzehnten, die Stadt und Festung Griechisch-Weißenburg nunmehr unter österreichischer Verwaltung zubringen, sollte nicht nur der Wiederaufbau zur Gänze bewältigt werden, sondern ein zentraler Handelsplatz für die ganze Balkanhalbinsel entstehen. Prinz Eugen gab tatsächlich sein Belgrader Palais in Auftrag. Er konnte mit Recht von sich sagen, daß er Belagerung und Sieg in total neuem Modus durchgezogen hatte. Zunächst gestaltete sich sein Anmarsch ebenso unkonventionell wie erfolgreich, dann war seine artilleristische Überlegenheit der Festung gegenüber ein Novum und schließlich der Nachtangriff auf den Großwesir aus einer Klemme heraus kriegsgeschichtlich unerhört, zumal er die kurzfristige Umkehrung des Planes, zuerst Belgrad zu nehmen und dadurch das Vorhaben des Seraskiers illusorisch zu machen, bedeutet hatte.

Wieder einmal war der Savoyer in einer Art tätig geworden, die vom Feind nicht einkalkuliert werden konnte. Auf der anderen Seite sind bei Halil Pascha ab Mitte August schon weit weniger als 200000 Mann einsatzbereit gewesen, aber ebenso gewiß waren ihm stets bedeutend mehr Kämpfer als Eugen verfügbar. Die Österreicher zwangen den Wesir jedoch, infolge der Beengtheit des Schlachtfeldes wie durch das Überraschungsmoment beim Angriff auf einen guten Teil des türkischen Potentials, das überdies durch die Vorbereitung eigener Aktionen abgelenkt war, zu verzichten, also ein Vorgang, den man seit Zenta immer wieder variiert hat. Es erscheint durchaus möglich, daß ein anderer aus der kriegserfahrenen Wiener Riege mit dem Riesenheer des Wesirs ebenfalls fertiggeworden wäre, aber bestimmt nicht auf so abenteuerliche und am Ende so durchschlagende Weise, wie dies dem Savoyer gelang. Die Entscheidung an der Donau hätte zumindest bedeutend länger auf sich warten lassen und wäre wahrscheinlich von Rückziehern durchsetzt gewesen. Nun aber bot sich der Herbst für kaiserliche Streifzüge ins türkische Hinterland, für Aufstandsversuche unterdrückter Balkanesen und für Hilfsmaßnahmen zugunsten Venedigs fast ebenso an wie vor 28 Jahren. Semendria, Schabatz, Orsova und andere Plätze leisteten kaum noch Widerstand, desgleichen Widin. Dann kam die Nachricht vom spanischen Angriff auf Italo-Sardinien mit allen Konsequenzen ...

Die älteste uns erhaltene Niederschrift des sogenannten Prinz-Eugen-Liedes, das die Belagerung Belgrads zum Inhalt hat, ohne dabei auf geschichtsgetreue Wiedergabe von Einzelheiten Wert zu legen, befindet sich in der Leipziger Stadtbibliothek. Diese Liederhandschrift entstand 1719 und trägt den umfangreichen Titel einer „Musicalischen Rüstkammer auf der Harffe aus allerhand schönen und lustigen Arien, Menuetten, Sarabanden, Giguen und Märschen, bestehend aus allen Thonen“. Unsere Kapitelbezeichnung nimmt auf eine Zeile der siebten Strophe des Liedes Bezug, welche die österreichischen Stückmeister anspricht und ihrer Rolle bei der Beschießung des Feindes am aufklarenden Morgen der Schlacht gedenkt. Es könnte auch sein, daß dabei die Anordnung Eugens berücksichtigt wird, die Eröffnung des Kampfes mit zwei Kanonenschüssen um zwei Uhr nachts zu signalisieren. Das Lied soll von einem brandenburgischen Trompeter stammen, der im Korps des Fürsten von Dessau nicht nur vor Belgrad, sondern schon bei Höchstädt und Turin mitgewirkt hatte. Andere vermuten, daß die Bleiberger Knappen, welche als Stollengräber gegen osmanische Batterien an der Schlacht um Belgrad teilnahmen, den unbekannten Dichter und Kompositeur gestellt haben. Auch in Bayern erhebt man Anspruch auf die Urheberrechte, weil ein landesüblicher Tanz ähnliche Melodien aufweist.

Jenes balladenartige Gedicht, mit dem Ferdinand Freiligrath das Entstehen des Prinz-Eugen-Liedes etwa acht Tage nach der bewußten Schlacht in einem vorgeschobenen Lager donauabwärts beschreibt, wurde 1873 in Stuttgart veröffentlicht, als nach dem französischen Krieg die Hohenzollern-Reichseinigkeit sowie alte Heldenepen und sagenhafte Leitbilder in Deutschland modern geworden waren. Das Werk stellt aber auch den gelungenen Versuch einer Erklärung dar, wie Volkslieder bis ins 18. Jahrhundert entstanden sind.

Die langsam kühler werdende Jahreszeit anno 1717 brachte weite Strecken Serbiens und Bosniens sowie alles Land entlang des Donautales bis in die Walachei und tief nach Bulgarien hinein unter die Kontrolle österreichischer Reiterpicketts, die Tage der sagenumwobenen Vorausabteilungskommandeure des Zweiten Leopoldinischen Türkenkrieges schienen wiederzukehren. Der Rückschlag kam, so wie damals, aus dem Westen, weil die Spanier ernstlich Miene machten, die eben von ihnen beschworenen Zustände Italiens auf den Kopf zu stellen. Der Papst, der dem Kaiser dort die Ruhe im Rücken der Österreicher versprochen hatte, geriet in schiefes Licht, die Kurie fühlte sich allerdings vom betreffenden Madrider Kardinal aufs schmählichste hintergangen.

Ein paar Jahre vorher hatte jener Fürst Scherban Cantacucenu, der mit Kara Mustapha 1683 bis vor Wien gezogen war, von den Gebrüdern Greceanu die erste rumänische Bibel herausgeben lassen. Dann war der unglückliche Brankowan, von dem wir schon anno 1689 gehört haben, auf der Bildfläche erschienen, bis ihn die Osmanen samt seinen Söhnen in Konstantinopel umbrachten. Auch sein treuer Ratgeber Dacarescu mußte damals in Stambul das Leben lassen. Als die Österreicher nach der zweiten Einnahme Belgrads an die walachischen Türen pochten, war gerade ein anderer Cantacucenu am Ruder. Mit ihm erlischt der letzte Schein von Selbständigkeit in diesem Donaufürstentum, die Pforte übergibt ab nun die Herrschaft jeweils an den Meistbietenden aus dem Fanar-Viertel Konstantinopels. Dort lebten reich gewordene griechische Familien, die nun als Fanarioten in der Walachei erschienen und das elende Land bis 1856 auspressen sollten. Im 18. Jahrhundert vernichtet diese Regierungsclique fast den ganzen heimischen Adel und ersetzt ihn durch Emporkömmlinge, Griechen, Armenier und Intriganten aus allen Teilen des Osmanischen Reiches. Denn die Österreicher können ab 1718 nur die Kleine Walachei bis zur Aluta halten und tun auch das nur bis zum nächsten Türkenkrieg.

Zunächst aber kam der Winter 1717/18, und Wien gab zu erkennen, daß es den Eugenschen Raid nicht fortsetzen, sondern türkische Angebote für Koexistenz prüfen wolle. Der Prinz erhielt kaiserliche Vollmacht, auf der Grundlage des derzeitigen Besitzstandes zu verhandeln. Aus Paris sollen Querschüsse erfolgt sein, aber die Pforte bedurfte dringend einer Ruhepause und konnte sich eine Verzögerung des Friedens nicht mehr leisten, zumal keineswegs fest stand, ob die Österreicher nicht doch weitermarschieren würden. Die Engländer und die Holländer bearbeiteten wieder beide Seiten im Sinn eines Vertragsabschlusses, und so unterschrieb man in den Zelten beim nordserbischen Passarowitz Ende Juli 1718 den Frieden.

Allgemein wird dieses Abkommen in unserer Geschichtsschreibung als sehr günstig und weitestgehend bezeichnet, obwohl man auch gegenteiliger Ansicht sein könnte, vor allem wenn man die militärische und die innenpolitische Lage beider Teile abwägt und an Venedig denkt. Fünf Distrikte der Walachei, der Banat mit Temesvar, Teile Serbiens mit Belgrad bis an die Morawa und an die Drina sowie ein Stück Bosniens kamen jedenfalls zu Österreich. Das hohe Prinzip, das einst zwischen Erlauf und Traisen begonnen und das jener heilige Markgraf, den Kaiser Leopold I. so verehrte, aufs Kahlengebirge verpflanzt hatte, hielt jetzt unmittelbar vor den türkischen Grenzfestungen Nisch, Widin, dem alten Unglücksfeld der Luxemburger Kaiser bei Nikopoli und vor Sofia, wo man die Salzluft des Schwarzen Meeres roch, wenn Ostwind wehte. Die Donau wurde für die beiderseitige Handelsschiffahrt freigegeben, die beiden Ufer der Save überall habsburgischer Besitz. Die nach Österreich geflüchteten Bojaren sollten unbehelligt in die Walachei zurückkehren dürfen, die über die türkische Grenze entwichenen Ungarn, vornehmlich der Rákóczi, der Berczenyi, der Forgach, der Vay, aber auch ein Esterházy und ein Csaky ins osmanische Landesinnere verbracht, jedoch mit ihren Frauen vereint werden.

Den Seeräubern in Algier, Tunis, Tripolis und jenen Korsaren, die südöstlich von Cattaro hausten, wurde bedeutet, daß man ernstlich böse wäre, wenn sie von ihrem grausigen Handwerk nicht abließen. Denen bei Cattaro wollte man sogar ihre Kaperschifferln zerlegen. Also recht gummiartige Resultate, wenn man bedenkt, daß besagte Bojaren nur zu bald das Schicksal jener Kapitalisten erleiden sollten, die nach 1945 in die Volksrepubliken Südosteuropas rückwanderten. Die nordafrikanischen Piraten lächelten müde ob der Mahnungen aus Passarowitz und mußten erst im Verlauf langer Zeiten gewaltsam eines Besseren belehrt werden. Selbst der Wiener Kongreß wird sich fast 100 Jahre später noch mit ihnen beschäftigen müssen.

Die Türken verpflichteten sich 1718, allen Christen des Osmanischen Reiches, das heißt auch den Katholiken gegenüber Toleranz zu üben, und schlossen mit Österreich einen umfassenden Handelsvertrag. Wenn man bedenkt, daß die Großherren am Beginn unserer Erzählung kaum bemäntelte Tributzahlungen vom Wiener Kaiser verlangten und ihn zur Sorte widerborstiger Lehensträger in Nordwestungarn rechneten, dann wird die rapide Veränderung der Verhältnisse deutlich. Doch die Hämmer der Schicksalsglocke fingen an, die heiteren Stunden, auf die man solange gewartet hatte, schneller als sonst zu schlagen. Die Dogenrepublik ging im Frieden von Passarowitz fast leer aus, die vielen toten Italiener am Peloponnes, die Deutschen vor Athen und sonstwo waren vergeblich verblutet. Nur Korfu, Dalmatien und einige albanische Häfen konnten behauptet werden. Trotz aller Wunder der Malkunst, die Tiepolo und Canaletto bald über Europa ausstreuen werden, war der Verfall der Lagunenmacht allseits anerkannte Realität geworden, die Staatsschulden wuchsen ins Gigantische, die Milde der Barbaresken mußte durch finanzielle Zuwendungen erkauft werden. Das heiß erstrittene Morea beugte sich wieder unter das türkische Joch. Daran wird auch der junge Baron Casanova nichts ändern, der als Sekretär eines Kardinals beim

Gruppensex in Rom Politik zu machen sucht und schließlich den venezianischen Gesandten nach Konstantinopel begleitet. Im Vergleich war der verspätete Barockmensch Freiherr von Büren viel erfolgreicher, weil er die Herzogin von Kurland und spätere Zarin Anna beglückte. Er regiert dann mit Ostermann und Münich aus Oldenburg das russische Staatsgebilde, selbst Kaiser Karl VI. ernennt ihn zum Grafen des Heiligen Römischen Reiches. Zunächst aber wird eine Vorgängerin der Anna, nämlich die Zarin Katharina I., dem Bündnissystem, mit welchem die Wiener jetzt ganz Europa zu überziehen suchen, beitreten und dafür Karl VI. verpflichten, in jedem türkisch-russischen Konflikt der Zukunft militärisch Partei zu nehmen.

Der Passarowitzer Friede stand sohin auf schwachen Füßen, wenngleich dort auf mindestens 24 Mondjahre abgeschlossen worden war. Übrigens, für Österreich unterschrieben damals Damian Hugo Graf von Virmond und Michael von Talman, als Zeugen signierten der englische Ritter Robert Sutton und ein Graf Colyer namens der Generalstaaten. Ratifiziert wurde von Karl VI., gegengezeichnet durch Eugenius von Savoyen, in Wien „den zwölften Tag des Monats August im Jahre 1718, unserer Reiche des römischen im siebenten, des spanischen im fünfzehnten, des ungarischen und böhmischen im achten Jahre“. Mit dem imperialen Reiterstaat, wie der österreichische Bundespressedienst das osmanische Gebilde bezeichnet, und seinen beweglichen Volksmassen in leeren Räumen war es vorbei, die alte Kreuzzugsidee wider den Islam hatte sich über alle konfessionellen Gegensätze innerhalb des Christentums hinweg wenigstens im europäischen Teil der Türkei behauptet!

9. KAPITEL

„Belgrad ist mein Tod"

Nun war die Zeit der reichsten Männer von Wien schon ganz nahe gerückt. Selbstverständlich galt damals nicht die Bühnenfigur des Ochs auf Lerchenau als Leitbild hierfür, sondern der „reiche Hans Adam", womit Seine Durchlaucht, der regierende Fürst Liechtenstein apostrophiert wurde, der jenen Typus darstellte, welcher fern von den Staatsgeschäften nur der Verwaltung ausgedehnter Güter sowie den Bankobliegenheiten lebt. Hans Adam hatte sowohl das Stadtpalais seiner Familie in der Bankgasse wie auch das Gartenpalais in der Roßau errichten lassen und die Liechtensteinschen Kunstschätze beträchtlich vermehrt, den letzten Türkenkrieg des Savoyers aber nicht mehr erlebt. Daneben gab es bereits zahlreiche andere Wohlsituierte, etwa Aloys Harrach, der so wie Prinz Eugen zu den wichtigsten Bauherren des Johann Lucas von Hildebrandt gehört, oder den Oberstkämmerer Graf Gundaker Althann, der unter anderem in Zwentendorf zu Hause war. In der Familie des Gundaker spielte ein weiblicher Import aus Iberien die Hauptrolle: Besagte Gattin des Oberstallmeisters Michael Althann bestrickte nicht nur durch fremdartige Reize, sondern regierte eine Art Musenhof, wo Künstler aller Richtungen entsprechende Unterstützung fanden. Die „spanische Althann" gab ständigen Gesprächsstoff für die Wiener Gesellschaft ab, zumal die Römische Majestät höchstselbst am Busen der Señora die Sehnsüchte nach Kastanienschatten an des Ebro Strand zu stillen gewohnt war. Die Rundungen Braunschweigs konnten da nicht mithalten!

Noch in Barcelona hatte Michael Johann Althann jene Marianna Marquesa Pignatelli geehelicht, welche von der Montagu nur „the Emperor's favorite" genannt wurde. Selbstverständlich fanden die Wiener Spanier an ihr auch politischen

Rückhalt. Eine Schwester der Althann heiratete jenen Grafen Nimptsch, der das höfische Komplott gegen Eugen leitete und sogar dessen kurzfristigen Rücktritt verursachte, bevor er selbst verhaftet wurde.

Nicht nur für die Kunst der barocken Gegenwart, auch für Zeugnisse der Vergangenheit werden hohe Summen bezahlt, etwa für die antike Statue eines betenden Knaben, die Prinz Eugen zunächst seinen Sammlungen einverleibt; von dort geht sie in den Besitz des Fürsten Liechtenstein über, bis sie Friedrich II. für sein Berliner Schloß ankauft. Wenn all die Herren mit ihren Bankkonten, Wechsel- und Schuldverschreibungen, Zinsendiensten und Wertpapieren an die Geldwirtschaft der eben vergangenen Leopoldinischen Ära dachten, mag ihnen diese wie ein Märchen aus grauer Vorzeit vorgekommen sein. 1666 hatte ein Dragonerkommando den damaligen Krösus von Ungarn, Franz Nadasdy III., in seiner Burg Pottendorf südlich von Wien aufgestöbert und wegen Hochverrats verhaftet. Eine Chronik berichtet, daß der Nadasdy im Begriff gewesen war, Gesinnungsgenossen in Oberungarn finanziell zu unterstützen und daher große leinene Behälter voller Geldstücke in seinem Cabinet herumstehen hatte: „So machten die Dragoner solche Beute, daß sie nicht Säcke genug hatten, sondern steckten ihre Stiefel voll mit Geld an.“ Solche Transporte waren undenkbar geworden! Doch wie bisher bildet in den Alpenländern der Bergbau das wirtschaftliche Rückgrat der Bevölkerung. Quecksilber und Kupfer sind die wesentlichen Grundlagen für Auslandsanleihen, Eisen und Salz die Hauptquelle des inneren Wohlstandes. Damit wirbt Innerösterreich wieder um Interesse.

In Graz hatte 1680 die Pest ein Fünftel der Einwohner hinweggerafft, obwohl die Tore verschlossen, Musik und Maskeraden sowie der Besuch von Bade- und Wirtshäusern verboten worden waren. Auch 1713 bis 1716 brachen bei den Steirern Epidemien aus, und die Nachbarn sperrten deshalb ihre Grenzen. Die Pfarrchronik von Birkfeld hält ungeschminkt fest: „Kein Getreide, kein Obst und kein Geld in Steiermark, aber unzählige Bettler das ganze Jahr, eine heftige Pest in Obersteiermark, an vielen Orten Viehseuchen, überall Elend.“ Anschließend machte sich die wieder geöffnete ungarische Grenze für Handel und Wandel wohltuend bemerkbar. Der steirische

Adel, der nach dem Niedergang der sogenannten Gültreiterei, also seinem mittelalterlich-aristokratischen Aufgebot, viel von der ehemaligen Kriegstüchtigkeit eingebüßt hatte, wandte sich abermals dem österreichischen Waffendienst als einer Ehrensache zu.

Die Wirtschaftsformen der Erbländer am Anfang des 18. Jahrhunderts umfaßten trotz aller Fortschrittlichkeit noch immer viele althergebrachte Einrichtungen: Das Gmundner Salzoberamt verwaltet z. B. nicht nur den Bergbau und die davon immer weiter entfernten Sudhütten, sondern überwacht ebenso den Transport und den Handel der Abbauprodukte. Die das Gmundner Salz begehrenden böhmischen Stände sichern finanziell den Betrieb im Salzkammergut, ein Großteil der oberösterreichischen Bevölkerung lebt von Zulieferungen von Holz und Lebensmitteln dorthin.

Der Abbau von Erz und dessen Verarbeitung halten sowohl die Wirtschaft der Steiermark wie auch Kärntens in Schwung. Kärnten hatte allerdings so wenig davon, daß niemand viel Geld für die Barockisierung der Sakral- wie der Profanbauten dieses Territoriums ausgeben konnte. Deshalb offenbaren in unserer Gegenwart dort fast tausend Kirchen mit ihren Flügelaltären die alte gotische Schönheit, und selbst die Renaissance weist bis heute hervorragende Denkmäler auf.

Somit stellt Kärnten das einzige Bundesland der Republik Österreich dar, in dem aus der Not eine kulturhistorische Tugend erwachsen ist. Hinzu kommt der Freskenreichtum aus vorbarocker Zeit, da man hier sehr früh ein Primat der Malerei anerkannte. Das Land hatte seine Blüte schon lang vor dem 18. Jahrhundert durchgemacht, war es doch einst das erste Herzogtum auf österreichischem Boden gewesen und hatte in den letzten Jahren der Spätgotik einen Hort adeligen Mäzenatentums dargestellt: So wie in den meisten alpinen Gebieten hatte die mittelalterliche Montanproduktion an Gold, Silber, Eisen, Blei und Zink die Förderung unter den letzten Habsburgern bei weitem übertroffen. Als spärliche Barockbeispiele, wenn auch von hohem Wert, mögen hingegen die Malereien auf Schloß Meiselberg, im Klagenfurter Dom, auf der Hochosterwitz und in Schloß Trabuschken dienen, worüber Raphael Donners berühmte Pietà in Gurk nicht vergessen werden darf.

In den zwei großen steirischen Eisenbezirken Innerberg und

Vordernberg sorgen die Bürger der Verlagsorte Steyr und Leoben um 1700 für die Finanzierung der Schmelzöfen, der Hammerwerke und der anschließenden Finalindustrie. Proviantwidmungsbezirke, auch Eisenwurzen genannt, und Waldzuweisungen gewährleisten notwendiges Versorgungsmaterial, während die Absatzzonen und Verkaufsorte ebenso vorbestimmt sind wie die für den Transport geeigneten Wasserstraßen und Landesverkehrsflächen. In Übereinstimmung mit den Zielen der Pragmatischen Sanktion geschah manches zwischenvölkische Angleichen und gesamtösterreichische Planwirtschaften im vorab aufgezeigten Sinn, wobei verständlicherweise Anfangsschwierigkeiten und ebenso auch permanente Reibungsflächen auftraten.

Am unmittelbarsten griff die Volkswirtschaftspolitik der Regierung in jenen Gegenden durch, die 1699 und 1718 den Türken abgenommen worden waren und als Randgebiete der Stephanskrone bezeichnet werden können. Dort rauften sich zunächst die dürftigen Reste der Bevölkerung mit Raubtieren und mit eigener Verzweiflung herum. Von den Ortschaften im Banat waren 104 völlig verlassen und 51 nur noch teilweise bewohnt, als österreichische Soldaten und Beamte die Verwaltung übernahmen. Die an sich überaus fruchtbare Ebene „bot das Bild eines stillen, weiten Meeres dar" (Spammer), die Einwohner zogen nur Zwetschken und Schlehdorn, um daraus Schnaps zu gewinnen. Doch Graf Mercy, im Herstellen von Wasserwegen erfahren, ließ den schiffbaren Begakanal ausheben, der das Sumpfland entwässerte und den Holzhandel ermöglichte, bis der neu eingeführte Wein- und Obstbau sowie die Maulbeerbaumplantagen einen weiteren Erwerbszweig bildeten. Hier und in Österreichisch-Serbien wurden überall die Festungen instand gesetzt und viel für die Landwirtschaft getan, obwohl magyarisch-serbische Rivalitäten sehr bald zu einer Wiener Schaukelpolitik führten, die manche unzufriedene Ungarn geheime Fäden zu Joseph Rákóczi im fernen Exil am Marmarameer spinnen ließ. Zwischen Theiß und Marosch wird es in den dreißiger Jahren sogar einen ausgedehnten Bauernkrieg geben. Im Südosten wie auch in Schlesien kam es immer wieder vor, daß sämtliche Gotteshäuser vom katholischen Klerus besetzt wurden, obwohl die Umgebung dem evangelischen Glauben anhing, und Bürgerrechte sowie das Bekleiden öffentlicher

Ämter an das römische Glaubensbekenntnis geknüpft wurden. Die Wiener Kaiser Joseph und Karl taten ihr möglichstes, solche Zustände im Sinne der Religionsfreiheit abzuändern oder zumindest zu entschärfen, selbst wenn man sich in Rom darüber erregte.

Nicht einmal bei den Mohammedanern am Balkan wollte man von höchster Stelle aus Zwang zur Bekehrung ausüben. Der Islam hält sich dort bis heute bei jenen Familien bzw. Nationalitäten, deren Ahnen einst während der Abendröte des oströmischen Staates aus Verzweiflung über gesellschaftliche Mißstände oder zwecks Anpassung an die beginnende Osmanenherrschaft von Christus zu Mohammed wechselten. Karl VI. ist von katholischer Seite vorgeworfen worden, daß sich das Luthertum sogar in den Erblanden erhole, obwohl es in sich durch theologische Streitigkeiten zersetzt sei. Als Grund für diesen Stärkungsprozeß diene die offensichtliche religiöse Duldsamkeit des Kaisers, wie eifernde Kleriker argumentierten. Doch Karl ließ sich weder in den Alpen noch am Balkan zu schärferer Gangart hinreißen. Der Doppeladler über der Kanzel der griechisch-orthodoxen Hauptkirche in Sarajevo zeigt noch jetzt an, wie sich Habsburg vom Protektor des Katholizismus zum Schirmherrn der Religiosität ohne Unterschied der Glaubensrichtung entwickelte.

Die dauernden Kompromisse mit der ständisch-föderativen Vergangenheit Österreichs machten höfliche Verneigungen der Kontrahenten gegeneinander nötig, die anderswo nicht mehr geübt, wenngleich oft schmerzlich vermißt worden sind. Weite Bereiche der Gesetzgebung, Münzrecht, Zölle, Auswärtiges und Militär waren bekanntlich Sache Wiens geworden, aber Karl VI. ließ sich 1712 extra in Ungarn und 1723 in Böhmen krönen und begnügte sich für die Beherrschung Pannoniens mit einer königlichen Statthalterei und der Septemviraltafel unter dem Palatin als oberstem Reichsgericht. Das Egerland fügte er der böhmischen Krone bei, was bis ins 20. Jahrhundert zu Mißhelligkeiten Anlaß geben sollte. Bei den Steuergesetzen hielten die Stände ihm gegenüber noch immer daran fest, wenigstens mitberaten zu dürfen. Seit 1715 wurde die Summe der Abgaben auf zehn Jahre festgelegt und nur die jährlichen Quoten jeweils gemeinsam ausgehandelt. Der Niedergang des althergebrachten Demokratieverständnisses, wie es nun einmal die Stände übten, ließ sich damit freilich nicht aufhalten, woran deren demütige Schmeichelreden, die man dem Herrscher ins Ohr flüsterte, nur um an diesem Sinnesorgan weiterhin verweilen zu dürfen, zusätzlichen Anteil hatten. Dagegen bewahrte die innere, ständische Landesverwaltung fast unglaubliche Eigenständigkeiten, deren fruchtbringender Odem bis heute durch die Ämter der Landesregierungen Österreichs weht.

R. Petermann charakterisiert die materiellen Lebensverhältnisse unter Karl VI. als das Vorherrschen eines behaglichen Schlendrians. Kritisch wurde die Situation erst nach 1734, weil ein neuer Zwist mit Stambul den Levantehandel blockierte, während saftige Vermögensabgaben bevorstehende Kriege pekuniär absichern sollten. Die beständigen Klagen über die hohen Preise der Handwerker führten durch mehrere Allerhöchste Verordnungen zur Lockerung des Zunftwesens und zur Teilung in freie und in konzessionspflichtige Gewerbe, wobei auch die bisherigen konfessionellen Zäune der Innungen durchlöchert wurden. Das Hauptproblem lag jedoch bei der nunmehr weder durch die Pest noch durch Feldzüge abgebremsten Bevölkerungsvermehrung, mit der die Produktionskraft und die Exporte Österreichs zunächst nicht Schritt halten konnten, während die Agrarerzeugnisse dazu durchaus imstande waren.

Doch auch die Bodenfrüchte hatten ihren Gestehungspreis, der vom Konsumenten verdient werden mußte, was nicht zuletzt infolge des natürlichen Endes der großen Bauperiode seine Schwierigkeit hatte. Die Arbeitslosigkeit griff jedenfalls um sich und drückte auf die allgemeine Kaufkraft. Freilich, der Tiefstand nach dem Großen Krieg in Deutschland galt weiterhin als überwunden. Gegenüber den Verhältnissen des 17. Jahrhunderts funktionierte die Administration der Länder Habsburgs und mit ihr ein wachsender Beamtenstand geradezu exakt, wenngleich sich personelle Verschiebungen bemerkbar machten. Die Hocharistokratie besetzte in den Provinzkapitalen überall die Büros und drängte die niedrigen Adeligen aus den bürokratischen Schalträumen. Vernachlässigt und verschlampt torkelte daneben das Finanzwesen von einer Kassenebbe in die nächste, die Steuerbeamten galten als unzuverlässig und bestechlich, zumal sie, wie die anderen öffentlichen Angestellten, nach Gehaltssätzen aus dem 16. Jahrhundert entlohnt wurden. Ungefähr 20 verschiedene Staatskassen sorgten dafür, daß jede Übersicht verlorenging und die Verschwendung bei Hofe nicht weiter auffiel. Im Heer gab man sich eher gewissenhaft und progressiv, zehrte von Ruhmesreisern und wollte nichts verabsäumen.

Die Kavallerie besaß kleine, aber sehr ausdauernde und schnelle Pferde, mit denen der Feind nach Husarenart in vollem Galopp angegriffen werden konnte, was man sonst in Europa nicht gewohnt war. Andererseits erwies sich die Aufstellung des Fußvolkes in vier Gliedern bei der Feuerkraft eines abendländischen Gegners auf Dauer nicht unbedingt als von Vorteil, während man bei der Abwehr türkischer Überfälle mit einer solchen Formation, sobald sie ihre blanken Waffen zückte, immer wieder gute Erfolge aufzuweisen hatte.

Die Deutschmeister hatten sich bis 1712 mit ungarischen Rebellen wacker herumgeschlagen. Sie marschierten dann in die Niederlande, nahmen die Festung Quesnoi und standen am Schluß den Holländern bei, ohne ihnen jedoch wesentliche Hilfe bringen zu können. 1732 starb der erste Regimentsinhaber, dem ein Wittelsbacher Prinz, nämlich Klemens August Kurfürst von Köln, folgte, was bestimmt kein gutes Omen war. Die Schere zwischen den Soll- und den Ist-Ständen der einzelnen Truppenkörper fing an, sich allmählich, aber konsequent zu öffnen. Nur die Wiener Stadtguardia verdiente ihre bevorstehende Auflösung, war sie doch aus wohlgeordnetem Soldatenstand in ein städtisches Sumperdasein mit Nebenerwerbsaussichten abgeglitten.

Im Verlauf dieses 18. Jahrhunderts wird der Naturheiler und Wortführer aller Aussteiger, Jean-Jacques Rousseau, „Gießbäche, Felsen, Tannen, dunkle Wälder, rauhe auf- und abführende Pfade und recht fürchterliche Abgründe neben sich“ fordern. In den Tagen Prinz Eugens war man nicht ganz soweit. Wie W. Kos in seinen Schriften mitteilt, suchte damals das Auge noch geordnete Landschaften mit weiter Perspektive. Nur im Kleinen, etwa bei Wasserfällen, hatte die Launenhaftigkeit des natürlich Gewachsenen ihr Recht. Hallers anno 1729 entstandenes Gedicht „Die Alpen“ rückte die Berge zwar schon in sanftes Licht, blieb aber traditionell in fast unrealer Distanz zu ihnen. Auf spätbarocken Malereien scheint landschaftliche Schönheit nur in Kombination mit merkwürdigen Bauwerken auf. Selbst gegen Ende des 18. Jahrhunderts spricht der

Geograph De Luca voll gelehrter Fehleinschätzung von einer Gebirgskette, die für ihn vom Kahlenberg über den Semmering bis in die Krain reicht. Um 1717 sah ein anderer Experte im Schneeberg einen erloschenen Vulkan, 40 Jahre später zählten „Fachleute“ diesen an sich sehr bemerkenswerten Kalkstock gleich zu den höchsten Gipfeln Europas.

Dessenungeachtet erzwang der eben genannte Semmering schon unter Prinz Eugen aus verkehrspolitischen Gründen ein Nahverhältnis der Gesellschaft zur Natur. Schon lange vor Kara Mustaphas Zug gegen Wien war Leopold I., begleitet von 30 Reichskavalieren der höchsten Kategorie, samt Gefolge unter Verwendung von 3000 Zugochsen über diesen Paß gestoßen, um die Erbhuldigung Innerösterreichs zu konsumieren. Trotz aller Wildheit stellte das Semmeringjoch niemals ödes Gelände dar, wenngleich das benachbarte Preiner Gscheid manche Jahre stärkere Frequenz aufwies. Vielmehr war auch der andere Alpenübergang dem Einfluß Neubergs und Mürzzuschlags ausgesetzt und daher inmitten einer Bergbauregion mit verstreuten Schmelzwerken und Kleinbetrieben der Eisenverarbeitung gelegen. Andererseits zeigten die wiederholten Kämpfe in Westungarn, wie wichtig eine abgesicherte Verbindung aus dem Raume Breslau über Wien nach Venedig sowie später nach Triest und Fiume sein konnte. 1726 vermaß Hofmathematikus Marinoni die Semmeringgegend, die Landstände begannen mit dem Bau einer Kunststraße über den Sattel, und zwei Jahre darauf erschien Karl VI. samt dem Savoyer und seinen Generälen auf der Szene. Die Bogenbrücke über den Myrthengraben war soeben fertig geworden und machte den bisherigen beschwerlichen Umweg überflüssig.

In Schottwien war man froh, daß nicht alle steilen Abschnitte beseitigt werden konnten, weil man bei steigendem Transportvolumen durch Vorspanndienste ein Vermögen zu ergattern hoffte. 200 Pferde standen an dieser Mautstelle, deren Mauern ein Brite mit dem großen Befestigungssystem Chinas verglichen hatte, in Bereitschaft. Am nahen Waldessaum begann die großartige Epoche des uralten Heiligtums Maria Schutz. Jene geheimnisvolle Quelle, die zu Leopolds Zeiten die Pestkranken gelabt hatte, welche man damals dutzendweise dort oben ins Moos legte, wurde von einem Hochaltar voll barocker Kostbarkeiten überwölbt. Die Wallfahrer, denen der

Aufstieg von der neuen Semmeringstraße nach Maria Schutz mühelos gelang, fürchteten die Pest nicht mehr. Man zählte diese Plage bereits zu jenen Krankheiten, die durch Quarantäne, Kanalisation, Verbrennen infizierter Gegenstände und persönliche Hygiene besiegt worden waren. Nur wenige Pilger schenkten dem Gerücht Glauben, wonach innerasiatische Rattenheere den islamischen Kriegshaufen gefolgt seien und so den Pestfloh im Pelz nach Europa eingeschleppt hätten. Die bislang hier ansässigen, also heimischen Nager wären zwar von diesem gräßlichen Insekt verschmäht, jedoch von den ostischen Artgenossen schnell totgebissen worden, während das Ungeziefer zusah und es sich im Abendland bequem machte. Jedenfalls sorgten ein frommer Witwer aus der Burg Klamm und die Liechtensteins für die sanitäre Wohlfahrt der Pilger sowie für das Gotteshaus selbst, in dem gegen Ende des Jahrhunderts erstmals Mozarts Requiem für eine verblichene Gräfin erklingen sollte, quasi als Welturaufführung in düsterem Forst am Berghang.

Schon früher hatten die Landstände auf der Paßhöhe des Semmerings einen großen Gedenkstein errichtet, der hier in ziemlicher Einsamkeit dem „durchlauchtigsten Kaiser Karl VI. von Österreich“ zugeeignet wurde. Heute hält sich das Monument schlecht und recht im Hintergrund hektischen Fremdenverkehrsgetriebes. Trotzdem wirkt es noch immer als eine Meisterleistung an Vornehmheit und Distanz zum Alltäglich-Gemeinen: In längeren lateinischen Ergüssen kündet eine Marmorplatte von der Aufmerksamkeit sowie dem Fleiß und dem Eifer des Obersten Hofkanzlers Philipp Graf von Sinzendorf bzw. der steirischen Statthalter Ernst Graf von Herberstein und Sigismund Graf von Wagensperg, die alle an der Realisierung des Verkehrsflächenprojekts mitwirkten. Die Semmeringstraße an sich wird als der Steinweg zu den Ufern des Adriatischen Meeres bezeichnet. Abschließend gibt besagte Tafel den eigentlichen Zweck des Monuments wie folgt an: Jedesmal, wenn ein ankommender Wanderer in Freudenrufe über die behobene Schlechtigkeit früherer Pfade ausbricht, soll nämlich das von den Felsen ringsum wiederkehrende Echo verfälscht werden. Anstelle des Halls begeisterter Jodler möge, so will es die lateinische Inschrift, der Ruhm des allergnädigsten Herrschers und obersten Architekten aus den Klüften emportönen. Also eine sonore Anpreisung jenes Kaisers, der 1732 bei der Jagd in einer der gegen die Rax zu verlaufenden Schluchten auf eine besonders erfrischende Quelle trifft, von der unverzüglich Trinkwasserfasserln durch schnelle Reiter in die Wiener Hofburg expediert werden.

Dagegen war die Ordinari-Post von der Residenzstadt über den Semmering nach Triest um 1730 ausgesprochen langsam zu nennen. Sie brauchte neun Tage für diese Strecke, im Winter sogar noch etwas länger. Die Klagenfurter Diligence, die in wenigen Jahrzehnten die Verbindung von Wien nach Brixen und nach Mantua herstellen wird, sollte bereits bedeutend rascher unterwegs sein als jener erste fahrplanmäßige Personenzug des Barocks. Aber das spielt sich schon in einer Zeit ab, in der die schlesischen Schmerzen alles andere vergessen machen, als man Frankreich zu lieben glaubt und nicht mehr an London und an Hannover denkt. Die Lehren des österreichischen Heldenzeitalters gelten nichts mehr.

In der Sixtinischen Kapelle zu Rom, aber auch in anderen Kapellen und Barocktheatern Italiens zwitscherten noch immer die Kastraten aus ihren unförmigen Körpern, nachdem religiöse Eiferer die Verschnittenen gegen das Höllenblendwerk weiblicher Reize auf den Podien ausspielten. Erst das Vordringen der Aufklärung auf die Halbinsel wird diese greulichen Opfer armer Eltern seltener machen, bis die Bonapartes Kastrationen bei Todesstrafe verbieten. Die Habsburger hatten seit je für Entmannte nicht viel übrig gehabt, während sonst für die Kunst dieser Monster gigantische Summen gezahlt wurden. Die Primadonnen hatten Grund zur Eifersucht in pekuniärer Hinsicht.

Weitab von Österreich saß Zwerg Fröhlich am Ufer bei Elb-Florenz und sammelte neue Eindrücke. Diese etwas verwirrende Aussage betrifft den steirischen Liliputaner Josef Fröhlich aus Altaussee, der von August dem Starken den Titel „Hoftaschenspieler“ erhalten und anno 1727 seinen Wohnsitz in Dresden genommen hatte. Mit Zaubereien und derben Streichen, aber auch mit geistreichen Schriften unterhielt er die sächsische Hofgesellschaft und konnte den Ruhm für sich in Anspruch nehmen, die am meisten abgebildete Figur auf allen Bildern, Schnitzereien, Fayencemalereien usw. in der Produktion seiner Zeit gewesen zu sein. Nach Josefs Ableben erschien ein ironisches Traktat, in dem er alle Erfahrungen mit dem Highlife jenseits des Erzgebirges wiedergab. 1984 besuchte er als Porzellanpupperl im Rahmen einer Exposition des Grünen Gewölbes sein altes Vaterland, von dem getrennt er sonst in Dresden samt seinem kleinen Schweinegespann als kostbares Museumsstück domiziliert. Auch im Wien Kaiser Karls VI. liefen viele Liliputaner herum und unterhielten die Erzherzoginnen an langen Winterabenden. Daneben gab es eine sogenannte deutsche Partei mit dem Prinzen von Savoyen als Listenführer, der nun die Seinen zum Disput mit der spanisch-italienischen Partei bei Hofe führte. Außerdem bauten sich Einzelpersonen auf, die keinem Zusammenschluß angehörten, jedoch gegen den tonangebenden Savoyer aus sachlichen oder persönlichen Gründen eingestellt waren. Zu den gefährlichsten Widersachern des Prinzen gehörte der Botschafter seines Vetters, des Herzogs von Savoyen und nachmaligen Königs von Sardinien, im Verein mit einem angeblichen Geistlichen und einem Kämmerer des Kaisers. Weniger scharf bzw. in der Wahl ihrer Mittel vorsichtiger, wenngleich in Opposition zu Eugen stehend, agierten ein oder zwei Starhembergs, der Oberste Hofkanzler Sinzendorf, der spanische Gesandte und der Oberstallmeister Althann. Redlich schreibt über diese Konstellation: „Als Karl VI. notgedrungen und schweren Herzens endgültig auf Spanien verzichten mußte (1718), da scheint eine Erkaltung des früher überaus herzlichen Verhältnisses des Kaisers gegen seinen bedeutendsten Ratgeber eingetreten zu sein. Damit verband sich der Neid und eine politische Intrige Savoyens, um den Prinzen zu stürzen. Das energische Auftreten Eugens zerriß dieses Gewebe, aber es dauerte mehrere Jahre, bis das alte Vertrauen wieder hergestellt war. Dann wurde Eugen wieder wichtigster Berater, dem man allerdings nicht immer folgte ...“

Die Verhältnisse hatten sich eben geändert, wofür in dieser Zeit nicht so sehr Prinz Eugenius oder seine Mitarbeiter und Gegenmineure an höchster Stelle verantwortlich zu machen sind als vielmehr das Faktum, daß Österreich sehr schnell eine Großmacht erster Ordnung geworden war, was gegen alle europäischen Gewohnheiten verstieß. Das argwöhnische Erstaunen der Umwelt einerseits wie der dringend gewordene innere Umbau des Staates auf offener Bühne andererseits ließ die Wiener Regierung unter andauernden Zugzwang geraten. Beispielsfolgerungen waren dabei so gut wie unmöglich, Erfahrungen mußten erst gesammelt werden. Redlich charakterisiert die Lage, welche sich ein paar Jahre nach Passarowitz ergab, sehr prägnant, wenn er feststellt, daß es Eugen nach seinem Wiederaufstieg bei Hofe gelang, „die durch das überraschende Bündnis mit Spanien (1725) und seine üblen Folgen verfahrene Situation glänzend zu verbessern und durch Allianzen mit Preußen, Rußland und den Seemächten zu sichern. Aber gegen seinen Rat kam es zur unseligen Einmischung des Kaisers in die polnische Thronfolgefrage ..." Eugen verlangte dauernd, daß der Kaiser 180000 Mann unter Waffen halte, und erbot sich, die Mittel hierfür aufzubringen. Karl VI. wagte nicht, sich dagegenzustellen, und stimmte einer entsprechenden Vermehrung der Personalstände in der Armee zu. Die anderen Minister, die den Ruin österreichischer Provinzen damit besiegelt glaubten, drangen ausgerechnet in jenen Wochen mit einer neuerlichen Senkung des Heeresumfanges durch, in denen sich August der Starke aufs Sterbebett legte und das polnische Nachfolgespiel begann. Zwerg Fröhlich sollte jetzt viel Ungemach erleben! Unter dem toten August hatte man die polnischen Protestanten fürchterlich verfolgt und als Dissidenten gebrandmarkt. Nun kam ein neuer sächsischer August auf den Thron Polens, der nur noch ein Strohmann der Russen war. Wien fiel als weiterer Helfer aus, denn Frankreich, Spanien und Savoyen hatten sich wieder auf Österreich gestürzt und dabei etliche Vorteile errungen. Fast wäre Italien verlorengegangen, nur Traun hatte sich in Capua gehalten, Königsegg mußte sich nach Tirol zurückziehen.

Es war, als wollte der Genius Österreichs, der seit September 1683 tief Luft geholt hatte, nun, in den dreißiger Jahren des neuen Säkulums, einmal ausatmen. Wir kennen diesen Moment aus anderen Epochen und von anderen Völkern ebenso genau, ein geradliniger Aufstieg der Reiche über längere Zeiten hinweg kommt äußerst selten vor. Freilich, die barocken Österreicher hätten sich zumindest ein längeres Atemanhalten ihres Schutzgeistes verdient gehabt, aber der bekannte unerforschliche Ratschluß lag bereits vor und bog sich die entsprechenden Gründe mühelos zurecht: Die Generäle verloren etwas an Opfermut, wurden älter und ängstlicher; die Gemeinschaft verlor an Impuls; die nachdrängende Jugend kam zu spät an verantwortungsvolle Posten und stellte zu große Lebensansprüche; die Intriganten vervollkommneten überall ihre Künste; der Klerus, der einmal – etwa bei der Hexenverfolgung – fortschrittlicher als die übrigen Stände gedacht hatte und geistiger Landesverteidigungsträger gegen den Islam gewesen war, schien nun auf die verknöcherte, lendenlahme Nachhut beim Marsch ins Schlaraffenland der Toleranz und Aufklärung zurückzufallen.

Die Jesuiten brüsteten sich immer noch, durch ihre Predigten in Pürgg, Tauplitz, Sölk, Hinterberg und anderen steirischen Orten dem Katholizismus biedere Ritter, Agrarier und Knappen zurückgewonnen zu haben, und übersahen, daß lediglich doppelte Böden in die Seelen der Angesprochenen eingebaut worden waren. Der letzte Habsburger in Wien hat angesichts dieser Mißverständnisse wie auch bei sonstigen Problemen wahrscheinlich eine weit bessere Figur gemacht, als man ihm nachsagt, aber das innere Sendungsbewußtsein eines Leopold I. trat in seinen Söhnen Joseph und Karl doch sehr nach außen gekehrt und trotz allen Prunkes merklich verdünnt hervor. Sicher waren Jagdfreuden und schöne Weiber für Souveräne seit jeher standesgemäße Ziele, doch das Schicksal vergönnte sie den Habsburgern bzw. den Habsburg-Lothringern nur in kleiner Dosierung, wie die beiden tragischen Rudolfe der Dynastie unter Beweis stellen. Nichtsdestoweniger soll der geneigte Leser nicht weiter durch die Glücklosigkeit dieser späten Ära des österreichischen Barocks belästigt werden, sondern lieber mit Ergänzungen zugunsten des ausgehenden Heldenzeitalters vorliebnehmen, zumal wir dabei die Arterienverkalkung des weit über 70 Jahre alt werdenden Prinzen von Savoyen samt ihren politischen Folgen übergehen können. Noch immer kommt er zur ergrauten Lore Báthyány, um Karten zu spielen, wiewohl er dabei meistens einnickt.

Während seines spanischen Intermezzos hatte Karl VI. die Wichtigkeit der Wogenbeherrschung zur Genüge kennengelernt. Sein mitteleuropäisches Reich wurde von drei mächtigen Flüssen, nämlich Donau, Elbe und Oder, nach drei Meeren hin durcheilt. Schon Wallenstein hatte sich für die Seegeltung Habsburgs eingesetzt, hierzu aber die beiden nördlichen Wasserwüsten ausersehen, um dort die protestantischen Seefahrer zu bekriegen. Der damalige Kaiser verlieh dem Friedländer prompt den Titel „Admiral des baltischen und ozeanischen Meeres“, doch wurde aus den erhofften Seesiegen nichts. Prinz

Eugen als leitender Staatsmann Österreichs sah nach Passarowitz die Zukunft auf den adriatischen Gewässern liegen. Von Nachteil erwies sich, daß Wien infolge der Gebirgszüge dorthin keine schiffbare Verbindung zu erlangen vermochte, während Kanalbauten zwischen den erwähnten drei Strömen unter Karls Regierung für möglich gehalten und auch in Angriff genommen wurden. Trotzdem konnte in den zwanziger Jahren die schon einmal erwähnte erste Kriegsflotte Österreichs auf der Adria geschaffen werden. Drei Linienschiffe aus Neapel bildeten den Kern, in Triest wurden Fregatten und Galeeren auf Kiel gelegt. Das Kommando übernahm zunächst als Vizeadmiral der Engländer Deigham, dem 1735 der Genuese Graf Lukas Pallavicini als „General der Galeeren und übrigen Marina" folgte. Im letzten Türkenkrieg Kaiser Karls VI., dessen schlimmes Ende ihm den als Titel für unseren letzten Abschnitt gewählten Ausruf entlockte, mußten die Geschütze der Flotte samt Bedienung eilends an die Donau gebracht werden. Die ihrer Wehr beraubten Schiffe vermoderten im Triester Hafen, anno 1737 sank das an der Mole vertäute Linienschiff „San Carlo" auf Grund, weil es von Ratten und Bohrwürmern zernagt worden war. Die Ragazze di Trieste mußten ihre erste österreichische Enttäuschung hinnehmen.

Die Pallavicinis zogen, soferne sie Österreich anhingen, später in jenen Palast am Wiener Josefsplatz, den Graf Fries an der Stelle des Königinklosters errichten ließ, das wiederum einstmals an der Stelle jener geheimnisvollen gotischen Häuser entstanden war, in denen der Kriegsmann und Wienverteidiger Graf Niklas Salm gewohnt hatte. Um 1730 liegen die Vorstädte Wiens, wo jetzt die Sommerpaläste, die neuen Klöster mit ihren Prachtkirchen sowie die ersten Landhäuser des Bürgertums die letzten bäuerlichen Betriebe verdrängen, hinter dem nunmehr ausgemauerten Fortifikationsgürtel des Prinzen Eugen, der sie als Nebenwirkung stärker auf die Innenstadt zu orientiert. Überall sind Barockkünstler am Werk, die Frühmüller, Strudl, Mader, Schletterer, Lechleitner, Donner, Messerschmidt, Fischer, Gran, Troger, Maulpertsch, Schmidt, Auerbach und Schmutzer meißeln, töpfern und pinseln an einer Weltüberhöhung herum, die im aufwendig Dekorativen höchste Erfüllung findet.

Damit sind die hervorragendsten Österreicher aufgezählt,

die Liste der italienischen Künstler wäre noch wesentlich länger, Deutsche und Niederländer kommen nur vereinzelt vor. Kaiser Leopold I. hatte 1698 den Wiener Burgfrieden über alle Vorstädte ausgedehnt und damit jene großräumige Stadtplanung gewährleistet, in der Fischer von Erlach die Hofstallungen in die Achse der Tuchlauben und die Karlskirche in die Achse der Herrengasse stellte.

Der Südtiroler Meister Strudl wird geadelt, nachdem ihn Graf Antonio Rabatta und F. C. von Schönborn enthusiastisch angepriesen haben. Prinz Eugen selbst sowie die neapolitanischen Vizekönige Althann und Harrach stellen die Verbindung zu den süditalienischen Malerschulen her. Meytens und Liotard sind noch auf Studienreisen und treten erst etwas später zur Kaiserstadt in Beziehung.

Die Spanne der großen Wiener Jesuitenkomödien mit fünf oder sechs Prunkaufführungen pro Jahr ist zwar für immer abgeschlossen, aber das italienische Musikdrama hält sich in neuen Spielstätten weiter. Die Erlebnisse des Lieben Augustin, die J.G. Feigius schon 1694 veröffentlicht hat, erfreuen jung und alt, während Defoes „Robinson Crusoe" erst 1719 in London gedruckt wird und nur langsam den Kontinent erobert. 1709 eröffnet das von der Gemeinde erbaute Kärntnertortheater seine erste Saison, und dem „Wienerischen Hans Wurst" des Herrn Stranitzky, der 1726 stirbt, folgen G. Prehauser sowie J.F. von Kurz mit ihren Bühnenpossen. Bald wird man im Ballhaus nächst der Hofburg große Opern aufführen. Gegenüber den vielen italienischen Hofkapellmeistern, die seinerzeit ihre burgundischen Kollegen abgelöst hatten, bildeten die heimischen J.J. Fux, Reutter und Gaßmann, aber auch die allerhöchst wohlgeborenen Komponisten Ferdinand III., Leopold I. und Joseph I. eine Art Kontrapunkt.

Der Ballettspezialist K.H. Schmeltzer schrieb Tanzeinlagen zu Opernaufführungen und nahm den späteren Wiener Walzer dabei vorweg. Der Imperator Karl VI. war musikalisch hochbegabt, beherrschte mehrere Instrumente und komponierte, wiewohl infolge der Unordnung des kaiserlichen Haushaltes alle seine Autographen verlorengegangen sind. Die Gegenwart muß sich an die nicht sehr umfangreiche, aber überaus wertvolle musikalische Hinterlassenschaft seines Bruders Joseph halten oder auf das gewaltige Werk von Vater Leopold zurückgreifen. Nach K. Dieman hat der alte Kaiser nicht weniger als 37 große Kirchenwerke, 9 Oratorien, 5 Bände mit Madrigalen, 7 Opern, 9 Feste teatrali sowie 17 Bände Ballettmusik der Nachwelt vererbt. Selbst während der Türkennot anno 1683 ließ die Majestät eine ihrer Hofdamen-Comedis aufführen und musizierte sogar an strengen Trauertagen hinter verschlossenen Türen. Auch die Akademie der bildenden Künste in Wien war noch unter Leopold I. gegründet worden, schlief dann wieder ein und wurde von Karl VI. im Jahre 1726 abermals eröffnet. Innerösterreich, das bisher weitgehend dem italienischen Kultureinfluß und seinen Vertretern unterlegen war, öffnete sich wieder den Künsten heimischer Talente, woran der aus Graz gebürtige Johann Bernhard Fischer von Erlach entscheidenden Anteil hatte. Das Eggenberger Mausoleum, der Rittersaal auf Schloß Rabenstein, der Mariazeller Hochaltar, die Admonter Bibliothek, der Kursalon in Tobelbad und viele andere Werke gehen auf diese personelle Trendwende zurück. Anstelle der in der östlichen Landeszone durch die Kuruzzeneinfälle zerstörten Kirchen entstanden neue prachtvolle Gotteshäuser, die grüne Mark veränderte allerorts ihre bisher eher ärmlichen Wesenszüge.

Die Stubenberger sowie die Dietrichstein, Herberstein, Trauttmansdorff, Attems, Welsersheim, Wildenstein und Gösting bauten dort ihre Barockpalais, wobei nicht mehr prunkvolle Arkadenhöfe, sondern die repräsentativen Stiegenhäuser besondere Anziehungspunkte bildeten. Der steiermärkische Hauck, Matthias von Görz sowie die Tiroler Hackhofer und von Hölk fertigten hier ihre Sakralbilder, Fresken und Deckengemälde an. J. Mayer schmückte das „gemalte Haus“ in Graz, Josef Stammel schuf seine monumentalen Plastiken in den Diensten Admonts. Nichtsdestoweniger bewirkte die andauernde Vorliebe der Steirer für italienische Stilarten, daß ihr Land nach und nach einen stark südlichen Baucharakter annahm. Anno 1720 ging die erste richtige Fabrik der Landeshauptstadt in Betrieb, die Barchent erzeugte und den einschlägigen Konkurrenzkampf mit Salzburg und Augsburg anfing. Die Zuneigung des Kaisers galt, soferne man von Spanien überhaupt absieht, nicht nur den Innerösterreichern, sondern auch der gefürsteten Grafschaft Tirol. Er fühlte sich im Sinne habsburgischer Traditionen als Schutzherr des freien Landes im Gebirge, ließ zweimal den Tiroler Landtag zusammentreten und vermied die Ausdehnung der zentralistischen Wiener Administration auf Innsbruck.

Gegen Ende des Spanischen Erbfolgekrieges hatte Prinz Eugen in dieser Stadt eine bedeutsame Regierungssitzung einberufen, in der die österreichische Außenpolitik für längere Zeit vorbestimmt worden ist. 1725 errichteten die Tiroler Stände ihr neues Landhaus, das heißt, der Hofbaumeister Gumpp verwirklichte den bedeutendsten weltlichen Barockbau des Landes, welchen C. D. Asam mit seinen berühmten Fresken zierte. Der Innsbrucker Goldschmied Kuprian schuf jenen nicht minder wichtigen Barockpokal, der einst als dukatengefülltes Ehrengeschenk für den Leiter einer Getreidekommission gedacht war und heute jeweils die Stimmzettel bei der Wahl des Landeshauptmannes aufnimmt. Der Monarch mengte sich gerne unter die Männer und Frauen Tirols und benahm sich dabei etwa so, wie ihn der Dichter Herzmanovsky-Orlando in seinem gereimten Zwiegespräch „Lied der beiden kaiserl. Büsten“ (Karl und dessen Tochter Maria Theresia in der Innsbrucker Hofburg) auftreten läßt. Die Mehrzahl der großen Stifte ließ sich von erfahrenen Architekten im Sinne des monumentalen Zeitgeistes verschönern, wobei auf Tiroler Eigenart nie ganz verzichtet wurde. Auch die Ruhestätte des sagenhaften Landesvaters Meinrad erfuhr barocke Verherrlichung.

Unabhängig davon wurde ein gotisches Kirchlein nach dem anderen in den Strahlenkranz des Tiroler Bauernbarocks einbezogen. Am unteren Inn gab es lebhaften Schiffsverkehr, was nicht wundern darf, hatte man doch andernorts die Enns für Eisentransporte befahrbar gemacht, ja sogar die Schwechat für Holzdriften in Gebrauch genommen. Flöße auf der Schwarza waren eine Selbstverständlichkeit. Die Donau wies als wichtigster Wasserweg der Monarchie unmißverständlich nach Osten. Dort unten in Ungarn leiteten die Jesuiten 27 höhere Schulen, im Großfürstentum Siebenbürgen drei, in Kroatien und Slawonien sechs Institute. Die Piaristen hatten in Pannonien ebenfalls ein paar Lehranstalten, und die Calvinisten betrieben hier eine große Zentralschule, die jährlich hundert protestantische Theologen, außer den zahlreichen adeligen Zöglingen, heranbildete. Die Lutheraner besaßen eine Akademie, die von Schweden finanziell unterstützt wurde. Die Jesuiten arbeiteten auf die Union zwischen der römischen Kirche und den griechisch-orientalischen Bekennern hin und konnten bereits 1697 eine Art Zustimmung des in Frage kommenden Metropoliten erreichen, die Leopold I. gerne bestätigte. Auch mit den griechisch-katholischen Serben wurde ähnliches versucht, wobei alle diese Bemühungen in einem eigenartigen Konkurrenzverhältnis mit den evangelischen Christen abliefen, was die Angelegenheit noch unübersichtlicher machte. Ein Aufstandsversuch in Nordserbien anno 1735, der den Österreichern wenig Ehre einlegte, soll mit solchen klerikalen Vereinigungstendenzen in Zusammenhang gestanden sein. In der Walachei und in der Moldau hatten die Franziskaner schon etwas früher Fuß gefaßt, waren aber über eine Kirche bei Jassy nicht wesentlich hinausgekommen. Seit Karlowitz und natürlich auch nach dem Frieden von Passarowitz wurden vereinzelte römisch-katholische Gemeinden am türkischen Balkan von österreichischem Gebiet aus mit Gebetbüchern und Katechismen versorgt.

In Wien, wo Frau von Rabutin die Fülle glänzender Salons anführt und Küchelbecker seine umfangreiche Beschreibung der kaiserlichen Residenzstadt erscheinen läßt, leuchten die neuen Gotteshäuser im Schimmer des Spätbarocks. Neben der Türkenruine der alten Favorita im Augarten steht ein neues Schloß, die gräflich Paarsche Reitschule erlangt europäische Berühmtheit, am Strom werden die ersten Badeplätze angelegt; der Ottakringer Bach wird reguliert, weitere Bestattungen am St.-Stephans-Friedhof werden untersagt, und 1733 wird der letzte Verurteilte auf dem Scheiterhaufen verbrannt. Auf der anderen Seite des Kontinents, in Frankreich, führte ein Sohn der Liselotte von der Pfalz, Herzog Philipp von Orléans, die Regentschaft für den heranwachsenden Ludwig XV. Ihm assistierten ein Kardinal und eine Clique von Weltverächtern, die sich bezeichnenderweise roués nannten. 1723 traf den Orléans bei einer Freundin der Schlag, und der junge Ludwig versuchte, von einem anderen Kardinal unterstützt, die ersten Regierungsschritte.

In Spanien wurde Philipp Anjou nach den Eskapaden und Komplotten seines Ministeriums und den daraus entstandenen Kämpfen im Mittelmeerraum schwermütig und dankte ab, sein erster Sohn und Nachfolger starb bald darauf, die Königin hielt es mit einem holländischen Abenteurer, und die allgemeinen

Zustände kamen vom Regen in die Traufe. Rund um Italien wurde so lange gefeilscht, daß sich sogar ein deutscher Vabanquespieler in Korsika zum König ausrufen lassen konnte. Als noch polnische Thronstreitigkeiten dazukommen, wird der Politiker Freiherr von Bartenstein in Wien den entsetzten Enkel der Liselotte von der Pfalz, Franz Stephan von Lothringen, barsch vor die Wahl stellen, entweder auf das heimatliche Herzogtum zu verzichten und das Trostpflaster Toskana anzunehmen oder von der Erzherzogin Maria Theresia für immer zu lassen. Inzwischen war es zum letzten ernstgemeinten Restaurationsversuch der unverwüstlichen Stuarts in Britannien gekommen, und erst ein Gemetzel in Schottland hatte die Sache, bei der Abenteurer von Madrid bis Stockholm an den Fäden gezogen hatten, erledigt. Man kann sich gut vorstellen, welche Gefühle den betagten Prinzen Eugen und die österreichischen Männer des müde gewordenen Heldenzeitalters beschlichen haben mögen, als sie dieses europäische Karussell mit ansehen mußten. Die Gemüter dürften von resignierender Langeweile erfüllt worden sein, da nun die Pleite jenes abendländischen Fürstenkonsortiums ins Haus geliefert wurde, von dem man sich früher, am Ende der weltweiten Kriege um die Jahrhundertwende, die aristokratische Version eines vereinten Europa erwartet hatte. Auch die immer neuen Heiratspläne zwischen Habsburg und Bourbon änderten daran nichts, die Verhältnisse blieben so unstabil, wie man dies seit jeher gewohnt war. Der Preis, der für die Anerkennung der Pragmatischen Sanktion im Ausland gezahlt worden war, schien in die Hände von Partnern gelangt zu sein, die an sich gar keine waren. So trat denn alles die Flucht in die kleinen Freuden des Lebens an, suchte nach etwas Zerstreuung und Lustbarkeit, während die Philosophen überall in den Salons des Adels weltumspannende Theorien entwickelten, wie man trotzdem alles besser machen und das irdische Glück der Herrscher und der Völker doch noch erzwingen könnte. Die großartige, kühne, originelle und phantasiereiche Kultur des Barocks ging, wie es R. von Kralik ausdrückt, in das Rokoko, also in einen neuen Klassizismus, über. Der Prinz von Savoyen, dessen Vermögen nach und nach auf mehrere Millionen Gulden angewachsen war, kaufte das halbe Marchfeld auf und machte es sich in Siebenbrunn sowie in Niederweiden, das er von den Starhembergs erwarb, bequem, während er im prächtigen Schloßhof mit der Bátthyány Feste feierte.

In den Bauten Wiens manifestiert sich dessenungeachtet die österreichische Gesamtstaatsidee, die Karlskirche wird durch Beiträge aller habsburgischen Länder realisiert, die Dreifaltigkeitssäule am Graben erhält die Wappen der altösterreichischen Gebiete sowie die Zeichen Ungarns und Böhmens. Kralik meint vorausschauend, daß eine große eigenständige österreichische Kulturperiode gewissermaßen in der Luft lag, die danach tatsächlich vom Beginn des Siebenjährigen Krieges an bis in den Vormärz des 19. Jahrhunderts reichte. Sie sollte sich von den ersten Erfolgen eines Christoph Willibald Gluck bis zum Tode Franz Schuberts erstrecken und noch die Jugendwerke Grillparzers einschließen. Unter den zeitgenössischen Schriften erscheint eine Dissertation aus Gießen bemerkenswert, weil sie der wiederbelebten Verbindung des Römischen Reiches mit dem Königreich Böhmen gewidmet ist und anführt, daß schon Kaiser Joseph I. seine Pflichten als Prager Kurfürst und Böhmenkönig feierlich erneuern wollte, von einer „Protektion" des Reiches für die Länder der böhmischen Krone sprach und so die düstere Erinnerung an die Schlacht am Weißen Berg und das nachfolgende Edikt auszumerzen beabsichtigte.

Ein anderer Schreiber erklärt seinen Lesern den „friedbrüchigen, türkischen Hochmut" und seine Demütigung durch die osmanische Bitte um Frieden, zwei Foliobände der „Scriptores rerum Austriacorum" zeugen um 1725 von der Regsamkeit der österreichischen Geschichtswissenschaftler. Damals wurde auch das Corpus Iuris Hungarici neu aufgelegt, und das Staatslehrbuch „Österreichische Politik der österreichischen Kaiser" des F. J. Gymnich erhielt zeitgemäße Aufmerksamkeit. Für die unentwegt Begeisterten holen einige Schriftsteller das A. E. I. O. U Friedrichs III. hervor, himmeln Karl VI. an und geben vorsichtig der Meinung Ausdruck, daß, im Falle eines neuerlichen türkischen Angriffs, „Konstantinopel unsern großen Monarchen die Tor eröffnete", also sich dem zum Gegenschlag anrückenden österreichischen Heer ergeben müßte.

Aber selbstverständlich oder leider darf auf die drückende Doppelfunktion Wiens nicht vergessen werden: „Desgleichen Glück und Macht hat Teuschtland nicht gespüret, seit das Haus Österreich den höchsten Szepter führet", wird mit Hofknicks vermerkt, wobei sicher etwas Wahres daran gewesen ist, weil Wien nicht nur an der unteren Donau, sondern stets auch am Rhein militärisch präsent sein muß, von Italien ganz zu schweigen.

Als der Kaiser 1728 seinen Geburtstag in Graz feiert, bekommt er von den dortigen gelehrten Jesuiten die neueste Geschichte der alten Herzöge Styriens geschenkt und blättert gedankenvoll in diesem Folianten herum. Nahezu aufsehenerregend ist aber das bedeutende protestantische Schrifttum hinsichtlich Österreichs, das nicht nur die bestehenden religiösen Schwierigkeiten analysiert, sondern auch deren historische Entwicklung durchleuchtet. So werden das Eintreten Ferdinands I. für das Abendmahl in beiderlei Gestalt, der Versuch Maximilians II., die Priesterehe beim Papst durchzusetzen, evangelische Rückschläge durch Glaubenszerfall innerhalb ihrer Gemeinden, sinn- und resultatlose Bauernaufstände sowie der gegenreformatorische Zorn Ferdinands II. angesichts der gegen ihn gerichteten offenen Aktionen am Anfang des Dreißigjährigen Krieges geschildert. Die antipapistischen Autoren nageln hierauf Karl VI. ungeniert fest: „Und so werden unter jetzt glorwürdigst regierenden kaiserlichen und katholischen Majestät allergnädigsten Schutz dieselben sich ihrer bisherigen Religionsfreiheit zu erfreuen haben." Unter dem Wort „dieselben" sind zunächst jene vielen Lutheraner gemeint, die sich am Hofe dienstlich aufhalten, ferner die zahlreichen auswärtigen Kaufleute evangelischer Konfession in der Stadt, von denen es natürlich zu den „Überbleibseln der lutherischen Religion in Österreich, besonders in der kaiserlichen Residenzstadt Wien" nicht weit ist. Hören wir noch einmal auf R. von Kralik, wenn er resümiert, daß um 1600 die Zeitläufte wieder katholisch und daher romantisch geworden waren, wobei das große katholische Barock entstand. Das ganze 17. Jahrhundert galt als ein romantisches Zeitalter, aber bald nach dem Datum 1700 tritt als Folge des englischen Freidenkertums in der ganzen Welt eine rationalistische Gegenbewegung auf. Der Umbruch richtet sich durchaus gegen den Katholizismus. Erst um 1800 wird diese Geistesrichtung abermals einer neuen religiösen Romantik Platz machen.

Um beim Thema Glaube und Religion zu bleiben, darf an die Bemühungen der Regierung, eine höhere kirchliche Verwaltungszentrale in Wien zu schaffen, erinnert werden. Die

Reichs-Haupt- und Residenzstadt Wien war bisher in dieser Hinsicht von Passau abhängig gewesen, also ein lächerlicher Zustand, an dem bereits jahrhundertelang vergeblich gerüttelt wurde. Jetzt erst gelang dieser Wechsel, wenn auch nur in bescheidener Ausdehnung und gegen erbitterten Widerstand der Vertreter des bisherigen Usus. Wien wurde Erzbistum, Passau ebenfalls rangerhöht und von Salzburg unabhängig gemacht, der Kaiser formell vom Papst mit Neapel und Sizilien belehnt, die Aufsicht über den Jesuitenorden wegen seiner Widerspenstigkeit gegen den Heiligen Stuhl verschärft. Freilich, bis zur Aufhebung der Gesellschaft Jesu war es noch ein Weg vieler Jahrzehnte, aber ihre geistige Herrschaft innerhalb Europas sowie in beiden Amerikas schien ohne die Denkungsweise, wie sie vor dem Spanischen Erbfolgekrieg üblich gewesen war, nicht mehr gesichert zu sein. Übrigens, der Anstoß zur Niederringung des Ordens sollte ausgerechnet von der Iberischen Halbinsel ausgehen und noch vor dem Römischen Reich italienische Fürstentümer erfassen.

Graf Sigismund Kollonitz aus der Familie des großen Türkenkämpfers unter Leopold I. wurde der erste Erzbischof Wiens und wandte sich halben Herzens, aber pflichtgemäß gegen den aufstrebenden Protestantismus. Doch Kaiser Karl VI. kam dies trotzdem zuviel vor, und er sagte es den katholischen Würdenträgern ins Gesicht.

Jahre früher, noch während des Eugenschen Türkenkrieges, hat die Diplomatengattin Lady Mary Montagu die Reise von Regensburg mit einem Zwölfruderer donauabwärts nach Wien absolviert. Sie bewundert hier die hohen weißen Paläste und die fünf- bis sechsstöckigen Häuser in den engen Straßen, das viele Gold in den Räumen, die Gobelins, die japanischen Kostbarkeiten, die Silberrahmen der riesigen Spiegel sowie die Gemälde und Luster aus Bergkristall. In der Vorstadt imponiert ihr besonders der Gartenpalast des Grafen Schönborn. Bei der neuen Favorita sieht sie eine kaiserliche Oper zu Wasser, die den Monarchen allein wegen ihrer Ausstattung 30000 Pfund Sterling gekostet hat, und schwärmt auffallend für die Schönheit der Kaiserin. Die Witwe Leopolds I. gibt sich andauernd Bußübungen hin, die Witwe Josephs I. ebenso konzentriert dem Scheibenschießen. Lady Montagu glaubt, daß jede Wienerin außer ihrem Gemahl einen Liebhaber besitze und man das Trio stets gemeinsam einladen müsse. Die Nonnen am Laurenzerberg zeigen der Engländerin einen hölzernen Christuskopf, der während der Belagerung 1683 gesprochen habe. Die Lady verreist kurz und kommt im Jänner 1717 zum Karneval wieder, obwohl Maskierungen für die Kriegszeit verboten wurden. Sie findet die Wiener Luft einzigartig gesund, bewundert die vielen Hofzwerge und Zwerginnen, findet heraus, daß es in der Stadt noch immer zahlreiche Alchimisten gibt, und verkehrt mit den Familien Puebla, Tarouca, Oropesa, mit den üblichen heimischen Adeligen sowie mit dem Dichter J.B. Rousseau und dem General Bonneval, die ihrerseits dem Prinzen Eugenius zugetan sind.

Eine andere reisende Gewährsperson, der Mönch G. König aus Solothurn, bemerkt, daß in Wien alle Nationen, auch afrikanische und asiatische, versammelt sind und die Jugend deshalb verderbt sei: „Der Aufzug der Weibspersonen ist ziemlich frech und italienischem sehr gleich", erklärt der Solothurner Ordensmann und fügt hinzu, daß die Frauen hier noch mehr Wein als die Männer tränken. Die Sicherheitsverhältnisse seien trotz moderner Nachtbeleuchtung und starken Fenstergittern schlecht, häufig würden Bandenmitglieder gehenkt oder sogar gerädert. Leben und Tod des Dr. Faust sei ein gängiges Stück für Kleinbühnen, der Stock im Eisen und der Basilisk in der Schönlaterngasse faszinierten jedermann, die eheliche Treue wäre überall auf den Nullpunkt gesunken. Die Bevölkerung zeige sich aber „hohen Sinnes", weil hierorts der Römische Kaiser residiere.

Aus anderen Quellen erfahren wir, wie sehr Prinz Eugen angefeindet wird, daß er den Rastätter Frieden verhaue, weil er Frankreich so sehr gehaßt und daher übermäßige Bedingungen gestellt habe, daß er weiters die Töchter Josephs I. gegen die kleine Maria Theresia ausspiele und daß er viele Wiener wegen des Wiederaufbaus von Belgrad mit sanftem Zwang dort hinunterbringen lasse. Andererseits gibt es eine Unzahl von Huldigungsgedichten, Lobliedern und Knittelversen auf den Savoyer und seine innige Verbindung mit dem Kaiserhaus. Tatsächlich wurden zwei oder drei Feinde des Premierministers, Generalissimus oder Chefberaters, darunter sogar ein Schwager der Althanns, ausgepeitscht, hierauf einige Zeit eingesperrt und dann in die Provinz abgeschoben. Der Philosophenfürst Leibniz verfaßt die einzige Darstellung seines Systems extra für den Prinzen, P. J. Mariette ordnet die Eugenschen Kunstsammlungen, Fresnoy widmet ihm sein Opus über die beste Methode der Geschichtsschreibung, Dubos legt ihm ästhetische Auslassungen vor, der Sprachwissenschaftler Garoyalo und der Historiker Giannone eilen zu ihm, um gelehrten Diskurs zu halten. Das Schwarzwild, das heute den Lainzer Tiergarten bevölkert, stammt aus einer Zucht, desgleichen die Mufflons, die einst vom Belvederegarten in die Hügel des Wienerwaldes transferiert wurden. Der Nuntius Passionei ist sein bester Freund. Eugen wirkt jetzt frömmer, als man dies von den Monarchen Joseph und Karl gewohnt ist, obwohl ihn Montesquieu aufsucht und freie Diskussionen abführt. Während der Annexion Österreichs durch Hitler-Deutschland im 20. Jahrhundert verteilte die katholische Kirche ein längeres „Gebet des Prinzen Eugen" an ihre Gläubigen, das die Behörden mit Rücksicht auf den Propagandawert des Savoyers für das NS-Regime dulden mußten. Mehr als 200 Jahre vorher rühmte Montesquieu nicht nur dessen persönliche Vorzüge, sondern auch den Wert des Guido Starhemberg, den er mit Cincinnatus verglich.

Montesquieu wunderte sich, daß die Jesuiten in Wien keinen Kredit mehr hätten, obwohl sie Venedig beherrschten, und hebt hervor, daß hier Frauen noch mit 60 Jahren ihre Amanten fänden und sogar Häßliche geliebt würden. Er meint, man sterbe in Wien wie anderswo, aber man altere hier nicht. Seit 1718 wirkt daselbst der größte italienische Dichter seiner Zeit, Apostolo Zeno, der sowohl mit Karl VI. wie mit Eugen vertraut ist und um 1730 vom jungen Metastasio abgelöst wird. Die aus gleicher Himmelsrichtung angewanderte Komponistenschar, die Instrumentalvirtuosen, die teuren Sängerinnen und Ballerinen einzeln aufzuzählen ist unmöglich, da die neue Stellung Österreichs im Süden das imperiale Wien zur musischen Hauptstadt Italiens gemacht hat. Währenddessen geben die beiden Melker Benediktiner, Bernhard und Hieronymus, umfangreiche Quellenwerke zur Geschichte Österreichs heraus und wollen mit dem Grafen Sinzendorf eine Akademie der Wissenschaften gründen. Überall erscheinen gewaltige steinerne oder metallene Herkulesse, weil man erfahren hat, daß sich der Kaiser gern mit jenem antiken Muskelprotz vergleicht, aber niemand weiß so recht, ob der Monarch sich persönlich für so stark hält oder nur seinen Aufgabenkreis mit der bekannten Arbeitsüberlastung des Halbgottes in Beziehung bringt. Hildebrandt und der jüngere Fischer von Erlach mühen sich ihrerseits an der Hofburg und vollenden auch sonst die Architektur des karolingischen Wien. Die Kaffeehaustiger wühlen derart in den aufliegenden Zeitungen, daß der Buchdrucker Gehlen, der seit 1721 auch das „Wienerische Diarium" herausgibt, zu klagen beginnt: „Überdeme ist die allhiesige Stadt dermalen mit Kaffeehäusern fast an allen Ecken angefüllt, welche nicht allein mit ausländischen Zeitungen von dem kaiserlichen Postamt versehen werden, sondern auch nur ein Diarium erkaufen ..." 1736 stirbt Eugen von Savoyen in seinem Prunkbett in der Himmelpfortgasse, sein Leib wird unter kolossalem Gepränge in den Stephansdom getragen, sein Herz in die Superga bei Turin gebracht. Das in eine große Wandnische der Tirnakapelle eingelassene Epitaph des Prinzen und seines Oheims, des Herzogs Emanuel von Savoyen, stellt laut R. K. Donin in der Entwicklung der Domgräber von St. Stephan einen neuen Typus spätbarocker Grabmalarchitektur dar.

Durch die Friedensschlüsse von 1735 und 1739 verlor Österreich Neapel und Sizilien, Lothringen, Belgrad sowie einen Großteil Serbiens und der Walachei. Die Niedergeschlagenheit ist in allen Kreisen ungeheuer groß, man sieht sich ans Ende einer Epoche versetzt. Knapp nach dem Wiener Frieden anno 1739 schreibt der Monarch an Rat Bartenstein: „Dies Jahr nimmt viele Jahre meines Lebens weg, an welchem jedoch nur wenig gelegen ist", und ruft bei Gelegenheit aus: „Belgrad ist mein Tod. Wenn das Eugen noch erlebt hätte!" Anläßlich des einige Monate später in der Tat erfolgten Ablebens des Kaisers berichtete der preußische Gesandte über den im 56. Lebensjahr plötzlich Dahingegangenen: „Er hat all die großen Schmerzen seiner letzten Lebensjahre in sich selbst hinabgeschlungen, ohne sich jemals zu beklagen, sie aber brachen ihm das Herz." Beim ersten öffentlichen Auftreten seiner Tochter Maria Theresia demonstriert die Masse in den Straßen Wiens gegen die Erzherzogin und muß durch Kavallerie mit flacher Klinge beruhigt werden. Die Oberösterreicher bedekken sich noch etwas später, beim Einmarsch des Feindes, mit Schimpf und Schande: Schnelle bayerische Kräfte erreichten unter ihrem Führer Karl Albert auf dem Weg nach Wien und

Prag die Stadt Linz, wo sie enorm umjubelt wurden. Das hohe Prinzip mußte sich abermals hinter die Traisen zurückziehen, wobei es diesmal mit dem rechten Ufer dieses idyllischen Gerinnes vorliebnahm.

Jenseits des Ozeans saßen die pensionierten Offiziere und Beamten des Madrider Bourbonenkönigs in St. Miguel oder in Guadalajara, also in Städten, die sie ganz nach barockem iberischem Vorbild angelegt hatten, und tranken kalifornischen Wein. Sie gedachten des Reiches der nicht untergehenden Sonne, als Hernan Cortez seiner indianischen Freundin Haziendas erbauen ließ, die den Vergleich mit europäischen Fürstenschlössern nicht zu scheuen brauchten. Jetzt schien vieles aus den Fugen zu geraten, der Pöbel hatte die Stadt Mexiko angezündet und halb zerstört, die Kultur Neuspaniens war von ihrer einstigen Höhe herabgesunken. Die Pensionisten fühlten, daß auch hier ein neuer Geist unruhig an die Tore klopfte, wenn auch der Ruf eines Befreiungstheologen zum Aufstand noch 100 Jahre auf sich warten lassen sollte.

Ausklang

Kaiser Karls gesundheitsverzehrende Seelenqualen rührten durchaus nicht, wie heute die Schullehrer der Jugend erzählen, von seinem Ehrgeiz her, die Tochter als Nachfolgerin in Österreich abgesichert zu wissen. Er wollte vielmehr den Fortbestand des Staates gerettet sehen. Maria Theresia stellte hierfür die Schlüsselfigur dar, zumal eine Aufteilung des österreichischen Gebildes nach radikal-spanischem Muster die offen ausgesprochene Absicht deutscher und europäischer Interessenten geworden war. Jeder der Pseudo-Verwandten in anderen Staaten wollte nur ein Stück Österreich für sich haben, beileibe nicht alles behalten. Karl hatte demnach die Rolle seines Namensvetters, des letzten Madrider Habsburgers, übernommen, dessen Erbe er selbst einmal gewesen war. Die erreichte Großmachtposition Wiens schien sich am Rand jenes endgültigen Abgrunds für beide Linien gebildet zu haben, dessen Schlund der Kaiser unter allen Umständen zu entrinnen trachtete. Die an sich nicht lebensbedrohenden Mißerfolge bei den österreichischen Operationen in Italien, am Rhein und bei Belgrad waren im Hinblick auf die Gesamtsituation eine enorme Belastung für die Regierung in einer Metropole, die zugunsten von München und Berlin einerseits sowie – bestenfalls – von Preßburg andererseits aus der Politik des Abendlandes zu verschwinden drohte. Diese Vorstellung nährte das zu seinen Lebzeiten nicht erkannte Gallenleiden Karls und ließ ihn schließlich unter einer beim Jagen vor Halbturn geholten Grippe zusammenbrechen.

Kein Wunder, daß der Kaiser, solange er noch konnte, zum heiligen Leopold nach Klosterneuburg wallfahrtete, mit dem sich das Erzhaus über unzählige Ecken hinweg verwandt fühlte. Dieser Babenberger hatte, wie es E. Kovács ausdrückt, Österreich seine Frömmigkeit, Milde und Gerechtigkeit hinterlassen, war gleichsam mit allen Königen und Kaisern des Landes identisch und hatte schon in Karls Vater selig geschlafen. Die Tugenden des Markgrafen stimmten auch mit den Anschauungen des Barocks überein, sie standen in direkter Beziehung zu allen habsburgischen Herrscheridealen. Kaiser Leopold I. hatte nebst den Erzherzögen geistlichen Standes die Hochblüte der Verehrung des Patrons in allen Erblanden hervorgerufen und ihn als Schützer vor Häresien, vor Krankheit und Zerstörung, vor Hungersnot sowie vor unnatürlichen Todesarten gepriesen.

Schon in den frühen Abendstunden vor jedem Geburtstag des Heiligen feierte Leopold I. mit den Chorherren zu Klosterneuburg eine Vesper, für die er selbst die Musik komponiert hatte. Am Gedenktag selbst amtierte dort der Prälat im „Markgrafenornat“, und ein Festprediger verkündete das Lob Österreichs, während die Majestäten im kaiserlichen Oratorium zuhörten, Reliquien küßten, feierlich zum Tempel hinauszogen und die vom Kloster gestifteten Leopoldipfennige unters Volk warfen. Die Trommeln rasselten, und die Wachen präsentierten das Gewehr. An dieser Staatsmystik änderte sich unter Joseph I. und Karl VI. fast nichts, der letzte Habsburger Wiener Provenienz ließ den Gottesdienst besonders festlich gestalten, die drei Stunden dauernden Tondichtungen des Vaters wurden dabei ungekürzt gesungen. Der Monarch hat auch damit versucht, dem von halb Europa beschlossenen Untergang des Wiener Erzhauses sowie der Zerstückelung seines Besitzstandes entgegenzusteuern. Er akzeptierte einen Schwiegersohn, der sein eigenes Land, nämlich Lothringen, aufgegeben hatte, nur weil andere Mächte forderten, der Gemahl der Maria Theresia dürfe nichts sein eigen nennen. Die Angehörigen des Franz Stephan waren übrigens darob so aufgebracht, daß sich seine Mama erst einige Zeit nach der Vermählung des jungen Paares mit beiden in Innsbruck aussöhnte.

Derart rumpelte also die österreichische Staatskarosse auf steinigem Weg dahin, mühevoll gezügelt vom Protokolleiter der Geheimen Staatskonferenz, Johann Christoph von Bartenstein, neben dem Präsident Sinzendorf nur wie ein Begleitlakai wirkte. Johann Christoph war als Sohn eines Straßburgers Universitätsprofessors eigentlich bürgerlicher Herkunft, dankte jedoch seinen überragenden Fachkenntnissen viel größeren Einfluß, als es dem Schriftführeramt zukam. Sein schroffes Betragen sowie sein mangelndes Fingerspitzengefühl gegenüber der feinnervigen hocharistokratischen Creme des Abendlandes durchwetzten allerdings die grobgewebte politische Kutschbockdecke des Genannten an mehr als einer Stelle!

Im Todesjahr Karls VI. betrug die tatsächliche Stärke der österreichischen Armee, auf die Prinz Eugen mehr als auf die Künste Bartensteins gesetzt hatte, 107000 Mann und 29000 Pferde. Dieses reduzierte, aber an sich noch immer beachtenswerte Potential konnte jedoch nie konzentriert werden, weil man damit stets einen Teil der weit voneinander entfernten Hoheitsgebiete und Grenzen des Staates entblößt hätte. Die Feldartillerie dieses Heeres wurde bei Prag garnisoniert und meist mit Tschechen bemannt. Das Korps war voll traditioneller Wunderlichkeit, viele Offiziere vermochten überhaupt nicht zu reiten, die Bespannung wurde erst im Kriegsfall besorgt. Die Kanoniere nahmen dann Weib und Kind auf Kugel- oder Rüstwagen zu ihren Aktionen mit. Das Geschütz selbst blieb infolge seiner Bauart so schwer beweglich, daß es im Wechsel des Gefechts meist verlorenging, während der weibliche Anhang und die Kleinen zu Fuß schneller waren. Damit bestand gewisse Ähnlichkeit zur Wiener Stadtguardia, deren Mitglieder samt Ehefrauen und Nachkommenschaft die Kaserne in eine Art modernes Flüchtlingslager umfunktioniert hatten, wo hinter aufgespannten Leinenwänden gekocht, gewerkt, erzogen und geliebt wurde. Wie zufällig rissen somit kuriose Zustände in Administration und bewaffneter Macht ein bzw. wurden wieder sichtbar, nachdem eine Zeitlang Fortschrittstünche darüber gestrichen worden war.

Nach dem Ableben des Prinzen von Savoyen am 21. April 1736 hatte der Obersthofkanzler Graf Philipp Ludwig von Sinzendorf die Leitung der Geheimen Staatskonferenz übernommen. Er wird von Historikern sehr wenig schmeichelhaft als alter, verlebter, käuflicher Schwätzer bezeichnet, den sogar der zunächst in Wien gar nicht beliebte „schöne Franzos“, Franz Stephan von Lothringen, gehörig bestechen mußte. Die beiden Harrachs, der Hofkriegsratspräsident Josef und der Landmarschall Aloys Raimund, konnten sich nicht profilieren, nur Gundakar Thomas von Starhemberg gelang es, mit seiner Wiener Stadtbanco den Staatsbankrott während des polnischen und des türkischen Konflikts der dreißiger Jahre hintanzuhalten. Als militärische Katastrophenfigur entpuppte sich Feldmarschall Königsegg, wenngleich er bei Hof auf einflußreiche Protektoren rechnen konnte. Er entsproß einer standesherrlichen und extrem katholischen Familie Schwabens und wurde nur durch seinen Nachfolger, den Konfusionsmeier Wallis, übertroffen, dessen Familie noch in hundert Jahren dem Erzhaus dienen, aber auch dann im Finanzressort Unordnung sondergleichen anrichten wird.

In unserem Fall hatte sich Graf Wallis am Feld der Ehre versucht, dessen damalige Ausdehnung so sehr unterschätzt wird, daß eine kurze Rundschau notwendig erscheint: 1736 war im fernen Persien ein blutrünstiger Mann an die Regierung gekommen, der mit Türken und Afghanen nicht viel Federlesens machte und halb Indien vereinnahmte. Die Russen fingen ihrerseits mit der davon erschütterten Pforte einen neuen Krimkrieg an, und in Konstantinopel rüstete der exösterreichische Franzose Bonneval, den wir seinerzeit in Wien und Belgrad getroffen haben, zu äußerstem Widerstand, schon um die Moskowiter von der polnischen Frage abzulenken. Aber das zaristische Heer wurde von deutschen und ihnen verwandten Adeligen nach allen Regeln der Kriegskunst angeleitet. Lacy eroberte Asow zurück, Münich erstürmte Perekop und anno 1737 Otschakow. Ein Jahr später kamen die Russen nach neuen Siegen über den Pruth bis an die Donau. Hier trafen sie auf die Österreicher, die bündnistreu und höchst übereifrig ans Kriegführen schritten. Drei Armeekorps zogen 1737 zur Realisierung der großen Pläne des verewigten Savoyers aus, die eine Gruppe unter Franz Stephan von Lothringen und Seckendorff in Serbien, die zweite unter Hildburghausen in Bosnien, die dritte unter Wallis in der Walachei. Anfangs drangen die Österreicher recht erfolgreich vor, die Albaner und die Serben erhoben sich wieder einmal, der Oberkommandierende Königsegg siegte 1738 bei Kornia und Mehadia. Doch bald darauf muß zum Rückzug geblasen werden, Königsegg dankt zugunsten von Wallis ab, der im Jahr darauf die Schlacht von Kroczka verliert und Belgrad aufgibt. Selbst die Russen werden in diese Blamage hineingezogen, die Karls Seele spaltet und den Ruf Österreichs in ganz Europa untergräbt. Noch während der Kämpfe hatten der serbische Patriarch von Ipek und der bulgarische Metropolit von Ochrida kundgetan, daß sie weltliche Fürsten des Heiligen Römischen Reiches werden wollten. Daraus wurde selbstverständlich nichts, und die unterdrückten Balkanvölker wandten ab nun ihre Blicke Mütterchen Rußland zu. Die Wiener Regierung aber wird sich, im Gemüt tief verwundet, die Hände vor die Augen halten und nur noch an Schlesien denken: „Lieber die Türken vor der Stadt, lieber Abtretung der Niederlande an Frankreich, lieber jedes Zugeständnis an Bayern und Sachsen, als auf Schlesien verzichten", soll Franz Stephan dem preußischen Unterhändler 1741 zugerufen und jedenfalls markiert haben, daß man jetzt unverdrossen der falschen Straße zu folgen gewillt sei. Inzwischen ging die erste Anschlußzeit im Land ob der Enns über die Bühne. Freilich, die eingedrungenen Bayern wären dort nie so großspurig aufgetreten, hätten ihnen die Preußen, die „im Morgengrauen" das blühende Schlesien mit ihrer Kriegsmaschine überzogen, nicht ein entsprechendes Beispiel gegeben. Von Linz aus schielte der Münchner Karl Albert Wittelsbach wegen der böhmischen Krone und Kurstimme nach Prag hinauf, während in Wien endlich einer der Generäle des toten Prinzen von Savoyen die Brücke vom glorreichen Gestern ins Morgen schlug. Der Enkel jenes Klagenfurter Khevenhüller, der einst im Dreißigjährigen Krieg als Diplomat, Hofmann, Gelehrter und Grenzkommandant den Familienruhm mehrte, bevor er anno 1650 im Kurort Baden bei Wien die Augen schloß, war nun zum Verteidiger der ehemaligen Kaiserstadt aufgestiegen. Dieser Ludwig Andreas Graf von Khevenhüller hatte im Jahr der Türkennot 1683 das Licht der Welt erblickt, wurde Oberst bei den Savoyen-Dragonern und kämpfte 1717 so ausgezeichnet vor Peterwardein, daß ihm die Ehre der Siegesmeldung an den Kaiser zuteil wurde. Nach seiner Teilnahme an der Victoria von Belgrad wurde er mit dem Platzkommando von Esseg betraut, wo er die bereits genannten Instruktionen für Kavallerie und Infanterie verfaßte.

Aber die Armee schlitterte langsam in ein Formtief hinein, obwohl sie ihre Fahnen nach wie vor auf allen Schlachtfeldern Europas im Winde flattern ließ. Dabei war sie das einzig verläßliche Mittel, dessen sich der letzte Habsburger bei seiner Doppelfunktion als Primus unter den Ständen des römisch-deutschen Reiches wie auch als Garant des international so bedeutend gewordenen Eigenbesitzes Österreich bedienen konnte. Schon die Landsknechte Kaiser Maximilians I. waren ausschließlich vom Erzhaus besoldet worden. Mit Karls V. Heimgang verblaßten die hohenstaufischen Reichsideen endgültig; während des Großen Krieges in Deutschland gab es keine Reichstruppen, sondern nur ein kaiserlich-habsburgisches Heer, das auf Österreich vereidigt war. Der Friedländer mußte die bittere Erfahrung machen, daß ein kaiserlicher General nicht ohne weiteres als deutscher Reichsfürst fungieren durfte, weil Kaiser und Reich unter Umständen auch gegeneinander zu Felde ziehen konnten.

Seither hatten die deutschen Grenadiere und die böhmischen Kanoniere Habsburgs stets das Haus Österreich als Dienstgeber und den Herrscher in Wien als ihren Landesherrn betrachtet. Außer dem französischen König konnte keine andere europäische Potenz so viele Streiter versammeln wie Österreich. Immer neue Geldquellen vermochte man hierfür anzubohren, immer neue Werbegebiete zu erschließen. 1737 dokterte der Feldzeugmeister Prinz von Sachsen-Hildburghausen an einer Heeresreform herum, die der Monarchie tatsächlich eine Menge Wehrwilliger aus dem Warasdiner und dem Karlstätter Generalat einbrachte. Später kam das Banat als Menschenlieferant hinzu. Nur in den Militärgrenzregionen gab es persönliche Konskription, in den Erblanden konnten ausschließlich die Grundherren einen Untertanen zum Wehrdienst verpflichten, was schon im Hinblick auf Nebenkosten und Arbeitsmarktsituation gerne unterlassen wurde. Nach dem Verlust Belgrads und den Niederlagen im Westen anno 1690 hatten die österreichischen Landschaften erstmals 12000 Rekruten marschfertig gemacht, ein Vorgang, der sich nicht so bald wiederholte. Noch 1742 sollte eine zwangsweise Rekrutierung abgelehnt werden, nachdem die Erbländer im Notjahr zuvor 15000 mürrische Krieger gestellt hatten. Der mißlungene Türkenfeldzug, den Karl VI. unmittelbar nach der Eugenschen Ära führen ließ, ging trotzdem nicht wegen der gesunkenen Mannschaftsstände, sondern hauptsächlich infolge des Ungeschicks der Feldmarschälle Königsegg und Wallis sowie der Feldzeugmeister Seckendorff und Neipperg daneben.

Nach Mercys Tod in der Schlacht von Parma hatte Ludwig Andreas Khevenhüller das italienische Oberkommando übernommen. Er erhielt den Feldmarschallsrang sowie den Geheimratstitel und befehligte nachher in Slawonien. Es sind jene Jahre, in denen der Vater des künftigen großen Diplomaten

Wenzel Anton Josef Kaunitz als Landeshauptmann von Mähren die March regulieren läßt, die Akademie in Olmütz gründet, Straßen baut und die Rechtsstellung der Zigeuner und der Juden regelt. Die Mutter des hoffnungsvollen Sohnes, der eben in den Staatsdienst eintritt, ist eine ostfriesische Gräfin, die dem Landeshauptmann neben Wenzel noch 15 weitere Kinder gebiert.

Aber nun zurück zu Ludwig Andreas Khevenhüller. Anno 1737 nimmt der Graf Nisch, belagert Widin und hält bei Radojavacz siebenfacher osmanischer Übermacht stand. 1740 liegt er mit seinen Scharen in Wien und fabriziert aus dieser Stadt gemeinsam mit der Bürgerschaft eine waffenstarrende Festung. Vieles erinnert dabei an den Frühsommer 1683, nur daß man den Feind diesmal im Westen hinter den Wienerwaldbergen vermutet. Maria Theresia eilt mit Mama und Tante nach Klosterneuburg, um die Hilfe des heiligen Leopold zu erflehen. Der Feind bleibt bei St. Pölten stecken, und Khevenhüller holt mit Winteranfang 1741/42 zum Gegenschlag aus. Seine Leute befreien Linz und erobern Passau. Der Graf dringt mit zwei Heeressäulen durch Bayern bis an den Rhein vor und unterwirft in wechselvollen Kämpfen das ewig aufbegehrende Wittelsbacher Fürstentum der österreichischen Macht. Die umfangreichen Erinnerungen des Ludwig Andreas, die im Budapester Nationalmuseum fünf Bände füllen, verbreiten noch den Geist jenes österreichischen Heldenzeitalters und seiner aristokratisch-konservativen Schöpfer, mit dem die Aufmerksamkeit unserer Leser bisher strapaziert worden ist. Schon um 1740 sprach man in der Wiener Gesellschaft darüber als von einer unwiderruflich versinkenden Welt. Kein Wunder, daß den noch ragenden Pfeilern aus dieser Vergangenheit zum Nützlichkeitsdenken eines Wenzel Kaunitz oder zur neuerungsfreudigen und etikettefeindlichen Atmosphäre rund um den Thronfolger Josef jede Verbindung fehlte und der alte Khevenhüller schließlich recht einsam starb. Seine im Hofdienst tätige Verwandtschaft konnte den Greis kaum mehr verstehen. So löst eine Epoche die andere ab, und im nachhinein läßt sich über Größe und Unwert leichter reden, als dies den handelnden oder leidenden Personen während des Ablaufs vergönnt ist. Ungeachtet dessen dürfen wir feststellen, daß die Menschheit von etwa 1670 an bis gegen die Mitte des 18. Jahrhunderts einen außergewöhnlich weiten Weg zurückgelegt hat. Die Zählung der Bücher des Stiftes Melk 1680 und 1750 ergibt eine Vermehrung um 4690 neue große Werke, also eine Ausweitung, die natürlich von fürstlichen Sammlungen oder von der kaiserlichen Bibliothek zu Wien noch weit übertroffen worden ist. Keiner der damaligen Büchereien Österreichs kann Einseitigkeit vorgeworfen werden, und zwar, wie E. Trnkler bemerkt, weder in der Auswahl bestimmter Disziplinen noch in der Ablehnung fremden Ideengutes. Die Universalität des Barocks gilt auch hier ohne jede Einschränkung.

Um die Mitte des 18. Jahrhunderts fand die barocke Fest- und Theaterherrlichkeit ihr Ende. F. Hadamowsky berichtet, daß mit dem Tod Karls VI. das pompöse Theaterspielen bei Hofe abbrach. 1744 veranstaltete Maria Theresia anläßlich eines Hochzeitsfestes in der habsburgischen Familie die letzte Feier in barockem Geist und die letzte große Aufführung im barocken Hoftheater. Das emporstrebende Bürgertum klopfte an die Bühnentürln, um statt der Repräsentation des Fürstlichen das Allgemein-Geistige dargestellt zu sehen. Von Leopold I. sagte ein zeitgenössischer Schriftsteller, daß bei Anwesenheit des Kaisers stets das „Burg-Ceremoniell“ geherrscht habe, welches „nach dem alten Burgundisch- und nachmals Spanischen Fuß eingerichtet“ gewesen wäre. Unter den Nachfolgern Leopolds kam die „ungleich freyere“ französische Hofordnung immer stärker in Gebrauch, wobei „je länger je mehr unvermerkt eingeführt und von dem strengen Österreichischen Wesen Vieles nachgelassen“ worden sei. Wie Franz Windischgrätz ausführt, habe dieses Wesen auf jener Heiligkeit und unerhörten Verantwortung der imperialen Würde und Sendung beruht, die noch heute in den barocken Stiften Österreichs zum Ausdruck kommt. Je weiter wir nach unten schauen, desto dünner wird das Sendungsbewußtsein, wenngleich es nie ganz verschwindet.

Die hierarchische Leiter hinabgleitend, finden wir am Schluß die Wiener Kaffeehausbesucher vor, welche auf ihre Art dem Wechsel der Anschauungen huldigten. Dagegen wetterte ein Zeitgenosse: „Als man mit dem Erb-Feind den Frieden geschlossen und die barbarischen Nationen Gelegenheit gefunden, in Teutschland einzunisten, da haben sie alsbald angefangen, denen einfältigen Teutschen ein Asiatisches Getränk zu präparieren, also daß, wo vorhin nur ein Caffee-Haus gewesen, man jetzt fast in allen Gassen und Ecken einen gemahlenen Türken und ein Kohlfeuer sihet, somit die durch fressen und sauffen angefüllte teutsche Wänste ihre überladene Mägen entweder besser oder ärger machten." Wie heißt es doch bei einem französischen Scherzwort mit Tiefgang so bezeichnend: „Tja, vor 1789, da konnte man noch leben!" In Österreich dürfte es jedenfalls so gewesen sein. Die feine Welt entfloh dem Tabaksqualm der Gastzimmer, fand das nordeuropäische Pfeifenrauchen vulgär und blieb beim Schnupftabak. Vor nahezu hundert Jahren hatte die Römische Majestät dem Christoph Khevenhüller das Tabakgefälle, also das Privileg des Einfuhrmonopols, gnädigst gewährt. 1725 war der portugiesische Fachmann Diego d'Aquilar nach Wien geholt worden, um das Monopol zu übernehmen und die Erzeugung sowie den Konsum von Tabakwaren anzukurbeln. Seither verdichtete sich der blaue Dunst in den bescheideneren Lokalen, während die vornehmen Kaffeehäuser eigene Zimmer für Pfeifenliebhaber einrichteten. Hinter solchen Rauchvorhängen zerflossen die Konturen des scheidenden österreichischen Heldenzeitalters, zumal neue Probleme ihren Anspruch auf Beachtung vermeldeten.

In eigener Sache

Bei meiner Arbeit an dem vorliegenden Buch, die fast unmittelbar nach der Publikation „Anno Neun“ durchgeführt werden mußte, haben mich sowohl meine journalistisch tätige Gattin wie unsere beiden Kinder mit Rat und Tat unterstützt. Meine Tochter, obwohl sie mit ihrer Familie derzeit in Mexiko lebt, mein Sohn trotz anderweitiger Verpflichtungen in Österreich und in Übersee. Wie immer hat sich meine langjährige Mitarbeiterin, Frau M. Churan, um die Herstellung des Manuskriptes sehr bemüht. Die Damen und Herren des Verlages sind mir bei der notwendigen Zusammenarbeit besonders entgegengekommen. Nicht zuletzt aber hat Frau Dr. Helga Zoglmann als Lektor die Tücken des Objekts mühevoll entschärft und manche Fehlerquelle zum Versiegen gebracht. Ihnen allen schulde ich herzlichen Dank.

Literaturverzeichnis

Braubach, Max, Prinz Eugen von Savoyen, 5 Bde., Wien 1963

Clary-Aldringen, Alphons, Geschichten eines alten Österreichers, Berlin 1977

Corti, Egon Caesar Conte, Der edle Ritter, Berlin 1941

Fischer, Ernst, und Eisler, Louise, Prinz Eugen, Wien 1955

Guglia, Eugen, Geschichte der Stadt Wien, Prag-Wien-Leipzig 1882

Herzmanovsky-Orlando, Fritz von, Das Gesamtwerk in einem Band, München 1975

Hoen, Waldstätten, Zipperer und Seifert, Die Deutschmeister, Wien 1928

Kaemmel, Otto, Spammers Illustrierte Weltgeschichte, Leipzig 1898

Kleindel, Walter, Urkund dessen ... Dokumente zur Geschichte Österreichs von 996 bis 1955, Wien 1984

Kos, Wolfgang, Über den Semmering, Kulturgeschichte einer künstlichen Landschaft, Wien 1984

Kralik, Richard, Österreichische Geschichte, Wien 1912

Kralik, Richard, und Schlitter, N., Wien – Geschichte der Kaiserstadt und ihrer Kultur, Wien 1912

Kramer, N., Pfaundler, Wolfgang, und Egg, Erich, Tirol 1809, Innsbruck-Wien 1959

Leitich, Ann Tizia, Damals in Wien, Wien-Frankfurt o. J.

Leitich, Ann Tizia, Die Wienerin, Wien-Hannover-Basel 1982

Lernet-Holenia, Alexander, Prinz Eugen, Wien 1979

McGuigan, Dorothy Gies, Familie Habsburg 1273–1918, Wien-München 1966

Nagl, J., Zeidler, J., und Castle, E., Deutsch-österreichische Literaturgeschichte, Wien 1914

Novotny, Alexander, Staatskanzler Kaunitz als geistige Persönlichkeit, Wien o. J.

Petermann, Reinhard E., Wien von Jahrhundert zu Jahrhundert, Wien-Leipzig-New York 1927

Pirchegger, Hans, Geschichte der Steiermark, Graz 1983

Putz, Wilhelm, Grundriß der Geographie und Geschichte, Leipzig 1891

Rebhann, Anton, Geschichte der Neuzeit, Wien 1905

Regele, Otto, Der österreichische Hofkriegsrat 1556 bis 1848. Mitteilungen des Österreichischen Staatsarchivs 1949

Schimmer, Karl E., Alt und Neu Wien. Geschichte der österreichischen Kaiserstadt, Wien-Leipzig 1904

Schubert, Ferdinand, Darstellung der österreichisch-ungarischen Monarchie, Wien 1873
Scolik, Charles, 200 Jahre Hoch- und Deutschmeister, Wien 1896
Stake, Ludwig, Deutsche Geschichte, Bielefeld-Leipzig 1881
Stradal, Otto, Der andere Prinz Eugen. Vom Flüchtling zum Multimillionär, Wien o.J.
Thubron, Colin, Zypern, München 1975
Wallisch, Friedrich, Die Flagge Rot-Weiß-Rot, Graz-Wien-Köln 1956
Weber, Georg, Lehrbuch der Weltgeschichte, Leipzig 1888
Zwiedineck-Südenhorst, Hans von, Maria Theresia, Bielefeld-Leipzig 1905

Ausstellungskataloge

Die Türken vor Wien. Europa und die Entscheidung an der Donau 1683. 82. Sonderausstellung des Historischen Museums der Stadt Wien 1983
Prinz-Eugen-Ausstellung in Wien-Belvedere, Mai bis Oktober 1933, Verein der Museumsfreunde in Wien
Der heilige Leopold. Niederösterreichische Landesausstellung im Stift Klosterneuburg 1985. Amt der nö. Landesregierung, Kulturabteilung
Jakob Prandtauer und sein Kunstkreis. Stift Melk 1960. Österreichische Staatsdruckerei
Johann Bernhard Fischer von Erlach. Hg. vom Verlag Anton Schroll, Wien 1956
Diverse Autoren: Feldzüge des Prinzen Eugen von Savoyen, k.k. Kriegsarchiv 1876 bis 1892

Personenregister